Études musicales en Allemagne

D'après la correspondance personnelle d'Amy Fay

Amy Fay

(Editeur : Fay Peirce)

Writat

Cette édition parue en 2024

ISBN : 9789359946436

Publié par
Writat
email : info@writat.com

Contenu

NOTE PRÉFATOIRE.

COMPARATIVEMENT peu de livres sur la musique ont bénéficié de la distinction d'une réédition. Vingt et une éditions constituent un record étonnant pour un livre sur un sujet aussi restreint que « L'étude de la musique en Allemagne ». Le cas du volume de Miss Amy Fay devient d'autant plus inhabituel si l'on considère que ses lettres étaient écrites uniquement pour la maison, et non pour un public public, et que vingt ans après l'année de sa première publication, ses observations étaient devenues plus ou moins obsolète.

L'Allemagne des années 1869-1875 était très différente de l'Allemagne de 1900 et certainement de 1912, même en ce qui concerne les manières de table allemandes. L'ancien " Spiessbürgertum " dont Miss Fay donne des aperçus si divertissants même dans les hautes sphères avec leur faste, fut rapidement remplacé, du moins en apparence, par la culture plus cosmopolite de la *fin du siècle* , sans parler de l'ambition politique. , la « Weltmacht » industrielle et commerciale dans une nation connue jusqu'alors, peut-être de manière trop romantique, comme la nation des « Denker und Dichter ».

La plupart des héros du livre sont morts depuis longtemps, y compris Miss Fay, décédée en 1921. Même en 1890, le volume de Miss Fay aurait pu être utilisé comme guide d'orientation par les futurs étudiants en musique en Allemagne. , il ne pouvait certainement plus servir un tel objectif dans les années juste avant la guerre, lorsque la seule étudiante américaine de son livre qui méprisait l'Allemagne et tout ce qui était allemand était définitivement en pleine ascension. En d'autres termes, ses observations personnelles n'étaient plus applicables que dans certains détails de l'environnement et étaient passées au domaine de l'autobiographie précieuse pour la lecture historique. En tant qu'œuvre de littérature historique à proprement parler, je doute que le livre ait survécu à la guerre, car il est malheureusement vrai que l'étudiant en musique américain moyen, ou même l'amateur cultivé de musique, ne s'intéresse pas particulièrement à l'histoire de la musique en tant que telle.

A cela il faut ajouter le fait incontestable que « l'étude de la musique en Allemagne » ou en France, d'ailleurs, était devenue une simple question de goût et de prédilection personnels, et n'était pas une nécessité comme à l'époque des expériences amusantes de Miss Fay dans ce domaine. ou ce professeur d'allemand de renom. Depuis lors, un flot incessant d'excellents artistes et enseignants européens avait afflué en Amérique, auquel s'ajoutait le flot tout aussi large d'Amérindiens qui avaient appris leur *métier* à l'étranger. L'étude de la musique en Amérique est ainsi devenue une affaire facile et beaucoup de virtuoses en herbe auraient fait plus sagement de rester et d'étudier chez eux, au lieu de s'aventurer dans un pays européen avec sa langue différente, son tempérament différent, son mode de vie, ses coutumes et ses différences. ainsi de suite. L'Allemagne, en particulier, reste un « pays merveilleux » maison de la musique", pour citer une remarque éditoriale de la sœur de Miss Fay, mais ce n'est plus la "seule véritable maison de la musique", grâce précisément à des artistes comme Miss Amy Fay elle-même.

Souligner le changement radical des conditions à cet égard est une chose, mais nier, comme le font certains patriotes plutôt zélés, que l'Europe, y compris l'Allemagne, peut encore offrir à l'étudiant en musique américain quelque chose qu'il n'a pas tout à fait chez lui. de la même manière. Le débat sur ce sujet est vain. Que l'étudiant en musique américain, à un moment donné de sa carrière, mais seulement lorsqu'il est prêt à poursuivre ses études dans un pays étranger, séjourne quelques années à Paris, Berlin, Leipzig, Munich, Vienne, Rome, Londres, et il en tirera profit. rencontre, que ce soit à son goût ou non, ce quelque chose d'indéfinissable que le vieux monde en matière de vie, d'art et de vie artistique possédait comme singulièrement sien en 1870, possède encore aujourd'hui et possédera pendant de nombreuses années. les années à venir.

Qu'est-ce qui donne alors sa vitalité au livre de Miss Fay ? Qu'est-ce qui justifie que l'éditeur rende le livre accessible à ceux qui souhaitent étudier la musique en Allemagne plutôt qu'ailleurs ou même à ceux qui étudient la musique en Amérique ?

Bien sûr, il y a d'abord le charme de la personnalité de Miss Fay, le charme de ses observations intimement, divertissantes et astucieusement exprimées. Cela donne une bonne lecture. Il apprend d'ailleurs à l'étudiant-lecteur à être observateur, ce que malheureusement de nombreux musiciens ne sont pas, même en matière de technique sur l'instrument qu'ils ont choisi. Deuxièmement, le sérieux des objectifs de l'auteur, la détermination d'améliorer sa compréhension de l'art et de la technique jusqu'à la limite même de ses capacités naturelles, agira comme un tonique stimulant pour celui ou celle qui désespère de jamais vaincre les difficultés souvent si rébarbatives du monde. musique. Le livre enseignera aux Américains la patience, la patience et l'endurance dans l'effort, qualités qui ne sont pas très fréquentes chez nous. La jeune Amérique oublie trop souvent que le *Gradus ad Parnassum* n'est pas seulement raide ; c'est long et rude.

Il y a en outre dans ces lettres ce respect pour l'accomplissement solide d'autrui, cette attitude révérencieuse envers les grands de l'art et envers l'art lui-même, sans lesquelles aucun musicien, aussi talentueux soit-il, n'atteindra jamais les sommets de l'art. Ces lettres imprègnent l'enthousiasme de la jeunesse, qui dépasse peut-être parfois ses limites , mais contre laquelle la plupart d'entre nous échangeraient volontiers l'attitude plus critique des années plus mûres. Car nous apprenons tôt ou tard à comprendre que l'enthousiasme est la force motrice et la source rafraîchissante d'inspiration. Enfin, nés de tous ces éléments apparaissent dans les pages des lettres de Miss Fay des portraits à la plume aussi fascinants que celui de son vénéré maître, Franz Liszt, l'incomparable. En tournant les pages du volume pour rafraîchir ma mémoire et mes impressions, j'avoue que j'en ai sauté pas mal parce que leur intérêt semblait si lointain et personnel, mais je me suis retrouvé à absorber chaque mot que Miss Fay avait à dire dans ses chapitres sur Liszt et son cercle de Weimar. Une expérience agréable que l'on peut recommander en toute sécurité à ceux qui désirent avoir une expérience directe des jours dorés du piano en Allemagne, de la figure romantique, voire presque légendaire, de Franz Liszt, et par conséquent un peu de l'étoffe dont les romans d'art sont faits, par-dessus le marché.

OG SONNECK

PRÉFACE.

En préparant les lettres publiques qui n'étaient écrites que pour la maison, j'ai espéré que quelques lecteurs y trouveraient le charme de style que les amis de l'écrivain leur croient posséder ; que d'autres penseraient que la description de ses maîtres parmi leurs élèves, et particulièrement de Liszt, méritait d'être conservée ; tandis que les étudiants en piano seraient reconnaissants de savoir qu'une analyse de la technique du piano a été faite, de manière à diminuer considérablement les difficultés de l'instrument.

Dans quelle mesure la « méthode » pianistique de Herr Deppe est originale avec lui-même, c'est aux pianistes de décider. Qu'il ait au moins dressé un *résumé inestimable* de la totalité ou de la plupart de leurs secrets, ma sœur croit qu'aucun étudiant de l'instrument qui examine la question de manière équitable et consciencieuse ne le niera.

M. FAY PEIRCE.

CHICAGO, décembre 1880.

PRÉFACE
À L'ÉDITION ANGLAISE.

———

Le petit livre de Mlle FAY a été si populaire dans son propre pays qu'il a connu une demi-douzaine d'éditions, et même en allemand, dans lequel il a été traduit peu après sa première parution, il a eu beaucoup de succès. Il est étrange qu'il n'ait pas déjà été publié en Angleterre, où la musique suscite tant d'attention et où les ouvrages sur des sujets musicaux commencent à former une branche distincte de la littérature. C'est d'autant plus remarquable qu'il est parfaitement lisible et amusant, ce que sont trop rarement les livres sur la musique. La fraîcheur et la vérité des lettres ne peuvent être niées. On peut rire de l'enthousiasme de l'écrivain, de la facilité avec laquelle elle change de méthode et abandonne tout ce qu'elle a déjà appris à l'appel de chaque nouveau professeur, de la certitude avec laquelle chaque nouvel artiste est annoncé comme étant le meilleur de tous les temps. entendu, et aux prédictions éclatantes et confiantes – pas, hélas, apparemment toujours réalisées . Mais personne ne peut rire de sa détermination indomptable et du sérieux artistique avec lequel elle tire le meilleur parti de chacune de ses opportunités, ni de l'éclat et de la facilité avec lesquels tout est décrit (dans le choix américain) et chaque personne successive placée devant nous dans son habitude comme il vit. Un tel don est en effet rare et précieux. Miss Fay ne nous offrira-t-elle jamais un récit tout aussi charmant et fidèle de la musique et de la vie aux États-Unis ? Jusqu'à présent, l'Amérique musicale a été pour nous une terre presque inconnue, décrite par ceux qui l'ont essayée dans les termes les plus opposés. Nous connaissons déjà bien leurs chanteurs et, à cet égard , l'Amérique est peut-être destinée à être l'Italie de l'avenir, si seulement les artistes consentaient à apprendre assez lentement. Mais au sujet des musiciens et des orchestres américains, et du goût des amateurs américains, on ressent beaucoup de curiosité, et nous recommandons le sujet à l'attention sérieuse de celui qui est si parfaitement capable de lui rendre justice.

GEORGE GROVE.

Décembre 1885.

PRÉFACE

À L'ÉDITION ALLEMANDE.

———

Les générations futures Bref un Amerikanerin in die Heimath , die im Original bereits in zweiter Auflage erschienen sind , werden , donc hoffen wir , auch dem deutschen Leser nicht minders Vergnügen , nicht géringère Anregung en tant qu'américains gewähren , da sie in unmittelbarer Frische niedergeschrieben , ein image lebendiges von den Beziehungen der Verfasserin zu den hervorragendsten musical Persönlichkeiten , comme Liszt, v. Bülow, Tausig, Joachim usw bieten .

Wir geben das Buch in wortgetreuer Uebersetzung et haben es nur um diejenigen Bref gekürzt , mourir en Allemagne Allzubekanntes behandeln . Charnière glaubten wir die Stellen dem Leser nicht vorenthalten zu dürfen , welche zwar pas musical Inhalations péché , non aber zeigen , wie manche unserer deutschen Zuoder Missstände von Americanerkanern beurtheilt werden .

Robert Oppenheim, éditeur.

Berlin, 1882.

DANS LE CONSERVATOIRE DE TAUSIG.

CHAPITRE I.

**Un intérieur allemand à Berlin. Un parti allemand. Joachim.
Conservatoire de Tausig.**

BERLIN, le 3 novembre 1869 .

Me voici enfin au n° 26 de la Bernburger Strasse ! où je suis arrivé exactement deux semaines après le jour de mon départ de New York. Frau W. et sa fille Fräulein AW m'ont accueilli avec la plus grande chaleur et cordialité et m'ont immédiatement fait sentir chez moi. L'idée allemande d'une « grande » pièce que je trouve est plutôt particulière, car celle-ci ne mesure pas plus de dix ou onze pieds carrés et a un coin coupé, de sorte que la pièce a une forme irrégulière. Quand j'y suis entré pour la première fois , je pensais que je ne pourrais pas y rester, il semblait si petit, mais quand j'ai commencé à l'examiner, chaque centimètre d'espace est si ingénieusement exploité, que j'en suis arrivé à la conclusion qu'il sera très confortable. Ce n'est cependant pas l'appartement où « le dernier nouveau roman reposera sur la table et où mes pieds délicatement chaussés reposeront sur le coussin de velours ». Non! c'est plutôt la demeure sévère des Muses.

Pour commencer : la chambre est impeccablement propre et soignée. Les murs sont tapissés d'un beau papier neuf, à fond gris avec des figures bleues, un papier bon marché, mais doux et joli. Dans un coin se trouve mon petit bureau avec trois tiroirs profonds. Au-dessus se trouve un grand miroir joliment encadré. Dans l'autre coin du même côté se trouve un grand canapé qui la nuit devient un petit lit. A côté du pied du canapé, contre le mur, se trouve une petite table carrée, avec un plateau en marbre et une étagère en dessous, sur laquelle se trouvent une vasque, un petit porte-savon et un gobelet. Dans le coin opposé se dresse un énorme poêle en porcelaine grise, qui arrive à quelques pieds du plafond. Vient ensuite une chaise rigide à fond de canne reposant sur quatre pieds rigides. Vient ensuite le coin déséquilibré de la pièce, où doit se tenir un piano droit. Il y a ensuite un petit espace où est suspendue la bibliothèque à trois étagères qui contiendra ma *vaste* bibliothèque. Vient ensuite une large porte-fenêtre avec un siège de fenêtre profond. Près de cette fenêtre se trouve mon fauteuil de mer, de loin le plus luxueux de la maison ! Puis vient à nouveau mon bureau, et ainsi de suite *Da Capo* . Au milieu se trouve une jolie table ronde, avec une pièce centrale marquetée , et dessus se trouve un serveur avec une grande bouteille en verre pleine d'eau et un verre ; et ceci, avec une chaise rigide supplémentaire, complète le mobilier de la pièce. Mes rideaux sont blancs, avec un liseré bleu, et deux transparents pendent à la fenêtre. Mon porte-serviettes est fixé au mur et comporte une pièce centrale brodée . Sur mon bureau se trouve un magnifique encrier, le couvercle étant un aigle sculpté aux ailes déployées, perché au-dessus d'un nid contenant trois œufs. Il est assez grand et est extrêmement joli sous le miroir.

Après que j'eus enlevé mes affaires, Mme W. et sa fille m'introduisirent dans leur salon , qui avait le même aspect de propreté, de simplicité et d' extrême économie. Il n'y a pas de tapis sur aucun des étages, mais ils ont de grands tapis, bien que bon marché. On n'a jamais vu une petite maison aussi primitive qu'elle l'est, celle de la veuve de cet avocat allemand. Nous pensons que notre maison est petite, mais j'ai l'impression que nous vivions dans une magnificence somptueuse après avoir vu comment ils vivent ici, *je . e.* , à peu près comme le faisaient nos couturières à la campagne, et pourtant c'est suffisamment agréable et confortable. Il y a en face de la mienne deux très jolies petites chambres qui ne sont pas encore louées ensemble. Si seulement un de mes amis pouvait les prendre, je serais parfaitement heureux.

La nuit, mon lit est fait sur le canapé. (Ils dorment tous sur ces canapés.) La housse est composée d'un lit de plumes et d'une couverture. Cela semble plutôt formidable, mais le lit de plumes est un revêtement léger et chaud et semble épais d'environ deux pouces. C'est beaucoup plus confortable que nos couvre-lits en Amérique. Je me rentre dans mon nid la nuit, et le matin après le petit-déjeuner, quand je rentre dans ma chambre – *agramento -presto-change !* — mon lit est transformé en canapé, ma vasque est posée sur l'étagère, le porte-savon et mes peignes et brosses sont rangés dans le tiroir ; les fenêtres sont ouvertes, un nouveau feu crépite dans mon poêle, et ma charmante petite chambre à coucher se transforme aussitôt en un salon non moins charmant. En quoi la photo vous plaît-elle ?

Ce matin, Frau et Fräulein W. m'ont accompagnée pour apprendre un piano et m'ont également emmenée au conservatoire. Tausig est en congé pendant six semaines pour donner des concerts. En montant les escaliers, j'entendis le plus beau jeu. Ehlert, l'associé de Tausig, qui dirige le conservatoire et enseigne à ses élèves en son absence, m'a examiné. Après ce long voyage, je n'osais rien tenter de difficile, alors je me contentais de jouer une des Gavottes de Bach. Il m'a dit quelques mots d'encouragement et m'a pour le moment emmené dans sa classe. Je dois commencer demain, de une heure à deux heures. Il est maintenant dix heures du soir, et dites à C. que nous avons pris cinq repas aujourd'hui, donc la déclaration de Madame P. est à peu près exacte. La cuisine est à la hauteur de celle du reste de l'établissement, un peu à la fois, mais pour l'instant très bonne. Nous ne savons rien du tout des rouleaux en Amérique. Ici, je n'ai jamais mangé de pain aussi délicieux que les petits pains. Le matin, nous avons pris une tasse de café et des petits pains. A onze heures, nous déjeunions avec une tasse de bouillon et un petit pain. À deux heures, nous avons dîné composé de soupe, puis de poulets, de pommes de terre, de carottes et de pain, accompagnés de bière. À cinq heures, nous avons pris du thé, des gâteaux et des toasts, et à neuf heures, nous avons dîné composé de viande froide, d'œufs durs, de thé, de pain et de beurre. Fräulein W. parle très bien anglais et est mon moyen de communication avec sa mère. Je commence demain les cours d'allemand avec elle. Ils vous envoient tous deux leurs compliments, vous devez donc leur rendre les vôtres. Ils semblent aussi gentils que possible et je pense que j'ai beaucoup de chance dans mon internat.

Assurez-vous d'adresser vos lettres "Care Frau Geheimräthin W." (Mme la Conseillère W.), car les dames allemandes sont très pointilleuses sur leurs *titres* !

BERLIN, le 21 novembre 1869 .

Depuis que je vous ai écrit, il n'y a pas eu beaucoup d'intérêt. Je suis ravi de Berlin et je m'amuse beaucoup, même si je travaille dur. Je suis si reconnaissante que toute ma couture ait été faite avant mon arrivée, car je n'ai pas une minute à perdre pour cela, et ici il me semble que toutes les robes me vont si terriblement. Cela me rendrait malheureuse de porter des vêtements aussi beaux, et comme je ne parle pas la langue, les difficultés pour donner des instructions sur les détails techniques de la couture seraient terribles. Dites à C. qu'il est très sage de continuer ses leçons de conversation allemande avec Madame P. Même les quelques-unes que j'ai prises me sont d'une immense aide, car je peux comprendre presque tout ce qu'on me dit, sans pouvoir répondre. Il devrait faire une de ses leçons sur les courses et la conduite automobile , car il est essentiel de savoir demander des choses et d'être capable de donner des indications en conduisant. J'ai eu une expérience très drôle avec un droschkie l'autre jour, mais ce serait trop long à écrire. Frau W. ne comprend pas l'anglais et elle s'impatiente terriblement quand Fräulein A. et moi le parlons, et elle dit toujours « *Deutsch* » sur un ton sépulcral, de sorte que je dois tout recommencer en allemand avec A.' c'est de l'aide.

Une fois assez installé, je me suis présenté avec mes lettres aux Bancroft , les B. et les A., et a été reçu très gentiment et cordialement par tous. Mme Bancroft et Mme B. sont depuis revenues en retour, et j'ai déjà assisté à une charmante réception chez cette dernière, ainsi qu'au grand dîner américain de Thanksgiving à l'Hôtel de Rome, présidé par M. Bancroft. et a prononcé des discours très joyeux en anglais et en allemand. J'ai beaucoup apprécié ces deux occasions et j'ai fait d'agréables connaissances. J'ai également assisté à un goûter allemand avec Mme W. et A., et j'y ai passé « un moment des plus joyeux ». Il n'y avait que douze invités, mais au bruit on aurait pu supposer qu'il y en avait au moins une centaine. Au dîner américain, il n'y avait rien de comparable au bruit de conversation qu'entretenait cette petite poignée. Avant le dîner, c'était plutôt stupide, car les hommes se retiraient tous seuls dans une pièce où ils s'asseyaient avec les portes fermées, jouaient au whist et fumaient. Il n'est pas convenable pour les dames de jouer aux cartes sauf à la maison, et, bien entendu, je n'ai pas dit grand-chose, pour l'excellente raison que je *ne pouvais pas* ! À dix heures, le dîner fut annoncé et ces messieurs vinrent nous accueillir. Herr J. était mon associé. C'est un homme charmant, bien que âgé, et il ne connaît pas de fin, car il a passé toute sa vie à étudier et à voyager. Il m'apparaît comme un homme d'une organisation très sensible et d'un sentiment très délicat. C'est un formidable républicain et un grand radical à tous égards, et il a une admiration sans limite pour l'Amérique.

Dès que tout le monde fut assis à table en bonne et due forme, tous se mirent à parler aussi fort qu'ils le pouvaient, et vous n'avez aucune idée du bruit qu'ils faisaient, et comment il augmentait vers la fin avec les puissantes libations qu'ils recevaient. . La carte du tarif était plutôt curieuse. Nous avons commencé avec des tranches de langue chaude, avec une sauce aux marrons, et c'était extrêmement bon aussi. Ensuite, nous avons mangé du gibier et des pommes de terre bouillies ! Ensuite, nous avons eu un dessert composé de fruits et d'un délicieux gâteau. Il y avait plusieurs sortes de vins, et tout le monde en buvait la plus grande quantité. L'hôte et l'hôtesse se levaient sans cesse et se tournaient vers tout le monde en disant : « Mais vous ne buvez rien », puis ils insistaient pour remplir votre verre. Je n'ose pas penser combien de fois ils ont rempli le mien, mais cela semblait être l'étiquette de boire, et j'ai donc fait comme les autres. Le repas s'est terminé par un café, puis les messieurs ont allumé leurs cigares et étaient dans un état d'esprit si extrêmement gai qu'ils se sont tous mis à chanter, et j'ai même vu deux vieux camarades s'embrasser ! La venaison était délicieuse et meilleure que toutes celles que j'ai jamais mangées. Herr J. était le seul homme dans la pièce qui parlait un peu anglais, et depuis lors, il s'intéresse beaucoup à moi et me prête des livres. Chaque dimanche, Fran W. m'emmène prendre le thé chez sa sœur. J'aime y aller parce que j'y entends beaucoup d'allemand et qu'ils s'intéressent tous profondément à mes affaires. Ils savent à la minute près quand je reçois une lettre et quand j'en écris une, ainsi que tous les incidents de ma vie quotidienne. Cela les amuse beaucoup de voir un véritable Indien sauvage vivant d'Amérique. Je vais bientôt à une autre fête allemande et je l'attends avec beaucoup de plaisir ; non pas que les fêtes ici me donnent le même sentiment qu'à la maison, mais elles sont amusantes parce qu'elles sont tout à fait différentes.

Il y a tellement de choses à voir et à entendre à Berlin que, si l'on n'a que de l'argent, ses ressources sont illimitées. Il y a l'opéra et le Schauspielhaus tous les soirs, ainsi que de beaux concerts tous les soirs. On dit que l'opéra est ici magnifique, que le décor est superbe, et qu'ils ont une merveilleuse troupe de ballet. Mais jusqu'à présent, je n'ai assisté qu'à un seul concert, et c'était un concert sacré. Mais Joachim jouait – et Oh-h, quel son il tire du violon ! Je ne pouvais penser à rien d'autre qu'à la voix de Mme Moulton, alors qu'il *soupirait* ces notes délicieusement pathétiques. Il jouait quelque chose de Schumann qui se terminait par une seule note, et en tirant son arc dessus, il produisait tant de nuances que c'était parfaitement merveilleux . Je vais l'entendre à nouveau dimanche soir, lorsqu'il jouera au concert de Clara Schumann. Ce sera un grand concert, car elle joue beaucoup. Elle sera assistée par Joachim, Müller, De Ahna et par la femme de Joachim, qui a une belle voix et chante avec charme dans le style sérieux allemand. Joachim lui-même est non seulement le plus grand violoniste du monde, mais aussi l'un des plus grands qui ait jamais vécu. De Ahna est l'un des premiers violonistes d'Allemagne et Müller est l'un des premiers violoncellistes. En fait, ce quatuor ne peut pas être égalé en Europe – alors vous voyez à quoi je m'attends !

Tausig n'est pas encore revenu de sa tournée de concerts et n'arrivera pas avant le 21 décembre. Je trouve Ehlert un professeur splendide, mais très sévère, et j'ai mortellement peur de lui. Non pas qu'il soit fâché, mais il exige tellement, et un sentiment de désespoir si désespéré s'empare de moi. Sa première leçon sur le toucher m'a appris plus que toutes mes autres leçons réunies – même si, bien sûr, cela ne veut pas dire grand-chose, car elles étaient « rares ». À l'heure actuelle, je suis plongé dans une mer de problèmes. Les filles de ma classe sont au nombre de trois et elles jouent toutes si extraordinairement bien que parfois j'ai l'impression que je ne pourrai jamais les rattraper. Je suis le pire de tous les savants des classes de Tausig que j'ai entendu, sauf un, et c'est un jeune homme. Je sais qu'Ehlert pense que j'ai du talent, mais, après tout, le talent doit s'effondrer avant une telle *pratique* que ces gens ont eu, car la plupart d'entre eux ont étudié longtemps et sont restés au piano quatre ou cinq heures par semaine. jour.

C'est très intéressant au conservatoire, car il y a des élèves de tous les pays sauf de France. Certains d'entre eux me paraissent de splendides musiciens. Le dimanche matin (je suis désolé de le dire), une fois par mois ou six semaines, ils ont ce qu'ils appellent une « lecture musicale ». Il se déroule dans un entrepôt de piano-forte, et c'est là que jouent tous les savants des classes supérieures, j'ai donc dû y aller. Beaucoup de filles jouaient magnifiquement et j'étais émerveillé par la technique qu'elles possédaient et par la manière artistique avec laquelle même les très jeunes filles interprétaient la musique la plus difficile, et tout cela sans notes. Cela me donnait un violent mal de tête nerveux rien que de les entendre. Mais c'était ravi de les voir s'y mettre. Aucun d'eux n'avait la moindre peur, et ils riaient et bavardaient entre les morceaux, et quand leur tour arrivait, ils marchaient jusqu'au piano, s'asseyaient hardiment comme des lions et frappaient si magnifiquement !

Vous n'imaginez pas à quel point les études de Cramer sont difficiles ici. Ehlert me fait les jouer énormément *fort* et aussi vite que possible. Ma main est tellement fatiguée qu'elle est sur le point de se briser, et alors je dis que je ne peux pas continuer. "Mais il *faut* continuer", dira-t-il. C'est la même chose avec la balance. Il me semble que je les joue si fort que je fais sonner le welkin, et il dira : "Mais tu joues toujours *du piano* ". Et avec toute cette rapidité, il ne permet pas qu'une note soit manquée, et s'il vous arrive de frapper une mauvaise note , il a l'air si choqué qu'on se sent prêt à s'enfoncer par terre. C'est étrange à dire, mais j'apprécie beaucoup les cours de *Zusammenspiel* (jeu en duo), même si tout se lit à vue. Quatre d'entre nous s'assoient devant deux pianos et lisons des duos à vue. Lesmann est un homme agréable, et il parle toujours si vite qu'il m'amuse beaucoup. Il compte et bat toujours la mesure avec la plus grande vigueur, et hurle à votre oreille : « *Eins— zwei ! Eins— zwei !* » ou parfois « *Eins !* » seulement, au premier temps de chaque mesure. Quand, de temps en temps, nous sortons tous, il nous regarde à travers ses lunettes, et alors la volée de mots qu'il nous lance est merveilleuse à entendre. Je ne peux m'empêcher de rire, même si je me garde bien de le laisser me voir.

Mais Weitzmann, le professeur d'Harmonie, est le plus drôle de tous. C'est le vieillard le plus cher du monde, et il lui est impossible d'être fâché ; mais il prend tant de peine et de peine pour faire comprendre à sa classe, et il a la façon de parler la plus particulière qu'on puisse imaginer, et il accentue énormément tout ce qu'il dit. Je vais le voir parce qu'Ehlert me dit que je dois le faire, mais comme je ne connais rien à la théorie musicale (et si je le savais, les noms sont si complètement différents en allemand que je ne devrais jamais savoir ce qu'ils signifient en anglais), il est extrêmement difficile pour moi de le trouver. moi de le comprendre du tout. Il savait que j'étais américain et m'a laissé passer une ou deux leçons sans me poser de questions, mais finalement son goût allemand pour la rigueur a eu raison de lui et il commence maintenant à me prendre en main. Lors de la dernière leçon, il écrivit quelques accords au tableau et, après avoir parlé pendant un certain temps, il finit par prononcer son habituel " *Verstehen Sie wohl —Ja?* (Comprenez-vous—Oui?)" à la classe, qui cria tous " *Ja*". ," sauf moi. J'ai gardé un silence discret, pensant qu'il ne le remarquerait pas, mais il s'est soudainement retourné vers moi et a dit : « *Verstehen* Sie *wohl —Ja ?* » J'étais aussi perplexe quant à savoir quoi dire que les pharisiens lorsqu'on leur a demandé si le baptême de Jean était du ciel ou des hommes. Je savais que si je disais « *Ja* », il pourrait m'appeler pour une preuve, et que si je disais « *Nein* », il se chargerait de m'éclairer, et que je ne le comprendrais pas.

Après un instant de réflexion, j'ai conclu que cette dernière solution était la plus sûre, et j'ai donc dit hardiment : « *Nein* ». " *Kommen Sie hierher !* (Viens ici !) " dit-il, et à ma grande horreur, je dus m'approcher du tableau devant cette grande classe. Il m'a harangué pendant quelques minutes, puis, écrivant quelques notes sur la clé de fa, il m'a mis la craie dans les mains et m'a dit d'écrire. Je n'avais pas compris un mot, et après avoir regardé le tableau d'un air vide, j'ai dit : " *Ich verstehe nicht* (je ne comprends pas.)" " *Nein ?* " dit-il en reprenant soigneusement toutes ses explications. Cette fois, j'ai réussi à comprendre qu'il souhaitait que j'écrive la succession d'accords que ces notes de basse indiquaient, et que je lie les notes que je pouvais. Une seconde fois, il mit la craie dans mes mains, et m'a dit d'écrire les accords. "Dieu seul sait ce que c'est!", me dis-je, dans mon désespoir, j'ai deviné le premier et j'ai prononcé les noms des notes avec des accents tremblants. m'attendant à ce qu'un coup de canon me soit tiré sur la tête, grâce à ma bonne étoile, c'était juste, je l'ai écrit au tableau, puis, à mesure que mon esprit s'est aiguisé, j'ai trouvé les autres accords de celui-là et je les ai tous notés. c'est vrai. J'ai poussé un long soupir de soulagement lorsqu'il m'a libéré de ses griffes, et je me suis assis, croyant à peine que je l'avais fait. Je n'ai pas maintenant la moindre idée de ce qu'il m'a fait faire, mais je suppose que cela me viendra. dans le courant de l'année ! Comme il ne comprend pas un mot d'anglais, je ne peux rien lui dire à moins de pouvoir le dire en allemand, et comme il est bien décidé à me faire apprendre l'Harmony, ça ne servirait à rien de m'expliquer. que je ne savais pas de quoi il parlait, car il recommencerait et continuerait *à l'infini*. J'ai un livre sur la théorie de la musique que je lis avec Mme W. Elle a également étudié avec Weitzmann et lorsque j'aurai rattrapé le cours , je continuerai très facilement. J'adore Weitzmann. Il a le vieux visage le plus gentil qu'on puisse imaginer, et il martèle si infatigablement ses élèves ! Les professeurs que j'ai décrits sont tous des musiciens berlinois sérieux et bien connus, et je me demande si les gens pouvaient nous dire avant mon départ, et semblent vraiment le croire, "que je pourrais apprendre aussi bien dans un conservatoire américain que dans un l'Allemand." En comparaison avec l'exercice que je reçois actuellement, mon enseignement à Boston n'était qu'un simple jeu.

CHAPITRE II.

Clara Schumann et Joachim. Celui du ministre américain.
Le musée. Le Conservatoire. L'Opéra. Tausig. Noël.

BERLIN, *le 12 décembre 1869* .

J'ai entendu Clara Schumann dimanche, et mardi soir également. C'est une artiste des plus merveilleuses. Lors du premier concert, elle a joué un quatuor de Schumann, et vous pouvez imaginer à quel point c'était charmant sous la direction de Clara Schumann au piano, Joachim au premier violon, De Ahna au second et Müller au violoncelle. C'était parfait et j'étais ravi. La sélection de Madame Schumann pour les deux concerts était très large et donnait une pleine démonstration de ses talents dans tous les genres de musique. L'Impromptu de Schumann, op. 90, c'était exquis. C'était plein de passion et très difficile. La deuxième des Chansons sans paroles, de Mendelssohn, était l'interprétation la plus féerique. C'est une de ces choses qui doivent être jetées avec la plus grande grâce et la plus grande douceur, et cela nécessite la technique la plus belle et la plus délicate. Elle l'a joué à la perfection. Elle a exécuté à merveille le formidable Scherzo de Chopin, mais elle a gardé les grands passages d'octave de la basse un peu trop subordonnés, pensais-je, et ne l'a pas donné assez hardiment à mon goût, bien qu'il soit extrêmement artistique. Le jeu de Clara Schumann est très objectif. Elle semble se jeter dans la musique, au lieu de se laisser envahir par la musique. Elle vous procure le plaisir le plus exquis avec chaque note qu'elle touche, et a une conception et une variété de jeu merveilleuses, mais elle vous fait rarement tourner.

Au deuxième concert, elle était encore meilleure qu'au premier, si cela est possible. Elle semblait pleine de feu, et quand elle jouait Bach, elle aurait dû être couronnée de diamants ! Si *noble* jouer, je n'ai jamais entendu. En fait, vous êtes toujours impressionné par la noblesse et l'ampleur de son style, et par l'intégralité de son traitement, et oh, si vous *pouviez* entendre ses *gammes* ! Bref, il n'y a plus rien à désirer dans son jeu, et elle a toutes les qualités d'une grande artiste. Beaucoup de gens disent que Tausig est bien meilleur, mais je n'arrive pas à y croire. Il a peut-être plus de technique et plus de puissance, mais rien d' autre, j'en suis sûr. Tout le monde est ravi de son jeu et je m'impatiente de son retour, attendu la semaine prochaine. Je vous envoie la photographie de Madame Schumann, qui lui ressemble tout à fait. C'est une grande femme d'apparence très allemande, avec des cheveux noirs et un cou et des bras superbes. Lors du dernier concert, elle était vêtue de velours noir, décolletée et manches courtes, et lorsqu'elle frappait des accords puissants, ces grands bras blancs descendaient avec une certaine splendeur.

Quant à Joachim, il est parfaitement magnifique, et possède *une puissance étonnante* . Lorsqu'il jouait son solo dans cette deuxième Chaconne de Bach, on avait peine à croire qu'il ne s'agissait que d'un seul violon. Il a, comme Madame Schumann, la plus grande variété de sons, seulement au violon les nuances peuvent être rendues bien plus délicates qu'au piano.

Je pensais que le deuxième mouvement du Quatuor de Schumann était peut-être aussi extraordinaire que n'importe quelle partie de l'interprétation de Clara Schumann. C'était très rapide, très *staccato* et *pianissimo* tout au long. Pas une note ne s'échappait de ses doigts, et elle jouait avec un tel magnétisme qu'on pouvait à peine respirer jusqu'à ce qu'elle ait fini. Vous savez que rien ne peut être plus difficile que de jouer du staccato si doucement, là où l'exécution est également excellente. Les deux sonates pour violon et piano jouées par Madame Schumann et Joachim, et surtout celle en la mineur, de Beethoven, étaient divines. Les deux parties étaient également bien soutenues et jouaient avec tant de feu, comme si l'une inspirait l'autre. Cela valait la peine de traverser l'Atlantique rien que pour entendre ces deux performances.

La Sing-Akademie, où se donnent tous les meilleurs concerts, n'est pas une très grande salle, mais elle est joliment proportionnée et l'acoustique est parfaite. Les fresques sont très délicates, et à gauche se trouvent tout le long des caissons qui ajoutent beaucoup à la beauté de la salle, avec leurs cannelures écarlates et dorées. Clara Schumann est ici une grande favorite, et il y avait une telle ruée pour les places que, même si nous sommes allés tôt pour prendre nos billets, toutes les bonnes places en parquet avaient disparu et nous avons dû trouver des places sur l' *estrade* , ou endroit où siège le chœur. ... quand il y en a un. Mais j'ai trouvé cela délicieux pour un concert de piano, car on peut être aussi proche de l'interprète qu'on le souhaite, et en même temps voir les visages du public. J'ai vu tellement de gens que je connaissais et nous n'arrêtions pas de nous saluer.

Pensez à quel point c'est ici commode en ce qui concerne les divertissements publics, car les dames peuvent aller partout seules ! Vous prenez un droschkie et ils vous conduisent n'importe où pour cinq groschen, soit environ quinze centimes. Lorsque vous entrez dans la salle de concert, vous entrez dans le *garde -robe* , vous enlevez vos affaires et vous les confiez aux soins de la femme qui se tient là, puis vous entrez et vous vous asseyez confortablement comme vous le feriez dans un salon . et ne sont pas rôtis dans votre chapeau et votre manteau pendant le concert, ni glacés lorsque vous sortez, comme nous le sommes en Amérique. Leurs programmes ne sont pas non plus aussi longs que les nôtres et, en bref, toute leur manière de donner des concerts est plus rationnelle que chez nous. J'aime toujours le garde -robe, car si vous avez des connaissances, vous êtes sûr de les rencontrer, et vous n'imaginez pas à quel point il est excitant dans une ville étrangère de voir quelqu'un que vous connaissez.

———————

Je suppose que vous me murmurez des malédictions parce que je n'écris pas, mais je suis si occupé que je n'ai pas le temps de répondre à mes lettres, qui s'accumulent sur mes mains à un rythme effroyable. Cette semaine, je suis sorti tous les soirs sauf un, de sorte que j'ai dû faire tous mes exercices et mes cours d'allemand et d'harmonie pendant la journée ; et cela, avec mon heure et demie quotidienne au conservatoire, a été tout ce que j'ai pu gérer.

Lundi, je suis allé à une fête chez Bancroft, que j'ai extrêmement appréciée. C'était une affaire très brillante, et les toilettes étaient superbes. A l'entrée, je fus introduit par un très beau domestique vêtu d'une livrée. Un deuxième homme m'a montré la loge, où mon regard ahuri s'est d'abord posé sur un grand nombre de Chinois en tenue de fête. Je n'ai pas pu comprendre une seconde de quoi il s'agissait et je me suis dit : « Est-il possible que je me sois trompé d'invitation et que ce soit une mascarade ? Un autre coup d'œil m'a montré qu'ils étaient chinois, et il s'est avéré que M. Burlingame, le ministre chinois, était là et que ces hommes faisaient partie de sa suite. Les dames et les messieurs avaient la même loge, ce qui était pour moi une nouveauté dans les fêtes, et pendant que nous enlevions nos affaires, le domestique les prit et nous donna un billet pour eux, comme on fait à l'Opéra. Je devrais penser qu'il y avait environ une centaine de personnes présentes. Il y avait un grand nombre de belles femmes, et elles étaient magnifiquement habillées et très ornées de diamants et de perles. La couleur maïs semblait être à la mode, et il y avait plus de soies de cette couleur que de toutes les autres.

M. Burlingame semblait être un homme très sympathique et facile. Je ne lui ai pas été présenté, mais je me tenais très près de lui une partie du temps. Il considère l'introduction des Chinois dans notre pays comme une grande bénédiction et se moque de l'idée qu'elle soit un mal. Il dit que la raison pour laquelle les chemins de fer ne peuvent pas être introduits en Chine est que le pays tout entier est un vaste cimetière, et qu'on ne peut pas creuser en profondeur sans déterrer des ossements humains, de sorte qu'il y aurait une révolution de la part du pays. personnes si cela se faisait maintenant, mais cela se fera progressivement. Il voyage avec une suite de quarante accompagnateurs, et dit qu'il a fait ici arranger tous ses traités selon ses souhaits, et que la Prusse a promis de suivre les États-Unis dans tout ce qu'ils ont convenu avec la Chine. Il va démissionner de son poste dans un an et retourner en Amérique, où il souhaite se lancer à nouveau en politique. M. Bancroft a présenté de nombreuses dames aux Chinois, dont l'une parlait anglais, et il a interprété les autres. C'était très pittoresque de les voir tous s'incliner profondément en silence lorsqu'on leur présentait quelqu'un . Ils portaient le costume chinois : pantalons turcs, manteaux ou chemisiers en soie blanche et turbans rouges, et leurs cheveux tressés dans le dos en une longue queue qui touchait presque leurs talons.

Jeudi, je suis allé dîner chez le Dr A.. Il semble être un homme très influent ici et il est l'un des grands favoris des Américains. Il a un très grand cœur, et je soupçonne que c'est la raison qui l'explique. Mme A. est également très charmante. J'y ai vu M. Théodore Fay, qui a été notre ministre en Suisse et qui est également auteur. Il est très intéressant et c'est le chrétien le plus sérieux que j'aie jamais rencontré. Il a les sympathies les plus tendres du monde, et chez un homme cela est très frappant. Il a un front haut et beau, et une certaine spiritualité d'expression qui vous séduit à la fois et vous touche aussi. Au moins, il *me fait une impression particulière* . Il y a quelque chose de complètement différent chez lui des autres hommes, mais je ne sais pas ce que c'est, à moins que ce ne soit son profond sentiment religieux, qui transparaît inconsciemment.

La semaine dernière, j'ai fait ma première visite au Musée. C'est l'un des plus grands sites touristiques de Berlin, mais il est si immense que je n'en ai vu que quelques pièces. En fait, il existe deux musées : un ancien et un nouveau. J'étais dans le nouveau. C'est un trésor parfait, et les sols à eux seuls constituent une étude. Tous sont incrustés de petites billes colorées et chacun a un motif différent. L'une des plus belles pièces était un grand appartement circulaire au toit en forme de dôme autour duquel étaient placées les statues des dieux, et au centre se dressait une statue en bronze de l'un des anciens rois allemands dans une armure romaine . A mi-hauteur du sol, il y avait une petite galerie dans laquelle on pouvait se tenir debout et regarder par-dessus la balustrade, et ici étaient placées sur les murs les cartons de Raphaël, qui sont des fac-similés de ceux du Vatican, et sont tous tissés en arras. . Ils sont très merveilleux et on a l'impression de ne pas pouvoir les regarder assez longtemps. Le contraste est impressionnant lorsque vous regardez en bas et voyez toutes les statues païennes debout sur le sol en marbre, chacune comme un sphinx séparé, puis levez les yeux et voyez tous les sujets chrétiens de Raphaël. Les statues sont si froides, blanches et lointaines, et les images sont si chaudes et aux couleurs vives . Ils semblent exprimer la différence entre les religions anciennes et modernes. Nous avons parcouru les salles de statues grecques et romaines, qui sont en très grand nombre, et sur les murs des paysages grecs et italiens, tous peints par des peintres célèbres.

Il nous fallut traverser ces salles assez précipitamment pour apercevoir la « Treppen Halle », qui est le lieu où se rejoignent les deux grands escaliers qui conduisent aux salles supérieures du Musée. C'est magnifique, tout est dorure et décoration. Une immense statue se dresse près de chaque porte, et au mur se trouvent six grands tableaux de Kaulbach , trois de chaque côté. "Le Jugement dernier", dont on voit des photographies, en fait partie. Je devrais aller souvent au Musée pour bien le voir, mais c'est tellement loin que je n'ai pas le temps. Berlin est une très grande ville et les distances sont aussi grandes qu'à New York.

Lors de la dernière "Lecture" au conservatoire, les quatre meilleurs savants ont joué en dernier. L'un d'eux était un Américain, originaire de San Francisco, un certain M. Trenkel , mais de parents allemands. Il joue d'une manière exquise et a une conception musicale aussi poétique que Dresel, mais aussi une belle technique. C'est un artiste minutieux, et il en a l'air aussi, car il est sombre et pâle, et très frappant. J'aime toujours le voir jouer, car il baisse ses yeux noirs, et son haut front pâle est rejeté en arrière et se détache si bien sur ses sourcils noirs. Son expression est très sérieuse et ses manières très calmes, et il éprouve une sorte de fascination pour lui. Il est particulièrement apprécié par Tausig.

Après avoir joué, vint une jeune femme qui était l'élève de Von Bülow depuis deux ans. Elle joue magnifiquement, et j'aurais pu m'arracher les cheveux d'envie quand elle se levait, et Ehlert s'approcha d'elle, lui serra la main et lui dit devant toute l'école qu'elle avait « un *vrai* talent ». Après elle vint *ma* préférée, la petite Fräulein Timanoff , qui s'assit et fit encore mieux. Elle est une petite Russe, quinze ans seulement, et porte encore des robes courtes. Elle a les cheveux presque blancs, ils sont si clairs, et elle les coiffe directement en arrière et les porte en deux longues tresses dans le dos, ce qui lui donne un air très enfantin. C'est vraiment merveilleux de la voir ! Elle s'assied avec la plus grande confiance et joue avec toute l'audace d'un artiste.

Presque tous les élèves de la classe de Tausig étudient pour jouer en public, et je pense qu'il serait très fier de tous ceux que j'ai entendus. Il y a de nombreux chercheurs au conservatoire, mais il n'enseigne que les plus avancés. Il n'est revenu à Berlin que samedi, et je ne l'ai pas encore vu, même si je meurs d'envie de le voir, car tous les Allemands sont furieux de son jeu. Les filles de sa classe ont terriblement peur de lui, et quand il se met en colère, il leur dit qu'elles jouent « comme un rhinocéros », et bien d'autres petites remarques tout aussi plaisantes.

———

BERLIN, *le 11 janvier 1870* .

Depuis ma dernière lettre, j'ai été assez isolé et je n'ai rien vu du monde gay. Je suis allé deux fois à l'opéra : une fois pour « *Fantaska* », un grand ballet, et la deuxième fois pour « *Trovatore* ». L'opéra ici est magnifique et j'aimerais pouvoir y aller chaque semaine. Il est extrêmement difficile d'obtenir des billets pour cet opéra, car les Juifs riches parviennent à en obtenir le monopole et l'opéra est bondé tous les soirs. C'est le bâtiment le plus brillant, et si délicieusement peint ! Toutes les têtes et figures des Muses et les portraits des compositeurs et des poètes qui le décorent sont si doux et si joliment exécutés. Le rideau est même charmant. Cela représente la mer, et de grands monstres marins nagent avec des nymphes, des Amours et toutes sortes de choses, et une charmante nymphe flotte dans les airs avec un mince voile de gaze qui traîne après elle. Les décors et les robes sont superbes, et je n'ai jamais imaginé rien qui puisse les égaler. L'orchestre aussi joue divinement.

Le chant est la seule chose qui pourrait être améliorée. La Lucca, qui est la grande attraction, est une jolie petite créature, mais je n'ai pas trouvé sa voix remarquable. Les Berlinois la vénèrent et chaque fois que Lucca chante, les billets se bousculent. Wachtel et Niemann sont les chanteurs vedettes parmi les hommes. Je n'ai pas entendu Niemann , mais Wachtel, nous ne devrions pas nous extasier en Amérique. Je doute que les Allemands sachent vraiment ce qu'est le meilleur chant. Ils ont des chœurs des plus merveilleux, mais quand il s'agit de solistes, ils n'en ont aucun qui soit vraiment génial – comme Parepa et Adelaide Phillips ; du moins, c'est mon jugement après avoir entendu les meilleurs chanteurs de Berlin, mais comme la voix n'est pas mon « instrument », je n'y serai pas trop confiant. Tout le reste est tellement au-delà de ce que nous avons à la maison que peut-être m'attends-je inconsciemment à ce que le point culminant de tout cela, le chant solo, soit proportionnellement plus beau aussi.

Mais il y a de belles danseuses de ballet ici. Il y a une petite créature nommée Fräulein David, qui est une merveilleuse artiste. Elle fait des pas tels qu'on tourne la tête pour la voir. Elle est aussi légère que du duvet et si extrêmement gracieuse que lorsque vous la regardez flotter au son de la musique enchanteresse du ballet, c'est trop captivant. Il y avait quatre autres danseuses presque aussi bonnes, toutes habillées exactement de la même façon, dans des robes blanches bordées de satin rose. Ils sortaient les premiers et dansaient tous ensemble, tantôt séparément, tantôt formant une figure au milieu de la scène. Et soudain, le petit David, vêtu de blanc et de bleu, s'élançait. Les autres se séparaient aussitôt et se retiraient sur le côté de la scène, et elle exécutait un merveilleux *pas seule* . Puis *elle* se retirait, et les autres revenaient, et ainsi de suite. C'était parfaitement beau. Finalement, ils dansèrent tous ensemble et firent tout exactement de la même manière, même si le petit David savait toujours se pencher plus bas et prendre les « positions » (comme on disait chez Dio Lewis) mieux que tous les autres.

Vendredi, je vais entendre Rubinstein jouer. Je suppose qu'il donnera un beau concert, car lui et Bülow, Tausig et Clara Schumann sont les grandes célébrités désormais au piano, Liszt ayant renoncé à jouer en public. Hier, notre leçon terminée, Ehlert a pris congé et nous a laissé attendre TAUSIG — ma chère ! — qui devait nous entendre à chaque pièce. Il arriva très tard, juste avant l'heure de donner sa propre leçon. Il ressemble exactement à la photographie que je vous ai envoyée, mais il est en effet très petit – trop petit, en fait, pour une belle apparence – mais il a une expression des yeux remarquablement vive. Il entra, et, nous regardant à peine, et sans même prendre la peine de s'incliner, il se tourna vers moi et me dit impérieusement : « *Spielen Sie mir Etwas. vor* . (Joue quelque chose pour moi.)" Je me levai et

jouai d'abord une *Etude* , puis il me demanda les gammes, et après en avoir
joué quelques-unes, il me dit que j'avais "du talent", et que je devais venir à
ses leçons, et je J'y suis allé le lendemain après-midi. Il n'y avait que deux filles
dans la classe, mais elles étaient toutes deux très avancées. Je n'avais jamais
entendu aucune d'elles jouer un concerto terriblement difficile, que j'ai joué.
Une fois entendue par Mills, c'est d'une beauté exquise, et elle le faisait très
bien. De temps en temps, Tausig la balayait du tabouret et jouait lui-même,
et c'est vraiment une merveille si, comme on dit, le trille de Liszt est ! « comme
le gazouillis d'un oiseau », le sien l'est tout autant. Il n'est pas surprenant qu'il
soit si célèbre, et j'ai hâte de l'entendre en concert, où il rendra pleinement
justice à ses pouvoirs. moelle de vos os. Il est divorcé de sa femme, et je pense
qu'il n'est pas improbable qu'elle ne puisse pas vivre avec lui, car il a l'air aussi
hautain et despotique que Lucifer, bien qu'il ait une attitude très séduisante
avec lui quand il le souhaite. Son jeu est qualifié de *sans pareil* .

J'ai passé un Noël très agréable. La famille avait un joli petit arbre et nous
nous offrions tous des cadeaux. C'était charmant de sortir dans la rue la
semaine précédente. Les Allemands passent de très bons moments à Noël, et
les rues sont pleines d'arbres de Noël, les magasins regorgent de belles choses
et il y a de petits stands érigés tout le long des trottoirs remplis de jouets. Ils
ont des gâteaux et des confiseries spéciaux qu'ils préparent uniquement à
cette saison.

CHAPITRE III.

Tausig et Rubinstein. Les élèves de Tausig. Les Bancroft . Un radical allemand.

BERLIN, *le 8 février 1870* .

J'ai entendu Rubinstein et Tausig en concert depuis la dernière fois que j'ai écrit. Ils sont tous les deux merveilleux, mais d'une manière tout à fait différente. Rubinstein a la plus grande puissance et le plus grand *abandon* de jeu que vous puissiez imaginer, et il est extrêmement excitant. Je n'ai jamais vu un homme à qui il semblait si facile de jouer. C'est comme s'il jouait simplement avec le piano et pouvait en faire ce qu'il voulait. Tausig, au contraire, est extrêmement sobre et n'a pas assez d'enthousiasme, mais il est absolument *parfait* et joue avec la plus grande expression. Il est prééminent par la grâce et la délicatesse d'exécution, mais semble retenir sa puissance dans une salle de concert, ce qui est très singulier, car lorsqu'il joue dans ses classes du conservatoire, il semble tout passionné. Sa conception est tellement raffinée qu'elle l'est parfois un peu trop, tandis que Rubinstein est parfois trop précipitée. Je n'ai pas encore décidé lequel je préfère, mais à mon avis Clara Schumann dans son ensemble est supérieure à l'un ou l'autre, même si elle ne possède pas leur technique illimitée.

C'était le programme de Tausig :

1.		Sonate op. 53,	Beethoven.
2.	un.	Bourrée,	Bach.
	b.	Presto Scherzando,	Mendelssohn .
	c.	Barcarole op. 60,	}
	d.	Ballade op. 47,	}Chopin .
	e.	Zwei Mazurkas op. 59 et 33,	}
	F.	Commande d'approvisionnement pour Tanz,	Weber.
3.		Kreisleriana op. 16, 8 Fantasme Stücke ,	Schumann.
4.	un.	Standchen von Shakespeare à Schubert,	} Liszt.

    b.   Ungarische Rhapsodie ,   }

Le jeu d'octave de Tausig est le plus extraordinaire que j'aie jamais entendu. Le dernier grand effet sur son programme fut la Rhapsodie de Liszt, dans une variation d'octave. Il l'a d'abord joué si *pianissimo* qu'on pouvait à peine l'entendre, puis il a répété la variation et lui a donné énormément *de force* . C'était colossal ! Ses gammes surpassent celles de Clara Schumann, et on dirait qu'il joue avec des doigts de velours tant son toucher est très doux. Il a joué la grande Sonate en do majeur de Beethoven, la préférée de Moscheles , vous savez. Sa conception n'était pas brillante, comme je m'y attendais, mais très calme et rêveuse, et le premier mouvement surtout était très *piano* . Il l'a fait d'une manière très belle, mais je n'ai pas été tout à fait satisfait du dernier mouvement, car je m'attendais à ce qu'il fasse un grand point culminant avec ces trilles passionnés, et il ne l'a pas fait. Chopin, il joue divinement, et cette petite Bourrée de Bach que je jouais, était magique. Il l'a joué comme un éclair et l'a rendu parfaitement envoûtant.

Dans l'ensemble, c'est un grand homme. Mais Clara Schumann se met toujours immédiatement *en relation* avec vous. Tausig et Rubinstein ne vous influencent pas comme elle et, par conséquent, je pense qu'elle est la meilleure interprète, même si j'imagine que les Allemands ne seraient pas d'accord avec moi. Tausig a une si petite main que je me demande s'il a pu acquérir son immense virtuosité. Il n'a que trente ans et est bien plus jeune que Rubinstein ou Bülow.

Le lendemain du concert de Tausig, j'allai, comme d'habitude, l'entendre donner la leçon à sa meilleure classe de filles. J'arrivai un peu avant l'heure, et les filles étaient dans la loge, attendant que les jeunes gens aient fini leur leçon. Ils parlaient du concert. "N'était-ce pas beau ?" me dit le petit Timanoff ; « Je n'ai pas dormi de la nuit après cela ! » — touche de sentiment qui m'a tout à fait surpris chez ce petit personnage, et qui m'a fait éprouver quelques remords, car j'avais moi-même bien dormi. "J'ai déjà pratiqué cinq heures aujourd'hui", a-t-elle ajouté. À ce moment-là, les jeunes gens sortirent de la salle de classe et nous y pénétrâmes. Tausig se tenait près du piano. "Commencer!" » dit-il à Timanoff , plus brièvement encore que d'habitude ; "J'espère que tu m'as apporté une étude *cette* fois." Il insiste toujours pour qu'une étude soit ajoutée à la pièce. Timanoff répondit par l'affirmative et commença à ouvrir *les Etudes de Chopin* . Elle a joué la grande étude en la mineur "Winter Wind", et de la manière la plus magnifique aussi, en commençant avec le plus grand brio et le plus grand "go". J'étais parfaitement étonné par un tel exploit de la part d'un tel enfant et je m'attendais à ce que Tausig s'exclame avec admiration. Ce n'est pas le cas de Rhadamanthe. Il l'écouta sans commentaire ni correction, et lorsque Timanoff eut terminé, il remarqua simplement d'une manière très posée : « Alors ! Avez-vous aussi pris la *prochaine* étude ? comme si le grand la mineur ne suffisait pas pour un seul repas ! Il fait huit pages au départ, et la difficulté ne faiblit pas tout au long. Cependant, il a ensuite déclaré aux jeunes hommes qu'il "n'aurait pas pu faire mieux" lui-même.

Tausig est si pressé et impatient que participer à ses cours doit être une épreuve effrayante. Il ne supportera pas la moindre faute. La dernière fois que je suis allé dans sa classe pour l'entendre enseigner, il était épouvantable. Fräulein H. a commencé, et elle a un talent remarquable, qui me dépasse de loin. Elle ne voulait pas jouer *du piano* assez à son gré, et finalement il lui tapa du pied, lui arracha la main du piano et dit : « *Veux* -tu jouer *du piano* ou pas, sinon nous n'irons pas plus loin ? La deuxième fille s'est assise et a joué quelques lignes. Il la fit recommencer plusieurs fois, et finit par s'approcher, lui prendre sa musique et la mettre sur le piano : « Vous avez étudié cela pendant des semaines et vous ne pouvez pas en jouer une seule note ; entraînez-vous pendant un moment. mois et tu pourras me le rapporter à nouveau", a-t-il déclaré.

La troisième était Fräulein Timanoff , qui est un petit génie, je pense. Elle a apporté une Sonate de Schubert – la belle en la mineur – et, par la façon dont il s'est comporté, Tausig doit avoir un sentiment particulier à propos de cette Sonate en particulier. Timanoff commença à l'exécuter avec son style agile habituel, après l'avoir évidemment pratiqué chaque minute où elle ne dormait pas, depuis la dernière leçon. Elle n'avait pas parcouru très loin la première page lorsqu'il l'arrêta et commença à s'inquiéter de l'expression. Elle recommença, mais cette fois sans plus de chance. Une troisième fois, mais toujours insatisfait, bien qu'il la laissa aller un peu plus loin. Il n'arrêtait pas de l'arrêter à chaque instant de la manière la plus alléchante et la plus exaspérante. Si c'était moi, j'aurais pleuré, mais Timanoff est bien brisée et rouge seulement jusqu'au bout de ses petites oreilles. D'une fleur de pommier, elle s'est transformée en œillet. Tausig devenait de plus en plus sauvage et lui faisait sauter des pages entières dans son impatience. "Jouez ici!" disait-il du ton le plus impératif, en désignant une demi-page ou une page entière plus loin. "Cela, je ne l'entends pas !... Continuez plus loin !... C'est dommage d'être écouté !" Finalement, il frappa la musique du revers de la main et s'écria d'un ton désespéré : « *Kind, es liegt un Seele Darin . Weiss du nicht es liegt un Darin de la* SEELE ? (Enfant, il y a une âme dans la pièce. Ne sais-tu pas qu'il y a une *âme* dedans ?)" Pour le petit Timanoff , qui n'a pas d'âme et qui n'est pas assez expérimenté pour en contrefaire une, ce discours ne transmettait évidemment aucun message particulier. Elle a continué avec autant de désinvolture que d'habitude jusqu'à ce que Tausig n'en puisse plus et a fait taire la musique. J'ai été très déçu, car c'était nouveau pour moi, et j'aime entendre les petits doigts de Timanoff tinter sur les touches, "Seele". ou pas de "Seele". Elle a une façon très précise et délicate de tout faire, et d'une manière ou d'une autre, dans son petit cerveau sain, je ne souhaite guère *Seele* !

Enfin Fräulein L. jouait, et elle seule convenait à Tausig. C'est une Suédoise, et c'est la meilleure érudite qu'il ait, mais elle a des mains si affreusement laides et les tient si terriblement que, quand je la regarde , je ne peux pas apprécier son jeu. Tausig la loue toujours beaucoup et elle est extrêmement ambitieuse.

Tausig a un visage charmant, plein d'expression et très sensible. Il a une vue extrêmement perçante et il a des yeux derrière la tête, je crois. Il est cependant beaucoup trop petit et trop despotique pour être fascinant, même s'il a une sorte de manière captivante avec lui lorsqu'il est de bonne humeur.

J'ai été terriblement désolé d'apprendre la mort du pauvre Gottschalk. Il avait un toucher en or, et égal à n'importe quel autre au monde, je pense. Mais quelle façon romantique de mourir ! — de tomber insensé devant son instrument, pendant qu'il jouait « *La Morte* ». C'était très étrange. S'il y a quelque chose d'autre dans les journaux à son sujet, vous devez me l'envoyer, car l'engouement que moi et 99 999 autres jeunes filles américaines avons ressenti autrefois pour lui, persiste encore dans mon cœur !

Samedi soir, je suis allé pour la première fois entendre la Symphonie Kapelle de Berlin. Elle est composée uniquement d'artistes et constitue la musique la plus splendide qu'on puisse imaginer. De Ahna, par exemple, est l'un des violonistes, et il n'est pas loin derrière Joachim. Nous n'avons aucune conception d'un tel orchestre en Amérique. [A] La Philharmonie de New York s'en approche, mais en est encore loin. Cet orchestre est si parfait et joue avec une telle précision qu'on ne peut même pas se rendre compte qu'il y a des interprètes. C'est juste une grande vague sonore qui vous enveloppe aussi doucement que du verre. Comme les salles de concert sont ici beaucoup plus petites, la musique est beaucoup plus forte, et chacun non seulement joue *du piano* et *du forte* là où cela est indiqué, mais il tire le *ton* de son violon. Ils ont par conséquent le plus grand pathétique dans les parties douces et une puissance écrasante dans les parties fortes. Là où une grande expression est requise, le chef d'orchestre cesse presque de battre la mesure, et il semble que les interprètes la prenaient *ad libitum* ; mais ils se comprennent si bien qu'ils jouent comme un seul homme. C'est *trop* extatique ! J'ai observé la plus grande différence dans le jeu du cor. Au lieu d'entrer de manière monotone comme à la maison, et toujours avec le même degré de volume, ici, quand il est en solo, il commence rond, doux et plein, puis module doucement jusqu'à ce que le ton semble soupirer. s'éteint, s'éteignant enfin avec un petit trémolo parfaitement fondant. Je n'avais jamais entendu un tel effet auparavant. Quand les trompettes retentissent, c'est comme le craquement du malheur, et vous devriez entendre la façon dont ils jouent des tambours. Je n'ai jamais *été* satisfait de la façon dont ils frappaient les tambours à New York et à Boston, car il semblait toujours qu'ils pensaient que le parchemin allait se briser. Ici, parfois, ils donnent un coup si sec que cela me surprend, même si, bien sûr, ce n'est pas souvent le cas. Mais cela ajoute énormément à l'accent et fait battre votre cœur, je peux vous le dire. Ils jouèrent la grande symphonie de Schubert et celle de Beethoven en si majeur, et j'avais peine à en croire mes propres oreilles quant à la différence entre cet orchestre et le nôtre. C'est aussi grand qu'entre... et Tausig.

BERLIN, *le 4 mars 1870* .

Tausig part aujourd'hui en Russie pour une tournée de concerts et ne reviendra que le 1er mai. Sur six mois, il est resté à Berlin environ deux mois et demi ! Cependant, comme je ne suis pas encore dans sa classe, cela ne m'affecte pas beaucoup, mais je pense que ses élèves seraient provoqués par des absences aussi longues. C'est le pire d'avoir pour maître un si grand artiste. Je crois cependant que nous n'aurons pas de vacances en été et qu'il a promis de rester ici de mai à novembre sans partir. Ehlert et Tausig ont eu une grande dispute et Ehlert va quitter le conservatoire en avril. Je suis vraiment désolé, car c'est un professeur admirable et je l'aime extrêmement.

Nous avons eu une autre lecture musicale dimanche, à laquelle j'ai joué, mais toutes les classes du conservatoire étaient là, et tous les professeurs, avec Tausig aussi, donc c'était une épreuve assez dure. Les filles disaient que je devenais très pâle en m'asseyant devant le piano, et c'est bien possible, car ici on ne peut jouer rien que les savants n'aient joué eux-mêmes ou ne connaissent parfaitement, alors ils vous critiquent sans pitié. Tausig joue si magnifiquement qu'on sait d'avance qu'une chose ne peut jamais être que relativement bonne à ses yeux. Fräulein L. est la seule de ses élèves à jouer à sa guise. Je n'aime pas tellement qu'elle joue moi-même, car on dirait qu'elle a essayé de l'imiter exactement – ce qu'elle fait probablement. Cela ne semble pas spontané et c'est une créature affectée. Ils ont tous une très grande opinion d'elle au conservatoire, et je suppose qu'elle *est* tout à fait extraordinaire ; mais je préfère Fräulein Timanoff — « *die kleine Person* », comme l'appelle Tausig — et c'est en effet une « petite personne ». Dimanche, Mme L. a joué la première partie d'une sonate de Chopin et Tausig a été enchantée par sa prestation. Je pensais qu'il allait l'embrasser, il s'est levé si impétueusement et a couru vers elle. Il a déclaré qu'il ne pouvait pas être mieux joué et qu'il n'entendrait plus rien d'autre après cela, et ainsi l'école a été renvoyée, bien que plusieurs n'aient pas joué comme prévu.

Tausig a une érudite qui est une fille très singulière : la Fräulein H. dont je vous ai déjà parlé, qui a étudié avec Bülow. Elle est à moitié française et à moitié allemande et parle les deux langues. Elle est pleine de talent et ne peut pas avoir plus de dix-huit ans, mais c'est le personnage le plus intense et une parfaite enfant de la nature. On ne peut s'empêcher de sourire à tout ce qu'elle fait, parce qu'elle s'y prend avec tant d'ardeur et si inconsciemment. Quand les autres filles jouent, elle croise les bras et joue tout le temps avec ses doigts contre son corps, et quand son tour arrive, elle s'empare de sa musique, saute et se précipite vers le piano aussi vite qu'elle le peut. Elle n'a pas la moindre timidité, et le dimanche, lorsque Tausig l'appelait par son nom, il avait à peine prononcé les mots qu'elle dit : « *Ja* », au grand amusement de la classe (car aucun de nous ne répondit à nos noms) et courut. au piano.

Elle s'assit avec la chaise à moitié de travers et presque sur le côté, mais elle ne s'arrêta jamais pour s'arranger, mais elle sortit un prélude de sa propre tête, puis joua son morceau. Quand elle a fini, elle n'a jamais changé de visage, mais elle était de retour à sa place avant qu'on puisse dire « Jack Robinson ». Elle est aussi passionnée que Tausig et ils ont donc généralement une scène pendant sa leçon. Il est toujours soit à moitié amusé par elle, soit très en colère, et est terriblement sévère avec elle. Quand il lui tape du pied, elle fait la grimace, et le sang lui monte à la tête, et je crois qu'elle le battrait si elle l'osait. Elle joue toujours aussi impétueusement que tout le reste, puis il se bouche les oreilles et lui dit qu'elle fait trop de " *Spectakel* " (son expression préférée). Puis elle recommence deux ou trois fois, mais toujours de la même façon. Il arrache la musique du piano et lui dit que ça suffit. Puis la classe éclate de rire et elle se dirige vers sa place et pleure. Mais elle est trop fière pour laisser les autres filles la voir s'essuyer les yeux, alors elle se redresse et essaie de paraître indifférente, mais les larmes coulent sur ses joues les unes après les autres et tombent de son menton pendant tout le reste. l'heure. Au moment où elle a eu un morceau pour deux leçons, elle arrive au troisième, et enfin elle a réussi à l'atténuer suffisamment, et alors elle le joue magnifiquement. C'est une créature sauvage. Les filles me racontent qu'une fois elle s'est assise devant un piano à queue avec une telle violence qu'elle a poussé l'instrument de côté, et s'est mise à jouer avec une telle véhémence qu'elle a arraché la manche de sa robe par derrière ! Elle va devenir artiste et je lui ai dit qu'elle devait venir en Amérique pour donner des concerts. Elle a dit « *Ja* » et a immédiatement voulu savoir où j'habitais pour pouvoir venir me voir. Je pense qu'elle fera une grande concertiste, car elle est toujours excitée par le public et elle a un pouvoir immense. Je ne suis qu'un bébé pour elle en termes de force. Peut-être que quand elle aura dix ans de plus, elle sera capable de se contenir dans de justes limites et de mettre de la lumière et de l'ombre comme le fait Fräulein L..

Depuis que j'ai écrit pour la dernière fois, j'ai de nouveau entendu Rubinstein. C'est le joueur le plus sensationnel que je connaisse et, comme Gottschalk, il a toutes sortes de trucs qui lui sont propres. Son grand objectif est de produire un *effet* , c'est pourquoi c'est terriblement excitant de l'entendre, et lors de son dernier concert, le premier morceau qu'il a joué - une composition formidable de Schubert - m'a donné un mal de tête si violent que je n'ai pas pu entendre le reste. la performance avec tout plaisir. Il a un esprit gigantesque en lui, il est extrêmement poétique et original, mais pour un concert entier, il est de trop. Donnez-moi Rubinstein pour quelques morceaux, mais Tausig pour toute une soirée. Rubinstein ne se soucie pas du nombre de notes qu'il manque, à condition qu'il puisse faire ressortir sa conception et la rendre suffisamment vivante. Tausig frappe *chaque* note avec une exactitude rigide, et peut-être que sa perfection même le rend parfois un peu froid. Rubinstein a interprété *glorieusement* Erl-König de Schubert, arrangé par Liszt . Là où l'enfant était si effrayé, ses mains volaient partout sur le piano et le faisaient hurler de terreur. C'était à vous glacer pour l'entendre.

La semaine dernière, je suis allé à une fête chez Mme Bancroft en l'honneur de l'anniversaire de Washington et j'ai passé un moment très agréable, comme je le fais toujours lorsque j'y vais. Bismarck était présent et portait un manteau tout décoré d'étoiles et d'ordres. C'est un homme d'apparence splendide, grand et imposant. Personne ne pourrait être plus gentil que M. Bancroft. Lui et Mme Bancroft vivent dans une belle maison, meublée avec un goût parfait et pleine de jolies photos et choses, et ils reçoivent avec beaucoup de charme. Ils semblent faire tout leur possible pour les Américains qui sont à Berlin et je suis très fier de notre ministre. Sa réputation d'historien national, ainsi que sa culture allemande et ses premières associations allemandes, tout cela se combine pour faire de lui un admirable représentant de notre pays auprès de ce royaume hautain, et j'ai entendu dire qu'il est très populaire auprès de ses citoyens satisfaits de lui-même . Quant à Mme Bancroft, on ne pourrait guère être plus élégante ni mieux adaptée à ce poste. M. Bancroft aime passionnément la musique et sait ce qu'est la bonne musique , ce qui est bien sûr un titre supplémentaire à *ma* haute opinion !

L'autre jour, M. J. m'a demandé d'aller faire un tour au Thier -Garten et voir le patinage. C'était la première fois que j'y venais, même si ce n'est pas loin de nous, et j'en ai été ravi. C'est la forêt naturelle, avec de belles promenades et allées qui la traversent, et des statues ici et là. Nous sommes allés voir le patinage et c'était un beau spectacle. L'orchestre jouait, et mesdames et messieurs patinaient au rythme de la valse. Beaucoup de dames patinent avec beaucoup d'élégance et marchent avec leurs mains dans leurs manchons, se balançant d'abord d'un côté puis de l'autre. C'est la grâce elle-même. Des calèches et des chevaux caracolaient lentement au bord de l'étang, et enfin le prince et la princesse royale arrivèrent, tirés par deux magnifiques chevaux noirs.

La voiture s'arrêta et ils sortirent pour marcher. « Maintenant, » dis-je à Herr J., « vous devez enlever votre chapeau » – car tout le monde enlève son chapeau au prince héritier. En passant devant nous, il l'enleva, mais rougit jusqu'aux oreilles, ce que je trouvai plutôt étrange, jusqu'à ce qu'il dise, d'un ton à moitié honteux : « C'est la première fois de ma vie que j'enlève mon chapeau. à un prince. » "Eh bien, pourquoi as-tu fait ça?" dis-je. "Parce que vous me l'avez dit", dit-il. C'est un républicain tellement ardent que même un si petit acte de respect comme celui-ci lui irritait ! Je ne lui ai dit que pour m'amuser, de toute façon , mais j'étais très amusé de voir comment il le prenait. Il s'extasie toujours sur les États-Unis et dit que nous sommes le plus grand pays du monde. C'est un homme étrange et vous devriez entendre sa théorie de la religion. Il met entièrement la Bible de côté, comme la plupart des hommes cultivés allemands. Nous en parlions un soir et il dit : « Nous ne parlerons pas de cet *imbécile* de Pierre, stupide pêcheur qu'il était ! mais nous passerons à Paul, qui était un homme assez instruit. David, il appelle « ce coquin de David, etc. » Bien sûr, je reste fidèle à mes propres convictions, mais je ne peux m'empêcher de rire en l'entendant, ça semble tellement ridicule. Le monde n'a jamais eu de commencement, dit-il, et il n'y a pas de résurrection. Nous vivons uniquement pour le bénéfice de la prochaine génération et il est donc nécessaire de mener une bonne vie. Nous héritons du résultat du travail de notre père et nos enfants hériteront du nôtre. Nous continuerons ainsi jusqu'à ce que la race humaine parvienne à un état de perfection. "Et maintenant quoi?" dis-je. Oh… alors, il ne savait pas. Peut-être que le monde exploserait et partirait en météores. « Nous *savons* , dit-il, qu'il y a des étoiles perdues. Parfois une étoile disparaît et nous ne pouvons dire ce qu'elle est devenue ; et peut-être la terre deviendra-t-elle une étoile errante ou une comète. les étoiles sont si grandes qu'elles permettent un monde errant, et il n'y a pas de police dans ces régions, je crois, conclut-il en haussant les épaules. « Croyez-vous vraiment *cela* , Herr J. ? » J'ai demandé. "Oh, dit-il, nous ne parlerons pas de *croyances* . Maintenant, nous *spéculons* !" C'est un compagnon charmant et je pense qu'il est scrupuleusement consciencieux. Bien qu'il ne professe pas la foi chrétienne, il agit conformément aux principes chrétiens.

CHAPITRE IV.

Opéra et Oratorio à Berlin. Un Américain typique. L'impolitesse prussienne
. Changements conservatoires. Pâques.

BERLIN, le 20 mars 1870 .

Mercredi, les Bancroft m'ont très gentiment demandé d'aller avec eux à l'opéra. Ils sont venus dans leur voiture, avec deux chevaux et des valets de pied, donc c'était très joyeux, et nous avons parcouru rapidement Unter den Linden (le Broadway de Berlin), d'une manière assez différente du rythme auquel je rampe habituellement dans un droschkie . Ils avaient bien sûr de belles jumelles d'opéra, et nous nous sommes assis au moment où l'ouverture allait commencer, de sorte que tout était charmant sauf qu'au lieu de Lohengrin, que nous attendions d'entendre, ils avaient changé l'opéra en Faust, qui J'en avais entendu parler la semaine précédente. Faust est cependant un opéra fascinant, et il est magnifiquement interprété ici, même si les Allemands s'en tiennent à l'idée qu'il s'agit du Faust de Gounod et non de celui de Goethe.

Depuis que je suis ici, j'ai une passion parfaite pour aller à l'Opéra, car tout est fait d'une manière si superbe, et ils ont l'orchestre de la Symphonie Kapelle, qui est si magnifique qu'il ne pourrait être meilleur. C'est dommage que les chanteurs ne soient pas aussi bons, mais je ne crois pas que l'Allemagne soit le pays des grandes voix. Cependant, les hommes chantent bien et les prima donnas ont beaucoup de talent et *jouent* magnifiquement. La prima donna à cette occasion était Mallinger, le rival de Lucques. Elle est particulièrement bonne dans le rôle de Margaretta. Niemann et Wachtel sont de grands chanteurs masculins. Wachtel était autrefois cocher, mais il a une jolie voix. Son jeu n'est pas remarquable, mais Niemann est superbe, et il chante et joue délicieusement. Il est très grand et blond, avec de légères moustaches et des cheveux dorés couronnant une tête noble, en réalité un Viking ordinaire. Lorsqu'il sort avec son manteau de velours cramoisi et son bonnet cramoisi, avec un panache blanc, et commence à chanter ces délicieuses chansons d'amour à Margaretta, il est parfaitement enchanteur ! Lui et Mallinger se lancent dans la longue scène d'amour qui remplit le troisième acte et le jouent magnifiquement. C'était la première fois que je voyais une scène d'amour bien réalisée. Le quatrième acte est le plus impressionnant. Le rideau se lève et montre l'intérieur d'une église. Les bougies brûlent sur l'autel, et les prêtres et les acolytes se tiennent devant lui dans l'ordre approprié. L'orgue entonne une fugue et tous les paysans entrent et s'agenouillent. Alors la pauvre Margaretta vient chercher refuge, mais lorsqu'elle s'agenouille pour prier, une voix se fait entendre qui lui dit que pour elle il n'y a ni refuge ni espoir au ciel ni sur la terre.

Cette scène que Mallinger réussit si bien qu'elle est la nature elle-même. Quand la voix se fait entendre, elle pousse un cri, chancelle un instant, puis tombe par terre, insensée, et O, *si* naturellement qu'on en est entièrement emporté. L'orgue reprend la fugue et le rideau tombe. Le contraste entre les deux actes le rend d'autant plus efficace, car dans le troisième tout n'est qu'amour, fleurs et musique langoureuse, et dans le quatrième on est soudainement rappelé à la sainteté et à la sévérité de l'église ; aussi, après l'orchestre, cette fugue tamisée à l'orgue fait une impression très particulière. Au cinquième acte, Margaretta est en prison et Faust et Méphistophélès viennent à son secours. C'est une scène puissante, car au début elle hésite et pense qu'elle les accompagnera, puis son esprit s'égare et elle se souvient, comme dans une vision, des scènes heureuses des jours passés. Ils continuent de la presser et essaient de l'entraîner avec eux, mais finalement elle se libère d'eux et crie : « À toi, ô Dieu, appartient mon âme », tombe sur sa paillasse et meurt. Puis la scène change, et vous voyez quatre anges flotter progressivement vers le ciel, soutenant son cadavre, tandis que le chœur chante :

"Le Christ est erstanden

Aus Tod et Banden

Frieden et Heil verkeisst

Aller Welt euh, die ihn préist ." [B]

Ceci termine l'opéra, qui est très excitant d'un bout à l'autre. Je vais lire l'original dès que je connais un peu plus l'allemand, pour ne pas avoir à lire avec un dictionnaire. Je commence tout juste à lire Goethe sans le lire et je pense qu'il est l'écrivain le plus fascinant. Jamais un homme n'aurait pu comprendre les femmes aussi bien que lui ! Ses personnages féminins sont parfaitement captivants, mais il n'est pas très flatteur pour son propre sexe, et le rend généralement, amoureux, (ce qu'ils sont) faibles et vacillants.

J'ai rencontré l'autre jour lors d'un dîner un jeune compatriote très agréable, un certain M. P., qui contraste grandement avec tous les héros mal réglés de Goethe. C'était l'Américain typique, pensais-je. Bien éveillée, brillante, avec un sens aigu des affaires, très républicaine, avec un profond mépris des titres et un grand respect pour les femmes, pratique et lucide. Lorsque le vin fut distribué, il le refusa et déclara qu'il n'avait jamais bu un verre de vin ni touché du tabac de sa vie. J'étais tellement amusé, car il avait l'air si jeune. Je me suis dit : « Vous venez probablement de sortir de l'université et vous voyagez avant de vous lancer dans une profession. » Au bout d'un moment, il parla de sa femme. J'ai été un peu surpris, mais j'ai quand même pensé "peut-être que vous n'êtes marié que depuis quelques mois". Un peu plus loin, il évoque ses enfants. J'étais encore plus surpris, mais je pensais qu'il ne pouvait pas en avoir plus de deux ; mais lorsque Mme B. lui demanda combien il en avait, et qu'il répondit « trois vivants et deux morts », ajoutant très gravement : « Je suis resté deux fois sans enfant », je ne pus m'empêcher d'éclater de rire, car je l'avais cru environ vingt et un ans, et ces révélations sur une épouse et une famille nombreuse semblaient trop absurdes ! — Mais c'était aussi très agréable de voir un compatriote aussi modèle. Ce sont ces hommes-là qui font la grandeur américaine.

Après le dîner, je suis allé avec mon hôtesse écouter l'Oratorio de Saint-Paul de Mendelssohn. C'est un excellent ouvrage, un peu fastidieux dans son ensemble, mais avec des numéros merveilleusement beaux entrecoupés. Il contient plusieurs jolis chorals. Mais j'ai été déçu par l'exécution, car d'abord il n'y a pas d'orgue à la Sing-Akademie, et je considère l'effet de l'orgue et de la batterie comme indispensable à un oratorio ; et dans le second, les solos me semblaient tous indifféremment chantés. Les refrains étaient cependant irréprochables. Ici, ils comprennent comment percer un refrain ! Vendredi prochain, je vais au « Jahreszeiten » de Haydn, que je n'ai jamais entendu à Boston.

L'Allemagne est un endroit formidable pour les oiseaux et les fleurs. Tout l'hiver, nous avons ici quantité de petits moineaux à l'air coquin, et ils ont l'air le plus voleur lorsqu'ils volent pour une miette. Je mets parfois des miettes sur le rebord de ma fenêtre, et en peu de temps ils sont sûrs de les voir. Puis ils se tiennent debout sur le bord d'un toit en face et regardent longuement d'un côté à l'autre, à la manière des oiseaux. Enfin , ils se décident, fondent sur le rebord, tendent la tête, jettent un regard audacieux pour voir si je suis là, puis arrachent une miette et s'envolent avec. Ils ne peuvent jamais se remettre de leur propre témérité et poussent toujours un gazouillis en s'envolant avec la miette ; s'il s'agit d'une note de triomphe face à leur succès ou d'une expression de nervosité, je n'arrive pas à décider. Par une journée froide, je suis passé devant un arbre dont chaque brindille était un oiseau. Ils tenaient une réunion politique, j'en suis sûr, car ils bavardaient tous de la manière la plus excitée, et chacun avait la poitrine bombée et les plumes ébouriffées. Ils étaient « terriblement rusés ! »

Mardi, je suis allé à la serre de Borsig. C'est ici un homme immensément riche, qui se fait une spécialité des fleurs. Il vit à l'écart de Berlin et possède ici les plus grandes vérandas. L'intérieur du portique qui y mène est tout couvert de lierre, qui rampe à l'intérieur des murs et les recouvre entièrement. Lorsque nous sommes entrés, les fleurs étaient disposées en *rangées parfaites* sur toute la longueur de la serre, de sorte que l'on voyait une ligne continue de couleurs brillantes , et oh ! le parfum ! Les jacinthes prédominaient dans toutes les nuances, bien qu'il y ait beaucoup d'autres fleurs, dont beaucoup étaient nouvelles pour moi. Des camélias étaient dressés, à la manière de vignes, sur tout les côtés de la serre, et des centaines de fleurs blanches et roses en dépendaient. Tout le centre de la serre était un lit de terre riche, recouvert d'une petite plante délicate, et planté par intervalles de buissons d'azalées si couverts de fleurs qu'on pouvait à peine en voir les feuilles. À une extrémité se trouvait une très grande cage remplie d'oiseaux brillants, et à l'autre une jolie fontaine de marbre blanc : Vénus et Cupidon soutenus par trois coquilles. Mais ce qui m'a le plus frappé, ce sont les fougères arborescentes, que je n'avais jamais vues auparavant. Elles étaient parfaitement magnifiques et étaient disposées sur le côté le plus élevé de la serre avec de nombreuses autres plantes rares mélangées de manière très artistique. Après avoir fini d'observer les fleurs, nous sommes entrés dans une deuxième maison, où se trouvaient des palmiers, des fougères, des cactus et tout. des sortes de choses étranges poussaient, mais toutes placées avec le même goût. C'était un spectacle magnifique et je n'avais jamais eu la moindre idée du jardin d'Eden auparavant. Il faut que j'essaie de rapporter à la maison un pot de « Violette des Alpes ». C'est la petite fleur la plus délicate et on dirait qu'elle pousse sur une montagne haute et froide.

BERLIN, le 1er avril 1870 .

Aujourd'hui, c'est le poisson d' avril et le premier vrai mois du printemps commence. Je n'ai encore trompé personne, mais dès que le dîner sera prêt, je me précipiterai à la fenêtre et crierai : « Voilà le roi ! Bien sûr, ils courront tous le voir, et alors je m'en prendrai immédiatement à toute la famille. J'attendrai que le « kleiner Hans », le fils de Mme W., rentre à la maison. Je l'appelle le "Kleinen" par dérision, car en réalité il est immense. J'ai été très frappé par la taille des gens ici. En général, ils sont beaucoup plus grands que les Américains, et on rencontre parfois de parfaits géants dans les rues. Les hommes prussiens sont souvent semi-insolents dans leurs manières de rue envers les femmes, et parfois ils manquent de vous faire tomber du trottoir, simplement parce qu'ils n'ont pas choisi de vous voir. Je suppose que cette arrogance est l'un des avantages de leur formation militaire ! Ils *auront* le milieu de la promenade où le drapeau de pierre est posé, peu importe dans quoi *vous* devez monter !

Je suis allé entendre il y a quelques soirs les Jahreszeiten de Haydn, et c'est une œuvre des plus charmantes, un si heureux mélange de grave et de gai ! Il l'a écrit quand il avait soixante-dix ans, et il est si populaire qu'il est très difficile d'y obtenir un billet. Le *salon* était entièrement rempli, de sorte que j'ai dû m'asseoir dans la *loge* , où les places sont assez pauvres, même si j'y suis allé tôt aussi. L'œuvre est chantée comme un oratorio, en airs, récitatifs et chœurs, et est entrecoupée de charmantes petites chansons. Il représente les quatre saisons de l'année, et chaque partie est précédée d'une petite ouverture appropriée au passage de chaque saison dans la suivante. Les récitatifs sont chantés par Hanna et Lucas, qui sont amants, et par Simon, qui est apparemment un ami des deux. L'automne est la plus jolie des quatre parties, car elle représente d'abord la joie des paysans pour les récoltes et pour les fruits. Vient ensuite un splendide chœur faisant l'éloge de l'Industrie. Suit ensuite un petit dialogue amoureux entre Hanna et Lucas, puis la description d'une chasse, puis une danse ; enfin on apporte le vin, et le tout se termine par un magnifique chœur d'éloge du vin. La danse est trop jolie pour quoi que ce soit, car tout le chœur chante une valse, et c'est la composition la plus gaie et la plus captivante qu'on puisse imaginer. Les chœurs sont ici si magnifiquement percés qu'ils donnent l'expression d'une manière très vivante et produisent de beaux effets. Toutes les pièces sont parfaitement précises et bien équilibrées. Mais les chanteurs solistes sont, comme je l'ai fait remarquer dans des lettres antérieures, pour la plupart ordinaires.

J'ai pris ma dernière leçon d'Ehlert hier. Je suis vraiment désolé que lui et Tausig se soient disputés , car c'est un excellent professeur. Il m'a beaucoup appris, et précisément ce que je voulais savoir et que je ne pouvais pas découvrir par moi-même. Par exemple, ces tours et détours de mains qu'ont les artistes, leur manière de jouer les accords, et bien d'autres petites subtilités qu'il faut avoir un maître pour apprendre. Il a toujours semblé prendre un grand plaisir à m'enseigner et je lui suis très reconnaissant pour ses encouragements. Je pense que Tausig se comporte très étrangement en s'absentant aussi longtemps. Il ne revient que le premier mai, et tout ce mois-ci, nous devons être instruits par l'un de ses meilleurs savants jusqu'à ce qu'il revienne et engage un autre professeur. Il vient de donner des concerts à Saint-Pétersbourg, et on me dit que sur un seul il a gagné six mille roubles. Ils sont là dans un immense enthousiasme pour lui.

Hier soir, je suis allé avec M. B. écouter la Musique de la Passion de Bach. N'importe quoi pour égaler ce dernier refrain que je n'ai jamais entendu de voix. J'avais l'impression que cela devait durer éternellement et je ne pouvais pas supporter que cela se termine. Ce choral, « Ô Tête Sacrée maintenant blessée », en est tiré, et il apparaît deux fois ; la deuxième fois avec des harmonies différentes et sans accompagnement. C'est la chose la plus exquise ; vous avez l'impression que vous voudriez mourir quand vous l'entendez. Mais le dernier refrain vous transporte droit au ciel. Cela commence:

"Nous nous asseyons en larmes

Et t'appelle dans la tombe,

Reposez-vous doucement, reposez-vous doucement.

Il représente le repos de notre Sauveur après que la pierre ait été roulée devant le tombeau, et il est *divin* . Tout le monde dans le chœur était habillé en noir, et presque tout le public, vous pouvez donc imaginer à quel point c'était une scène sombre . C'est la coutume ici, et le Vendredi Saint, quand est interprété le célèbre "Tod Jesu" de Graun, ils portent du noir sans exception.

BERLIN, le 24 avril 1870 .

J'ai pensé à vous tous le dimanche de Pâques et je me demandais quel genre de musique vous écoutiez. Je ne suis pas allé à l'église anglaise, comme j'en ai l'habitude, mais au Dom, qui est la grande église ici, et où se rend toute la cour. C'est une église extrêmement laide et qui ressemble beaucoup à l'une de nos anciennes maisons de réunion de la Congrégation ; mais ils ont un chœur superbe de deux cents hommes et garçons qui est célébré dans toute l'Europe. Haupt (l'ancien maître de M. JK Paine) est l'organiste, et bien sûr ils ont un très grand orgue. Je savais que, comme c'était Pâques, la musique serait magnifique, alors j'ai fait venir AW avec moi, bien contre sa volonté, car elle a déclaré que nous n'aurions pas de place. Les Allemands ne se donnent pas la peine d'aller très souvent à l'église, mais les jours de fête, ils s'y rendent en foule.

Nous sommes arrivés à l'église seulement vingt minutes avant le début du service, et j'avoue que j'ai été plutôt intimidé en voyant les nuées de gens non seulement entrer mais sortir, désespérés d'entrer dans l'église. Cependant, j'ai décidé d'aller de l'avant et de voir quelles étaient les chances, et c'est avec beaucoup de difficulté que nous avons monté les escaliers . Il y a un hall qui fait le tour de l'église, tout comme au Boston Music Hall. Toutes les portes entre la galerie et le hall étaient ouvertes, et chacune était remplie de monde. Je pensais que la meilleure chose que nous puissions faire serait de rester là jusqu'à ce que nous soyons fatigués, d'écouter la musique, puis de partir. Finalement, le sacristain arriva et A. lui demanda s'il ne pouvait pas nous donner deux places ; il haussa les épaules et dit : « Oui, si vous choisissez de traverser la foule. Nous avons hardiment dit que nous le ferions, même si cela semblait presque désespéré, puis nous nous sommes frayés un chemin à travers cela, suivis de murmures d'exécrations. Enfin , le sacristain ouvrit une porte et nous donna deux excellents sièges, et il y avait suffisamment de place pour une douzaine de personnes supplémentaires ; mais je ne doute pas qu'il les ait effrayés tout comme il nous aurait fait fuir s'il avait pu. Il nous a enfermés et nous nous sommes assis là tout à fait confortablement.

A dix heures, la chorale commença à chanter un psaume. Ils sont assis directement au-dessus du chœur et un cadre doré les cache complètement à la congrégation. Ils ont un chef qui les dirige, et ils chantent dans le rythme et l'accord les plus parfaits, entièrement sans accompagnement. Les voix sont tendres et douces plutôt que fortes, et elles s'entrelacent et s'entremêlent de la plus belle manière. Il y a un grand nombre de parties différentes, et les voix continuent de frapper de divers points, ce qui produit un effet délicieux et les fait sonner comme un chœur d'anges très haut dans le ciel. Après qu'ils eurent fini le psaume, l'orgue retentit avec un accord formidable, assez puissant pour vous faire sursauter, puis il joua un choral, et il y avait aussi des trombones qui prenaient la mélodie. Alors toute la congrégation chanta le choral, et le chœur garda le silence. Vous ne pouvez pas imaginer combien il est facile de chanter lorsque les trombones mènent, et l'effet est écrasant avec l'orgue, surtout dans ces grands et vieux chorals. Je pouvais à peine le supporter, c'était tellement excitant.

Il y avait beaucoup de musique, comme c'était le dimanche de Pâques, et elle était jouée alternativement par la chorale et la congrégation ; mais généralement le chœur Dom ne chante qu'un psaume avant le début du service, et c'est pourquoi je prends rarement la peine de m'y rendre. Le reste de la musique est entièrement congrégationaliste, et ils n'utilisent des trombones que dans les grandes occasions. Nous étions assis près du chœur, et les grandes bougies de cire allumaient sur l'autel au-dessous de nous, et le pasteur luthérien lisait l'allemand pour que cela ressemble beaucoup au latin. J'ai été assez surpris de voir à quel point le son *pouvait ressembler à l'allemand latin*, car il contient de longs mots roulants et il est tout aussi pompeux. Dans l'ensemble, cela fit une impression étrange mais splendide. Je pensais que s'ils avaient eu leur chœur seulement dans le chœur et en surplis blancs, cela aurait été bien plus beau, mais peut-être que la musique n'aurait pas sonné aussi bien que lorsque les chanteurs étaient au-dessus. Les églises berlinoises semblent toutes en train de mourir ici, si vieilles, si dénudées, si mal entretenues et si peu nombreuses. Ils ne sont rachetés que par les grands châteaux d'orgues qu'ils possèdent généralement ; et c'est une chose difficile d'obtenir ici le poste d'organiste. Il faut être un musicien expérimenté et connu pour le faire. Ils ne chantent pas de chants pendant le service, mais seulement des chorals.

Ce soir a lieu le dernier concert symphonique royal de cette saison, et bien sûr j'irai. Ce merveilleux orchestre m'emporte complètement. C'est trop merveilleux comment ils jouent ! quelle expression, quel *élan* ! Je les ai entendus la semaine dernière donner l'ouverture de Leonora de Beethoven d'une manière qui m'a assez électrisé. Cette ouverture résume l'opéra de Fidelio, et dans une partie, au moment où le héros va être exécuté, on entend le son du cor de poste qui annonce sa délivrance. Ils jouent cela si doucement qu'on le capte exactement comme s'il venait de loin, et on ne peut pas croire qu'il vient de l'orchestre. Cela vous fait penser aux « cornes du pays des elfes qui soufflent faiblement ».

Tausig est attendu cette semaine et il est effectivement parti depuis assez longtemps. Il va donner une leçon tous les lundis aux meilleurs élèves qui ne sont pas dans sa classe, et comme je suis à la tête de ceux-ci , j'espère avoir une leçon de lui chaque semaine. Cela me conviendrait mieux que deux, tant il est terriblement exigeant, et cela me donnerait le temps de bien apprendre un morceau. Ensuite, je devrais avoir ma leçon habituelle auprès de M. Beringer, ou de celui qu'il désignera pour remplacer Ehlert. Beringer, un jeune homme d'environ vingt-cinq ans, est devenu un excellent professeur et j'apprends beaucoup avec lui. Il joue lui-même à merveille et est l'un des grands favoris de Tausig. Il est avec lui depuis si longtemps qu'il enseigne parfaitement sa méthode et me donne des pièces qu'il a étudiées avec lui. Je crois qu'il doit sortir au Gewandhaus, à Leipzig, en octobre, et après cela il s'installera à Londres.

CHAPITRE V.

Le Thier -Garten. Une revue militaire. Charlottenbourg.
Tausig. Berlin en été. Potsdam et Babelsberg.

BERLIN, *le 5 juin 1870* .

Nous avons eu le temps le plus maussade possible ce printemps, mais Berlin semble parfaitement charmante à présent. Il y a ici de nombreux jardins attenants aux maisons. Tout est en fleurs et chargé de parfums de lilas et de fleurs de pommier. Les rues sont plantées de tilleuls et de marronniers d'Inde, et dans la rue à la mode qui borde le Thier -Garten, toutes les maisons ont devant elles de petites pelouses, tapissées de l'herbe verte la plus éblouissante, et sur lesquelles s'élèvent de solides massifs de fleurs. . Les arbustes sont plantés selon leur hauteur, rapprochés et les uns derrière les autres, et comme ils sont tous en fleurs, on voit ces grandes masses de couleurs . C'est comme un gigantesque bouquet qui grandit devant vous.

Le Thier -Garten est parfaitement beau. C'est si charmant de tomber sur ce bois sans clôture, au cœur d'une ville immense, traversé de routes et de sentiers, et chacun surmonté d'un vert vif à perte de vue. Quand vous voyez les équipages gais qui la traversent rapidement, et les dames et messieurs regardant à cheval au milieu des arbres, c'est très romantique.

Le frère de Frau W., "Oncle S." comme je l'appelle, a annoncé l'autre jour qu'il allait nous emmener à Charlottenburg. On m'avait souvent dit qu'il fallait que j'y aille voir le « Mausolée », mais comme vous le savez, je ne demande jamais d'explications, cela ne me donnait aucune idée particulière, et je me mis en route pour cette excursion dans mon état d'esprit habituel. bienheureuse ignorance. Nous avons pris deux droschkies pour notre groupe et avons parcouru lentement le Thier -Garten et le long de la route de Charlottenburg jusqu'à ce que nous arrivions à notre point de destination. Cela était annoncé de loin par une statue absurde posée sur un orteil au sommet du château qui se dresse devant le parc contenant le mausolée.

La première chose que nous avons faite en descendant a été d'aller dans un petit café en plein air à proximité pour prendre un café. C'était un après-midi parfait, et les arbres et les fleurs étaient dans toute leur splendeur de juin. Nous nous assîmes autour d'une de ces délicieuses tables qu'on tient toujours sous les arbres en Allemagne. Le café fut bientôt servi, chaud et fort, et l'oncle S. sortit un cigare pour parfaire son plaisir. Puis nous avons commencé à flâner. Nous avons franchi une porte pour entrer dans le parc entourant le château et, après avoir traversé l'orangerie, nous avons débouché sur un jardin qui s'est rapidement étendu en un magnifique parc rempli d'arbres magnifiques et de parterres de fleurs coupés dans le gazon lisse sur une certaine distance le long du terrain. bordures des avenues. Nous avons tourné à droite (au lieu de gauche qui nous aurait amené directement au Mausolée) pour voir d'abord les fleurs, puis la rivière, puis faire le tour près de l'étang où sont gardées les carpes.

Les Allemands maîtrisent certainement parfaitement l'aménagement des parcs. Ils ne sont pas *trop* rigides et il y a un air de nature dans tout. Ce parc de Charlottenburg est particulièrement fascinant. Une avenue dense borde la rivière Spree, qui est large à cet endroit, et coule sombrement et silencieusement. Les branches des arbres surplombent le ruisseau et s'emboîtent également le long de la promenade, formant une avenue verdoyante devant et derrière vous. Nous avons rencontré très peu de monde, presque personne en fait, et les chants des oiseaux étaient les seuls bruits qui troublaient le calme ambiant. Le chemin quitta finalement la rivière, et nous débouchâmes sur un endroit dégagé, d'où l'on avait une jolie vue sur le château à travers un petit trou dans les arbres. Nous nous sommes assis sur un banc et avons regardé un moment autour de nous , puis nous sommes montés sur le pont qui traverse l'étang où sont gardées les carpes. Les Allemands nourrissent toujours ces carpes religieusement, et cela fait régulièrement partie de l'excursion. Les poissons sont très vieux, il y en a beaucoup, et nous avons vu des vieux chenus remonter paresseusement à la surface et daigner avaler les morceaux de gâteau que nous leur jetions. Ils étaient évidemment habitués à bien vivre et, comme tous les hommes, considéraient que cela leur était dû !

Enfin nous arrivâmes progressivement vers le mausolée . Une allée de pruches y conduisait, « Trauer- Bäume (arbres de deuil) », comme les appellent les Allemands, et c'était une touche de sentiment exquise que de faire *cette* allée de ces sombres conifères funèbres. D'abord vous ne voyez rien, car l'avenue est longue, et vous y devenez gai et souriant sous l'influence des oiseaux, des arbres et des fleurs fraîches sur vous. Mais les branches tombantes des sombres pruches commencent bientôt à faire effet, et la sensation que l'on ressent à mi-chemin est certainement particulière. Il semble que l'on passe entre une rangée de *sentinelles hautes et silencieuses* qui veillent sur la demeure de la mort !

Involontairement, vous commencez à répéter le poème obsédant d'Edgar Poe :

"Puis j'ai apaisé Psyché et je l'ai embrassée,

Et vaincu ses scrupules et sa tristesse,

Et banni ses scrupules et sa tristesse,

Et nous sommes passés au bout de la vue

Jusqu'à ce que nous arrivions à la porte d'un tombeau ;

Et j'ai dit : « Qu'est-ce qui est écrit, douce sœur,

Sur la porte de ce tombeau légendaire ?

Et elle a dit : " Ulalume , Ulalume ,

C'est le caveau de ton Ulalume perdu .

Et ainsi, *votre* regard se fixe également sur une porte au bout de *cette* perspective, qui se rapproche de plus en plus jusqu'à ce que finalement le mausolée prenne forme autour d'elle sous la forme d'un petit temple grec en marbre brun poli. Un petit jardin fleuri se trouve devant, et il aurait l'air assez accueillant si l'on ne savait pas de quoi il s'agit. Deux fonctionnaires sont prêts à vous recevoir et à vous conduire jusqu'aux marches.

Dans ces murs reposent un couple royal : le roi Friedrich Wilhelm III. et sa belle épouse, Luisa, qui a résisté si calmement aux brimades de Napoléon Ier et pour qui les Prussiens chérissent une affection si chevaleresque. Ils sont enterrés sous la partie avant du temple et deux dalles dans le trottoir marquent leurs lieux de repos. Celles-ci sont éclairées d'en haut par une fenêtre du toit remplie de verre bleu, qui jette une lumière tamisée et solennelle dans la chambre de marbre. Vous les dépassez jusqu'à l'autre extrémité du temple, qui est de forme cruciforme, montez une marche entre les piliers, et là, dans le petit transept blanc, reposent sur deux canapés de marbre enneigés les formes sculptées du roi et de la reine morts. de côté. Bien que cet appartement soit éclairé par des fenêtres latérales en verre ordinaire situées en hauteur sur les murs, de sorte qu'il est plein de la lumière blanche du jour, la lumière bleuâtre de la pièce extérieure s'y reflète juste assez pour rehausser la délicatesse du marbre et pour confère à tout un aspect surnaturel.

La reine Luisa était célèbre pour sa beauté et le sculpteur Rauch, qui la connaissait et l'adorait, a insufflé tout cela dans la pierre. Elle était là, comme si elle dormait, sa tête appuyant facilement sur l'oreiller, ses pieds croisés et les contours de sa forme exquise voilés mais non cachés par la fine draperie en forme de tissu. Il couvrait même les petits pieds, mais ils semblaient se définir d'autant plus délicatement à travers la mousseline. Il n'y a aucun air de mort sur son visage. Elle ressemble plus à une jolie « reine du mois de mai », allongée les yeux fermés sur son parterre fleuri. La statue a été critiquée par certains à cause de cette absence totale de « *beauté de la mort* ». Il n'y a aucun aspect transfiguré ou glorifié. C'est simplement celui d'une belle femme au repos profond. Mais il me semble que c'est une question de goût, et que l'artiste avait parfaitement le droit de la représenter telle qu'il la sentait le plus. La statue du roi est vêtue d'un grand uniforme, et il est également très frappant, allongé là dans toute la dignité de la virilité et de la royauté, avec la draperie de son manteau militaire tombant autour de lui. Ses traits sont délicats et réguliers, et il est le pendant idéal de sa charmante épouse. Contre le mur du fond, un autel est élevé sur quelques marches, et il y a une fascination sans fin à s'y appuyer et à contempler ces deux formes augustes étendues si immobiles devant vous. De chaque côté des statues se trouvent de magnifiques candélabres en marbre blanc d'un design très riche et magnifique, et des inscriptions appropriées de la Bible allemande courent autour des murs en marbre sculpté et diapé. Au total, ce parc-jardin, avec sa rivière, son mausolée, son allée de pruches et ses glorieuses statues du roi et de la reine, est une des conceptions les plus exquises et les plus idéales qu'on puisse imaginer. À notre retour, c'était vers le coucher du soleil. Le vent du soir soupirait à travers les grands arbres et les herbes ondulantes. Une influence indéfinissable planait dans l'air. Le surnaturel semblait nous envelopper et, instinctivement, nous nous hâtions un peu en revenant sur nos pas.

Quand nous sommes sortis de l'avenue Hemlock Oncle S., j'ai pensé, paru plutôt soulagé, car la contemplation d'une vie future ne lui est pas particulièrement sympathique ! Après qu'il m'ait demandé si je ne pensais pas au mausolée " *sehr schön* (très beau)", et s'étant assuré que je le *pensais* bien, il rétablit son équilibre en sortant un autre cigare qu'il alluma, et nous traversâmes tranquillement le jardin jusqu'à nos droschkies et rentrâmes chez nous. Il faisait assez sombre. alors que nous traversions le Thier -Garten, on aurait dit une forêt. Les étoiles brillaient à travers les branches au-dessus, et leur lumière apaisante donnait la dernière touche poétique à une belle journée.

BERLIN, *le 26 juin 1870* .

La semaine dernière, l'empereur d'Autriche était ici et ils ont organisé un défilé en son honneur . Les B. m'ont emmené dans leur voiture pour le voir. Nous nous sommes rendus dans une grande plaine à l'extérieur de la ville, et là nous avons vu une simulation de bataille et toutes les manœuvres d'une armée, comment elle avance et recule, comment elle se forme et se déploie. Il y avait un feu continu de mousqueterie et d'artillerie, et c'était très excitant. L'ennemi n'était qu'imaginaire, mais le groupe attaquant a agi comme s'il y en avait un, et finalement cela s'est terminé par une prise d'assaut, ce qui a été fait par le groupe attaquant se précipitant avec une acclamation continue, ou plutôt un cri, d'un bout à l'autre. des lignes à l'autre. Puis ils se séparèrent tous, les orchestres jouèrent l'hymne russe, le roi et l'empereur montèrent à cheval et conduisirent un grand corps de cavalerie, et nous repartirent tous chez nous en trombe, voitures et chevaux tous ensemble. C'était un spectacle magnifique et je l'ai beaucoup apprécié.

Je vais jouer devant Tausig lundi prochain et j'ai étudié très dur. Il m'a beaucoup félicité la dernière fois et m'a dit qu'il me prendrait bientôt dans sa classe habituelle ; mais c'est une créature tellement fantasque qu'on ne peut pas beaucoup compter sur lui. Deux des filles ont presque terminé leurs études avec lui et vont bientôt donner des concerts. Je joue Scarlatti, avec lequel il est *terriblement* particulier, et je m'attends à ce qu'on m'arrache la tête. Deux de ses élèves jouent les mêmes morceaux que moi, et il a dit à l'une d'elles qu'elle jouait « comme un casse-noix ». Il est très drôle parfois. L'autre jour, un des jeunes lui a joué la Sonate pastorale. Tausig poussa un soupir et dit : "Cela *devrait* être un jardin de roses, mais, pendant que vous y jouez, je ne vois que des plants de pommes de terre." Scarlatti est une musique charmante. Il écrit *en suite* comme Bach, et est encore plus suranné et plein d' humour .

Je trouve Berlin très agréable, même en été. La plupart des belles maisons sont faites avec des balcons ou des bow-windows, et autour de chacune elles auront un petit cadre plein de terre dans lequel sont plantées des résédas, des capucines, des géraniums, etc., qui traînent par-dessus le bord, et quand vous regardez en haut. depuis la rue, on dirait que les maisons sont ornées de fleurs. Sur beaucoup d'entre eux, le bois est dressé de manière à ce que chaque fenêtre soit entourée d'un cadre vert foncé. Toutes les belles rues ont de jolies petites cours où sont plantées des roses, et je n'ai jamais rien vu de pareil. Les branches sont coupées en une tige épaisse et droite, attachée à un bâton. Elles poussent très hautes et chacune est couronnée d'un chignon de roses superbes. Chaque cour ressemble à un petit verger de roses, et elles sont de toutes les nuances de couleurs imaginables . Tout Américain qui vient ici doit être frappé du manque de beauté dans les villes qu'il a laissées chez lui ; et il est vraiment honteux que, alors que notre peuple est tellement mieux loti et qu'un si grand nombre d'entre eux découvrent chaque année cette culture européenne, ils n'introduisent toujours pas les mêmes choses dans notre pays. Prenez la Cinquième Avenue ou Beacon Street, par exemple, et on n'y verra rien d'autre sur toute leur longueur qu'un peu d'herbe verte et de temps à autre des bûches, alors qu'ici elles seraient ornées de fleurs et de toutes sortes d'artifices pour les rendre belles.

Jeudi, un petit groupe de trois personnes, dont moi-même, fut constitué pour m'emmener à Potsdam. Le Musée, Charlottenburg et Potsdam sont, comme le dit M. TB, « les trois curiosités de Berlin ». Je vous ai écrit des deux premiers, et vous aurez maintenant le troisième. Potsdam est à seize milles d'ici, et il fallait à peu près autant de temps pour s'y rendre en train que pour aller de Boston à Lynn. C'est la résidence royale d'été. En arrivant, nous avons acheté une grande quantité de cerises puis nous nous sommes assis dans une calèche pour traverser la ville jusqu'à Charlottenhof . Là, nous descendons et entrons dans un superbe parc rempli de splendides arbres centenaires. La première chose que nous avons vue était un beau petit bâtiment de style pompéien. C'est là que Humboldt séjournait en été avec les derniers rois et reines. Nous y sommes allés et avons trouvé que c'était le petit endroit le plus doux que vous puissiez imaginer. Lorsque nous avons ouvert la porte, au lieu d'un hall, il y avait une petite cour avec une fontaine et deux escaliers bas et larges (en marbre, je pense) menant à l'étage principal. Les murs étaient délicatement teintés et décorés de fresques sur tout le pourtour avec des motifs pompéiens. Les fenêtres étaient constituées d'une sorte de mince vitrail transparent, à travers lequel la lumière pouvait facilement pénétrer, et étaient également à la mode pompéienne, avec des chars, des chevaux, des déesses, etc. Les pièces s'ouvraient toutes les unes sur les autres, mais nous étions obligé de les parcourir si hâtivement que je n'ai pas pu les examiner beaucoup en détail. Les murs étaient couverts de jolis tableaux, et il y avait des tables incrustées de marbres précieux et de toutes sortes de belles choses. Nous avons vu la table et la chaise où le roi s'asseyait toujours, telles qu'il les avait laissées, avec ses papiers et ses dessins ; et le boudoir de la reine, avec son matériel d'écriture et ses arrangements de couture. De sa fenêtre, on regardait à droite une fontaine, et à gauche une longue arcade couverte de vignes qui conduisait à un jardin de roses.

Nous avons ouvert une porte et traversé cette arcade et, après avoir regardé les fleurs, nous avons traversé le parc jusqu'à ce que nous arrivions à une autre maison, qui était également pompéienne, ou grecque, je ne saurais dire exactement laquelle. Elle a été construite uniquement pour s'y baigner. Les sols étaient tous en pierre et il y faisait aussi frais et frais que possible. Le bain lui-même était une grande place semi-circulaire dans laquelle on descendait par des marches. C'était assez grand pour y nager. Ces vieux peuples savaient assez bien comment s'installer confortablement, n'est-ce pas ? Il y avait là une ancienne baignoire, posée sur un piédestal, faite d'une pierre précieuse, que Humboldt avait évaluée à un demi-million de thalers. Dehors, il y avait bien sûr un joli petit jardin, et l'une des plus jolies choses que j'ai vue était une quantité de ces fleurs qui ne poussent que dans les endroits frais et humides, à l'abri sous un auvent. L'auvent était circulaire et s'étendait jusqu'au sol sur trois côtés, de sorte qu'on ne pouvait voir les fleurs qu'en se tenant juste devant. Il y avait un grand nombre de pantoufles de toutes les nuances, chacune marbrée de façon exquise d'une couleur différente , et derrière elles s'élevaient d'autres fleurs en gradation régulière et toutes de teintes brillantes. On aurait dit qu'ils étaient tous blottis sous un grand bonnet shaker, et ils avaient l'air aussi timides et envoûtants que possible. J'ai trouvé que c'était une idée charmante.

Après avoir quitté cet endroit, nous avons continué jusqu'à arriver à Sans Souci, qui a été construit simplement pour le bénéfice des orangers, pour leur donner un abri en hiver. C'était du moins le prétexte. Il a un effet des plus éblouissants au soleil lorsque vous le regardez d'en bas. La terrasse s'élève au-dessus de la terrasse, et au sommet se trouve ce bâtiment blanc et aéré s'élevant légèrement vers le ciel, avec des galeries et des tours, des groupes de statues, des colonnades, des fontaines, des fleurs et tous les dispositifs imaginables pour le faire ressembler autant à une fée. palais que possible. Les grands orangers robustes sont alignés dans les jardins dans de grands pots verts. Beaucoup d'entre eux étaient en fleurs et répandaient dans l'air leur lourd parfum. On ne pouvait pas tourner les yeux là où quelque *chose* n'était pas prévu pour les arrêter et les surprendre. Ici, j'ai vu une autre façon de former les roses. Sur le gazon vert courait une certaine variété basse, dont on épingle les branches à la terre avec une sorte d'épingle à cheveux en bois, pour qu'elle ne se voie pas. Ils reposent ainsi parfaitement à plat et l'herbe en est *littéralement* « tapissée ». C'était charmant. Après avoir suffisamment admiré l'extérieur du palais, nous montâmes les escaliers qui conduisent aux terrasses et y entrâmes. Au dehors se trouvaient les longues galeries où se dressent les orangers, puis nous passâmes dans les grandes et nobles salles. Vint d'abord celui consacré aux tableaux de Raphaël. Des copies d'entre eux sont toutes accrochées aux murs. Après les avoir longuement contemplés, nous regardâmes les autres appartements, tous meublés d'une façon extraordinaire, mais je les regardai trop vite pour en retenir aucun souvenir. Je me souviens seulement que l'un d'eux était entièrement en malachite et en or.

Nous avons ensuite visité le palais initialement nommé « Sans Souci », où vivait Frédéric le Grand. Nous avons vu les bancs, ou plutôt les rebords, sur lesquels ses pauvres pages devaient s'asseoir dans le couloir, et qui étaient exprès faits si étroits pour les empêcher de s'endormir pendant leur service. Le fauteuil dans lequel il mourut est là, et le buste de Charles XII se trouve encore sur le sol, au pied de la statue de Vénus, où Frédéric le plaça en dérision, car Charles haïssait les femmes. Je pense que c'était une toute petite malveillance de la part de Frédéric, et en fait il avait un si mauvais cœur qu'aucune de ses reliques ne m'intéressait le moins du monde.

Après avoir tout vu , nous sommes allés dans un petit restaurant au pied de Sans Souci, où nous avons bu de la bière, du café et mangé des gâteaux assis autour d'une petite table sous les arbres. Cette façon qu'ont les Allemands de manger dehors en été est tout à fait délicieuse, je trouve. J'ai fait un nouveau stock de cerises, même si j'en avais déjà mangé une immense quantité, mais elles étaient si belles, empilées en petites pyramides sur une feuille de vigne, comme les boulets de canon de l'arsenal de Cambridge, qu'il n'y avait pas moyen de leur résister. Je pense à toi depuis le début de la saison des cerises. Ils sont si bon marché ici que deux groschens (environ six cents) suffisent à alimenter autant que deux personnes peuvent manger en même temps. Nous avons roulé de Sans Souci à Fingstenberg , qui n'est qu'un endroit pour voir une vue sur le pays. Le paysage était parfaitement plat, mais il avait le charme d'une culture tranquille. C'était vert avec de beaux arbres, et la rivière serpentait parsemée de voiles blanches, et il y avait des moulins à vent qui tournaient dans toutes les directions. Après avoir quitté Fingstenberg, nous nous rendîmes dans une auberge où nous commandâmes un dîner qui fut également servi à l'extérieur. Il était environ six heures du soir et nous avions tous très faim, nous avons donc beaucoup apprécié cette partie du programme .

Quand nous eûmes fini notre côtelette et nos petits pois, nous remontâmes dans la voiture et nous nous dirigâmes vers Babelsberg. C'est une petite retraite qui appartient à la reine, et où la famille royale passe parfois quelques semaines en été. Nous avons traversé un parc noble dont le terrain s'élevait à notre gauche et descendait à notre droite. Après avoir suivi longtemps les détours de la route, nous arrivâmes enfin au petit château, perché sur le flanc d'une colline et entouré d'arbres. Une femme de chambre à l'allure élégante nous l'a montré, et j'ai été plus impressionné ici que par tout ce que j'avais vu auparavant. Comme le dit Balzac : « Les gens qui parlent d'une maison « ressemblant à un palais » devraient d'abord en voir une », bien que, comme l'a observé Herr J., « Babelsberg n'est pas un palais, mais ressemble plutôt à la maison d'un noble anglais. " Ce n'est qu'un petit refuge tranquille, mais la beauté avec laquelle tout est agencé est tout à fait indescriptible. Chaque fenêtre est conçue de manière à ce que vous ne puissiez pas regarder dehors sans avoir devant vous quelque chose d'exquis. Ici ce sera une petite mosaïque de fleurs rares ; là une fontaine, etc. Et puis les bronzes, les tableaux, les rares pièces anciennes de verre et de porcelaine , les mille objets d'art curieux et beaux qu'il faut voir et revoir pour pouvoir vraiment s'imprégner. Dans ces châteaux il y a aussi une infinité de petits coins et recoins où deux ou trois personnes seulement peuvent s'asseoir et discuter. De petits recoins délicats faits pour le plaisir.

Je suis entré dans le grand salon et j'ai imaginé un élégant rassemblement de personnes, avec tous les moyens de divertissement à portée de main. C'était une salle circulaire et suffisamment grande pour que les Allemands puissent y danser très confortablement. Nous avons monté les escaliers et traversé les différents appartements. J'entrai dans la chambre de la princesse royale, « contemplai ma forme de reine » dans le superbe miroir, et disposai mon voile près de son verre de toilette, ce que je lui enviais, je vous l'assure, car il brillait comme de l'argent. Nous avons vu la canne de Frédéric le Grand, avec un lion couché dessus, celle qu'il secouait à une occasion et qui faisait peur à quelqu'un (vous savez maintenant, n'est-ce pas ?). Enfin, nous montâmes dans la tour, et après avoir gravi l'escalier vertigineux, nous restâmes longtemps sur les balcons et contemplâmes le magnifique parc qui s'étendait sur la campagne. Au total, j'étais enchanté par Babelsberg, et rien ne me conviendrait désormais que de l'avoir pour la retraite de ma vieillesse. Je pense que je vais postuler pour y être domestique, car ce doit être une situation délicieuse. La famille royale n'y est que peu de temps, et les domestiques ont cette demeure exquise, qui est toujours tenue en parfait état, tout le reste de l'année, et n'ont rien d'autre à faire que de la faire visiter aux visiteurs et de rapporter un demi-thalers !

Après avoir quitté Babelsberg, nous avons pris une voiture et sommes allés à la gare, où nous sommes montés dans les voitures vers neuf heures et demie et sommes retournés à Berlin. Herr J. s'était montré extrêmement aimable et s'était efforcé toute la journée en notre faveur. Nous avons passé un moment des plus parfaits en son genre, et j'en ai apprécié chaque minute, mais je suis revenu de la pire humeur, comme je le fais généralement. Cela semble si difficile qu'on ne puisse jamais réunir *tous* les éléments du bonheur parfait ! Ici, à Babelsberg, tout était si beau qu'on avait peine à croire qu'il y ait jamais eu une « Chute ». Il semblait qu'on *devait* y être heureux, et pourtant on me dit que la reine est très malheureuse. Je suppose que c'est parce qu'elle a un vieux mari tellement infidèle.

CHAPITRE VI.

**La guerre. Repas allemands. Femmes et hommes. L'enseignement
de Tausig
. Tausig abandonne son conservatoire.Dresde. Kullak.**

BERLIN, *le 23 juillet 1870* .

En ce moment, le grand sujet est bien sûr cette guerre épouvantable qui vient
d'être déclarée entre la Prusse et la France, et tout le monde est dans un état
d'excitation des plus fous. Elle a éclaté si brusquement qu'il n'y a qu'une
semaine qu'elle a été décidée, et depuis lors, la conscription se poursuit, et les
rues sont remplies de régiments et de troupeaux de chevaux, de canons et de
tous les instruments. de guerre. Les trains sortent tout le temps remplis de
soldats, et les gares sont le théâtre constant de femmes en pleurs de toutes
classes, venues voir les derniers de leurs proches. Il y a une telle tempête
d'indignation contre Napoléon qu'on n'entend que des injures contre lui. Je
suis entièrement du côté allemand et j'ai hâte de voir le résultat, car entre deux
si grandes nations, et avec de si grands enjeux, ce sera une lutte formidable.

On nous promet des vacances bientôt, où j'aurai une pause dans la pratique
et ne pratiquerai que trois heures par jour, au lieu de cinq ou six. Ne pensez
pas que je fais des progrès extraordinaires parce que je pratique beaucoup. Je
trouve que le renforcement et l'égalisation des doigts sont un processus
terriblement lent, et qu'il faut beaucoup plus de temps pour faire un pas en
avant que ce à quoi je m'attendais. Vous savez peut-être comment une chose
doit être jouée, mais c'est une autre affaire de vous mettre la main à un
entraînement tel qu'elle obéisse à votre volonté. Parfois, je suis très encouragé
et j'ai l'impression que je devrais être un artiste « immédiatement, sinon plus
tôt », et d'autres fois je tombe dans le désespoir le plus noir. Je ne sais pas
mais SJ avait raison de ne rien tenter, car c'est un attrait terrible quand on
commence une fois à étudier !

J'aimerais que S. puisse venir ici et passer un hiver. Je suis sûr que ce serait
capital pour sa santé. Les Allemands ont une idée géniale selon laquelle il faut
« *se* renforcer » soi-même. Alors ils mangent toutes les quelques heures.
Quand on arrive, on se sent tout le temps rassasié, car on mange
naturellement de bon cœur à chaque repas, car, comme on ne mange que
trois fois par jour en Amérique, on a l'habitude de prendre beaucoup d'un
coup. Ici, on prend cinq repas par jour, et il faut apprendre à en prendre petit
à petit. Mais c'est une très bonne idée, car vous vous réparez continuellement
et vous n'avez jamais de pression sur votre système au point d'avoir faim !
Les femmes allemandes sont, en règle générale, des femmes grassouillettes,
et c'est probablement la conséquence de ce « renforcement » continuel. On a
tout loisir d'observer leur état, car elles portent généralement leur robe « *aus-*

geschnitten (col carré) », comme on dit, pour sauver les cols, et vous les verrez se promener dans les rues avec leurs robes ouvertes. devant. Ils ne sont pas beaux, les traits irréguliers et le teint brouillé étant la règle. La pire façon dont ils négligent leurs dents est la pire. Ils complimentent toujours les Américains sur ce qu'ils appellent nos « beaux nez grecs », et en fait, depuis qu'ils en ont tant parlé, j'ai remarqué que presque tous les Américains *ont* un nez droit et raisonnablement proportionné. — On en voit un grand nombre. cependant, de beaux *hommes* dans la rue – bien plus que nous n'en avons à la maison. Peut-être est-ce parce que l'uniforme prussien les met en valeur, et que leurs barbes et moustaches blondes leur donnent un air *distingué* .

D'après ce que vous me dites du choc de notre respecté ami —— à propos du voyage de B. depuis l'Ouest sous l'escorte de M. S., je pense que les « conformismes » prennent trop de place en Amérique, et cela le fera. Il ne faudra pas longtemps avant qu'ils soient aussi stricts là-bas qu'ici, où les jeunes de sexes différents ne peuvent jamais rien se voir. Je considère que c'est un système choquant, tel que le gèrent les Allemands. Les demoiselles et les messieurs ne se voient que dans les fêtes, et un jeune homme ne peut jamais rendre visite à une fille, mais doit toujours la voir en présence de toute la famille. Je me demande seulement comment sont gérés les mariages, car les sexes semblent vivre assez isolés les uns des autres. La conséquence est que les filles ont beaucoup de bêtises dans la tête, et quant aux hommes, je ne sais pas ce qu'ils pensent, car je n'en ai pas vu à proprement parler depuis que je suis ici. Vous pouvez imaginer qu'avec ma formation et mes idées en matière de coéducation, j'ai provoqué une succession de chocs dans le système moral de Fräulein W.. Elle a été enfermée, pour ainsi dire, toute sa vie et, par conséquent, a été abasourdie par la position audacieuse que je prends. Je ne peux pas m'empêcher de lui faire une sensation de temps en temps, alors j'en ressort avec une expression forte. Savez-vous que depuis que j'ai vu tant de choses dans le monde, je suis arrivé à la conclusion que le principe de la Nouvelle-Angleterre consistant à apprendre aux filles à être indépendantes et à prendre soin d'elles-mêmes dès le début est excellent. J'ai vu le mal de ce système allemand qui ne permet jamais aux enfants de penser par eux-mêmes. Cela les *rend* si mièvres. Ici, une fille de près de trente ans ne saura pas où acheter la chose la plus simple, ni se passer de sa mère, pas plus qu'un bébé. Le meilleur plan est le vieux plan américain, à savoir : donnez à vos enfants un « sens strict du devoir », puis laissez-les se débrouiller seuls.

———

BERLIN, *le 6 août 1870* .

Jusqu'à hier, je n'avais pas eu de vacances, car je suis finalement entré dans la classe de Tausig et j'ai donc dû m'entraîner très dur. Il était aussi aimable avec moi qu'il peut l'être avec n'importe qui, mais c'est le maître le plus éprouvant et le plus exaspérant que l'on puisse imaginer. Son principe est de vous brutaliser et de vous snober autant qu'il le peut, même lorsqu'il n'y a aucune raison de le faire, et vous pouvez vous estimer heureux s'il ne vous soumet pas au ridicule de toute la classe. J'ai été mis dans la classe de Fräulein Timanoff , qui est si avancée que Tausig lui a dit qu'il ne lui donnerait plus de cours très longtemps, car elle en savait assez pour obtenir son diplôme. Vous pouvez imaginer quelle épreuve ma première leçon a été pour moi. Je lui ai apporté un long et difficile Scherzo, de Chopin, que j'avais soigneusement pratiqué pendant un mois et que je connaissais bien. Imaginez à quel point il était facile pour moi de jouer, quand il se tenait au-dessus de moi et n'arrêtait pas de crier tout au long du jeu en allemand : " Terrible ! Choquant ! Terrible ! O Gott ! O Gott ! " Moi aussi, je la jouais vraiment bien et j'ai continué malgré lui, mais mes nerfs étaient tous irrités et excités au plus haut point, et quand j'ai fini, il m'a donné ma musique et m'a dit : "Pas du tout mauvais" (très élogieux pour lui), je me suis précipité hors de la pièce et j'ai éclaté en sanglots. Il m'a immédiatement suivi et m'a dit froidement : « Pourquoi pleures-tu, mon enfant ? Tu n'as pas mal joué du tout. Je lui ai dit qu'il était « impossible pour moi de m'en empêcher quand il parlait de cette façon », mais il ne semblait pas se rendre compte qu'il avait dit quoi que ce soit.

Et maintenant, pour vous montrer combien nous avons tous nos ennuis, et que coup sur coup, je vais vous dire que lors de notre dernière leçon, Tausig nous a informés qu'il n'allait *donner une autre leçon à personne* et que le conservatoire serait fermé. le premier octobre !! C'est pour moi la plus *terrible* des déceptions, car au moment où j'ai travaillé jusqu'au point où je suis prêt à profiter de ses leçons, il s'en va ! Je suppose qu'il a quitté Berlin à ce moment-là, ou qu'il le fera très bientôt, mais il n'a pas voulu dire quand ni où il allait, il a seulement dit qu'il partait et ne savait pas quand il reviendrait. ou ce qu'il adviendrait de lui. Bien sûr, il *le sait* , mais il ne veut pas être harcelé par des candidatures d'érudits pour des cours particuliers. J'ai entendu dire qu'il n'allait retenir que deux de ses savants, et que l'une était une princesse et l'autre une comtesse.

C'est un roc parfait. Je suis allé chez lui pour voir si je pouvais le persuader de me donner des cours particuliers. Il entra dans la pièce et m'aborda de la manière la plus acerbe : « *Nonne, c'était ça ?* (Eh bien, qu'est-ce que c'est ?) ». Je compris bientôt qu'il n'y avait aucune impression à faire sur lui. Il m'a seulement dit que lorsqu'il se trouverait à Berlin, si je venais jouer avec lui, il me donnerait son avis. Mais je ne devrais jamais m'aventurer à le faire, car il serait très probablement de mauvaise humeur et me renverrait – c'est un sujet si difficile à aborder. Je lui ai dit que je pensais que c'était très dur après avoir parcouru tout ce chemin, et que j'avais dépensé tellement d'argent rien que pour avoir des leçons de lui, que je devrais repartir sans elles. Il me dit qu'il était vraiment désolé, mais que la plupart de ses savants venaient de loin et qu'il ne pouvait me témoigner aucune faveur particulière. Il m'a demandé pourquoi j'insistais pour recevoir des leçons de sa part et m'a répondu que Kullak ou Bendel enseignaient aussi bien que lui. En réalité, c'est un génie capricieux, entièrement gâté et déréglé, et le conservatoire n'est pour lui qu'un jouet. Il s'en est amusé pendant un moment, mais maintenant il en a assez et n'aime pas s'y attacher, alors il le vomit. L'argent n'est pas une considération pour lui.

Il semble en réalité presque aussi difficile de trouver un *bon* professeur en Europe qu'en Amérique. Tausig est la seule célébrité qui enseigne, et maintenant il a abandonné. Il m'a plutôt conseillé de prendre des cours auprès de Bendel, artiste résident ici et élève de Liszt.

J'ai terriblement souffert de la disparition de Tausig. J'en ai entendu parler pour la première fois il y a deux semaines et je n'arrivais pas à dormir ou quoi que ce soit. La seule consolation que j'ai, c'est que j'aurais été « usé jusqu'aux os », comme dit HC, si j'avais continué avec lui, car tous ses élèves, sauf le petit Timanoff, qui a quinze ans potelés, ont l'air aussi maigres. comme des rails. Cependant : « l'amertume de la mort est passée ! » Lorsqu'on est arrêté dans une direction, il n'y a qu'à tourner dans une autre. Mais il semble que plus on essaie d'accomplir une chose, plus les obstacles et les difficultés surgissent autour de nous, comme les dents du dragon. Je suppose que je terminerai en allant à Kullak. Avant Tausig, il était pianiste de la cour et possède une immense expérience en tant que professeur. En effet, le professeur JK Paine m'a recommandé d'aller le voir en premier lieu, vous vous en souvenez. Si je le fais, j'espère que j'aurai un sort meilleur que celui du pauvre jeune N., à qui le professeur Paine a également recommandé d'aller à Kullak. Il ne pouvait pas supporter − ou bien *comprendre* les insultes et les insultes qu'on lui infligeait dans la véranda de Kullak, et, profondément mélancolique à cause de cela, il devint désespéré et se suicida !

Les Allemands ne peuvent pas comprendre le bleu. Ils ne sont jamais bleus eux-mêmes, et ils s'attendent à ce que vous préserviez toujours votre sérénité, et vous tourmentent à mort pour savoir « qu'est-ce qu'il y a ? quand il n'y a rien de grave, sinon qu'on est en état de dégoût de tout. Les humeurs leur sont totalement incompréhensibles. Ils ressentent la même chose chaque jour de l'année.

BERLIN, le 21 août 1870 .

Je suppose que C. vous a décrit en détail notre visite à Dresde et les moments agréables que nous avons passés. Ce furent cinq jours vraiment poétiques, car tout était nouveau pour nous deux. Nous avons été très surpris par beaucoup de choses à Dresde. D'abord, la beauté de la ville nous frappa très fortement, et nous remarquâmes tous deux combien il était singulier que de tous les gens que nous connaissons qui y sont allés, personne n'en ait parlé. La Brühl'sche Terrasse est la plus belle promenade imaginable. Il longe la rive de l'Elbe, qui est ici assez large et très belle, et je me sentais toujours sous une sorte d'enchantement dès que nous avions gravi le large escalier qui y conduisait. Nous prenions toujours le thé en plein air et écoutions un groupe de musique. Les Allemands vivent en plein air l'été, et c'est tout à fait fascinant. Ils ont partout ces jardins, remplis d'arbres, sous lesquels se trouvent de petites tables, des chaises et des repose-pieds ; et là, vous pouvez vous asseoir et prendre un dîner ou un thé qui vous est servi. La nuit, ils sont tous éclairés au gaz.

Cela ressemblait à un pays de fées, alors que nous étions assis là à Dresde. Les soirées étaient douces et embaumées, la perfection même du temps estival. La terrasse est assez haute au-dessus de la rivière et vous la regardez de haut en bas sur une longue distance. La ville se trouve à gauche, en contrebas, et les tours s'élèvent si joliment, exactement comme sur un tableau. Cet air de culture séculaire règne sur tout, et l'atmosphère douce et paresseuse berce l'âme. Nous marchions jusqu'à arriver au Belvidere, qui est un grand restaurant entouré d'une galerie à l'étage. Il y avait un groupe de musique, et ici nous nous asseyions et prenions notre thé et passions toujours deux ou trois heures. Le clair de lune, la rivière qui coule et enjambée de beaux ponts, les milliers de lampes qui s'y reflètent et tremblent sur l'eau et sous les arches, l'infinité de petits bateaux à vapeur et de petits bateaux naviguant de long en large et brillamment éclairés, la musique, et les foules de gens qui passent lentement nous mettent dans une sorte d'état délicieux et ahuri, et on a l'impression que ce monde était le paradis !

Le lendemain de notre arrivée , nous sommes allés bien sûr à la galerie de photos et là, j'ai été complètement surpris. Rien de ce qu'on lit ou entend ne donne la moindre idée de la magnificence des images qui s'y trouvent. Je n'avais jamais su ce qu'était une image auparavant. Il faut voir pour comprendre la douceur et la richesse des colorations , ainsi que leur beauté exquise. La Madone Sixtine nous remplit de ravissement. C'est parfaitement glorieux, et on ne peut imaginer comment l'esprit humain aurait pu le concevoir. On voit quel envol ce fut après avoir regardé toutes les autres Madones de la Galerie, dont beaucoup sont magnifiques. Mais celui-ci les dépasse tous. La plupart des Madones ont l'air si raides, ou si vieilles, ou si matrones, ou si inexpressives, ou, au mieux, comme dans l'Adoration des bergers du Corregio (un tableau magnifique), le ravissement de la mère ne s'exprime que dans le visage. Dans la Madone Sixtine, la vierge a l'air si jeune et innocente – si vierge – pas comme une femme mariée d'âge moyen. Les grands yeux bleus bien ouverts ont un regard rosé, comme s'ils avaient pleuré beaucoup de larmes, et pourtant une telle innocence qu'ils font penser à un bébé que l'on a réconforté après de violents pleurs. La majesté de l'attitude et le repos parfait du visage, sur lequel se dessine un air d' *attente* , d'attente ineffable, sont très frappants. M. TB dit qu'il lui semblait qu'elle avait été bouleversée par l'immense dignité qui lui avait été accordée, et qu'elle était pourtant perdue dans la crainte de cela - ce qui, à mon avis, est une idée exquise. Saint Sixte, agenouillé à droite de la vierge, a sur les traits une expression de sollicitude inquiète. Il intercède évidemment auprès d'elle pour la congrégation vers laquelle sa main droite est tendue, car cette image était destinée à être placée sur un autel. Le seul défaut que l'on puisse trouver à la photo, je pense, c'est le visage de Santa Barbara, agenouillée à gauche. Elle regarde avec douceur les pécheurs d'en bas, mais avec une légère gêne . Les deux chérubins en dessous sont exquis. Leurs petits visages ronds ont un air exalté, comme si leurs yeux fixaient pleinement le couple auguste vers lequel ils se tournent. Le fond du tableau – tous les visages d'anges peints de manière nuageuse – donne la touche finale à cette création étonnante. Mais il faut le voir pour s'en rendre compte.

Depuis mon retour j'ai finalement décidé de prendre des cours particuliers de Kullak. Kullak est un professeur très célèbre et il joue lui-même à merveille, me dit-on, bien qu'il ne donne plus de concerts. Il a été pianiste de la cour ici et a tellement d'expérience dans l'enseignement que j'espère beaucoup de lui, même si je ne crois pas qu'il égalera notre petit Tausig, si capricieux et mal réglé qu'il soit. Jamais je n'oublierai la manière *de fer* avec laquelle il se tenait devant ces filles, la main serrée, déterminé à les *faire* faire ! Pas étonnant qu'ils aient joué ainsi ! Ils n'osaient pas ne pas le faire. Il a dit à un élève que "c'était *en* moi et qu'il pourrait me faire perdre la tête s'il avait choisi de continuer avec moi". Et je sais qu'il le pourrait – et c'est ce qui me distrait !

Mais imaginez quelle manière de se comporter : quitter ainsi son conservatoire, au pied levé, en période de vacances, sans même en informer ses professeurs ! Il a tout laissé à Beringer. Beaucoup d'érudits sont très pauvres et ont fait de grands efforts pour venir ici afin d'apprendre sa méthode. Il est parti en trombe, parce qu'il s'est soudainement dégoûté de l'enseignement et qu'il n'a dit à personne où il allait ni combien de temps il comptait rester absent. Il écrivit à Bechstein, le grand facteur de pianos d'ici : « Je m'en vais, je m'en vais, je m'en vais. Il ne daignerait pas en dire davantage. M. Beringer est venu chez lui pour le voir pour affaires liées au conservatoire, mais il a été transporté par avion et sa gouvernante a dit à Beringer que des lettres et des télégrammes étaient arrivés pour Tausig et qu'elle ne savait pas où les envoyer. Avez-vous déjà entendu parler d'une créature aussi capricieuse ? J'étais tellement provoqué contre lui qu'après la première semaine, j'ai cessé de pleurer son départ. On ne peut pas compter sur ces grands génies, mais j'espère que, comme Kullak se consacre à l'enseignement et non au jeu, on pourra en tirer davantage. En tout cas, il ne s'absentera pas sur ces longues absences.

J'étudie juste mon premier concerto. C'est l'ut mineur de Beethoven, et il est extrêmement beau. M. Beringer me dit que deux ans, c'est trop peu pour devenir un artiste ; et en effet, on ne sait pas à quel point c'est extrêmement difficile jusqu'à ce qu'on l'essaye. Il joue lui-même à merveille et fera ses *débuts* au Gewandhaus de Leipzig en octobre prochain. Le meilleur orchestre d'Allemagne s'y trouve. Cet été, Tausig a formé cinq artistes de son conservatoire. Le temps nous dira si l'un d'entre eux deviendra de première classe.

Tante H. avait raison de penser que ce serait l'une des guerres les plus terribles qui aient jamais existé, même si elle n'avait pas à s'inquiéter à cause de moi. Les Prussiens gagnent tout et poussent de toutes leurs forces vers Paris . Ils viennent de prendre Châlons . Les combats ont été *terribles* et un nombre immense de morts et de blessés des deux côtés. Ils se sont vraiment battus jusqu'à la mort. L'esprit des deux peuples me semble tout à fait différent. Les Français semblent seulement possédés par une folle soif de gloire et manifestent une soif de sang tout à fait épouvantable. On lit dans les journaux les histoires les plus révoltantes selon lesquelles ils se sont glissés sur le champ de bataille après la fin de la bataille, ont tué et dépouillé les Prussiens blessés, leur ont coupé la langue et leur ont crevé les yeux. Mais les Prussiens sont tellement en alerte maintenant que j'espère que peu de choses de ce genre pourront se produire. Un Prussien écrit qu'il gisait blessé sur le champ de bataille, et qu'un autre homme n'était pas loin dans le même état d'impuissance, lorsqu'un vieux Français s'approcha et lui coupa la tête avec une hachette. Le premier cria bruyamment au secours, lorsqu'un groupe de Prussiens se précipita pour le secourir, rattrapa le vieil homme et lui tira dessus. Nous entendons chaque jour parler de choses terribles. La cousine de O., qui a juste mon âge et est mariée depuis trois ans, a perdu son mari, son frère préféré est mortellement blessé par trois balles et repose à l'hôpital, et son deuxième frère a une balle dans chaque jambe et ils Je ne sais pas s'il pourra un jour remarcher. C'est un jeune homme de dix-neuf ans.
Dans les premiers jours qui ont suivi la déclaration de guerre, j'avais le sentiment qu'aucune punition ne pouvait être trop sévère pour Napoléon. Les gens ont tout abandonné et sont restés dans les rues toute la journée, de chaque côté de la voie ferrée. Les trains passaient toutes les quinze minutes, remplis de braves gens qui allaient perdre la vie sous un simple prétexte. Alors, tout au long de leur passage, il y aurait des acclamations continuelles, et toutes les femmes pleureraient, et les hommes exécreraient Napoléon. Les Prussiens ne semblent pas avoir de sentiment de vengeance, mais considèrent les Français comme une bande de fous qu'ils vont ramener à la raison. La haine de Napoléon est intense. Ils le considèrent comme le chef d'un peuple qu'il a volontairement aveuglé et sont déterminés à en finir avec lui, si possible. L'armée prussienne est si splendide qu'il est difficile d'imaginer qu'elle puisse être vaincue. Vous voyez, toute personne en dessous d'un

certain âge est susceptible d'être enrôlée et personne n'est autorisé à acheter un remplaçant. Donc tout le monde est intéressé. Bismarck a deux fils qui sont de simples soldats, et tous les ministres ensemble ont douze fils à la guerre. Alors le roi et le prince héritier étant avec l'armée, cela donne un grand enthousiasme. Le prince héritier s'est distingué et semble posséder de grandes capacités militaires. Le roi était très en colère contre le prince Friedrich Carl, car lors de la dernière bataille, il avait exposé un régiment et l'avait complètement fauché. Seuls deux ou trois hommes ont réussi à s'échapper. Mais on gémit pour les pauvres Français quand on voit passer ces terribles gros canons . Les plus gros furent commandés pour la prise de Metz, et chacun nécessite vingt-quatre chevaux pour le tirer !

AVEC KULLAK.

CHAPITRE VII.

En mouvement. Maisons et dîners allemands. La guerre. La capture de Napoléon. Enseignement de Kullak et Tausig.Joachim. Wagner. Tausig's Playing.Étiquette allemande.

BERLIN, 29 *septembre* 1870.

Je dois vous demander à l'avenir d'adresser vos lettres au n° 30 de la Königgrätzer Strasse, car nous déménageons dans trois jours. Les gens qui vivent à l'étage au-dessous de nous ne supporteraient pas que je m'entraîne cinq ou six heures par jour, c'est pourquoi Mme W. a cherché un autre logement. Les maisons allemandes sont aussi inconfortables qu'on peut l'imaginer. Seules les plus récentes disposent du gaz et de l'eau, ou même des commodités ordinaires que *chaque* maison a chez nous. Pas de tapis au sol, des chaises raides à dossier droit, un petit feu précieux par temps froid, etc. Les chambres n'ont pas de placards, et il faut toujours avoir une grande armoire maladroite avec des patères en bois au lieu de crochets, pour que quand on enlève une robe, toutes les autres tombent aussi. Bref, les Allemands ont cinquante ans de retard sur nous. Certes, les gens riches ont de superbes maisons, mais je parle maintenant de gens ordinaires. Je repense souvent au confort solide des maisons de Cambridge. Je pense que les gens là-bas comprennent assez bien comment vivre. Je savourerai un bon dîner en rentrant à la maison, car c'est le pays où ce que nous appelons « dîners de famille » est inconnu. Ils prennent *des parties* de repas cinq fois par jour, mais jamais un repas complet. La viande est épouvantable et je ne peux jamais dire sur quel genre d'animal elle pousse. On me donne deux œufs durs pour le dîner, alors j'arrive à vivre, mais oh ! le steak de bœuf *a-t-il* disparu au pays des rêves ? et la dinde *n'est* -elle que le produit de mon imagination désordonnée ? Ils ont du pain et du beurre délicieux, mais « l'homme ne peut pas vivre uniquement de pain ». M. F. dit que là où *il* sur des planches, on lui donne « de la soupe aux poires, et de la soupe aux cerises, et de la soupe aux prunes !

Tout ici est attristé par cette guerre effroyable. Vous n'imaginez pas à quel point c'est effrayant. Les hommes des deux côtés sont massacrés par milliers. Les Prussiens n'ont-ils pas fait une magnifique campagne, je le déclare, je trouve merveilleux ce qu'ils ont fait. Les Français n'ont pas eu le moindre succès et ont dû abandonner de formidables places fortes les unes après les autres. On s'attend à ce que Metz se rende dans environ huit jours. C'est un endroit formidable et on le croyait imprenable. À maintes reprises, les pauvres Français ont tenté de se frayer un chemin à travers l'armée prussienne, et très souvent ils ont été repoussés dans la ville. Finalement, ils devront abandonner. Leurs généraux doivent être honteux, car ils se sont battus jusqu'à la mort, mais ils ne peuvent avancer contre ces redoutables Prussiens. Les journaux allemands disent que les Français tirent trop haut, entre autres. Ce ne sont pas des tireurs aussi expérimentés que les Allemands, et leurs balles passent au-dessus de la tête de l'ennemi. Mais les Français sont un peuple sauvage et la cruauté coule dans leurs veines. On lit les choses les plus horribles, mais, au nom de la nature humaine, il faut espérer que les pires d'entre elles ne soient pas vraies.

Je crois ne vous avoir pas écrit depuis la capture de l' empereur Napoléon, dont vous avez entendu parler dès que cela s'est produit. Les Allemands, comme vous pouvez l'imaginer, étaient complètement emportés par cette glorieuse nouvelle et pouvaient à peine croire en leur propre bonne fortune. Le 3 septembre, alors que je sortais pour déjeuner, Mme W., derrière le journal, m'appela avec un visage tout enflammé de triomphe et d'excitation : « *Der Kaiser Napoléon ist gefangen* . (L' empereur Napoléon est pris.) — *Non !* " dis-je, car il ne semblait pas possible que quelque chose d'aussi grand et inattendu *ait* pu arriver. " C'est *vrai* " dit-elle ; " regardez ce papier que je viens de demander. " A l'instant où j'ai vu que Frau W. J'avais été coupable de l'extravagance inhabituelle d'acheter le journal du matin, il m'est apparu clairement que Napoléon *avait dû* être fait prisonnier. En général, nous ne recevons le journal que lorsqu'il est vieux d'un jour, lorsque Mme W. le rapporte soigneusement chez elle. son frère est dans son grand sac. Il y souscrit, et après que sa famille l'a parcouru, elle l'emprunte à notre profit — arrangement économique dont elle se félicite souvent.

J'imagine qu'il y a eu peu de travail effectué ou de transactions commerciales *ce* jour-là à Berlin ! Après avoir fini mon café, je suis allé me tenir près de la fenêtre et j'ai regardé les gens affluer dans les rues. Tout le monde remontait Unter den Linden devant le palais, le visage plein de joie. Les garçons des rues prirent une part active à la réjouissance générale et étaient aussi omniprésents que les garçons le sont toujours quand quelque chose d'extraordinaire se passe. Ils ont eu l'idée géniale de grimper sur la statue équestre de Frédéric le Grand, qui se trouve juste en face des fenêtres du palais. La princesse héritière, qui surveillait, leur fit immédiatement annoncer que celui qui arriverait le premier au sommet recevrait une coupe en argent et quelques pièces d'argent. C'était tout ce dont les garçons avaient besoin. Ils s'éloignèrent, se débattant et se renversant comme un essaim d'abeilles. Finalement, un petit gamin obtint la position convoitée et fut ensuite appelé à la fenêtre du palais pour recevoir le prix. Si la princesse héritière, à propos, était plus portée à de si petits actes de générosité, elle serait plus populaire grâce à jusqu'à présent, car les Allemands la critiquent parce qu'elle est trop économe. Ils sont eux-mêmes les plus économes possibles , mais ils méprisent le caractère des étrangers !

Le soir, il y a eu une grande illumination en l'honneur de la victoire et, bien sûr, nous sommes tous allés la voir. Un moment comme celui que nous avons passé ! La ville entière brillait de lumière et toutes les grandes entreprises avaient déployé quelque chose de brillant et de frappant devant leurs locaux commerciaux. Des étoiles, des aigles, des croix (d'après la célèbre « croix de fer » de Prusse), à côté d'innombrables cierges, brûlaient dans toutes les directions, et tous les carrosses et droschkies de Berlin rampaient lentement dans les rues, très gênés par la foule dense des gens. les piétons se pressent. Toutes les maisons privées étaient éclairées par des cierges et des milliers de drapeaux flottaient. Au-dessus de chaque édifice public, de chaque gare ferroviaire et de toutes les places publiques, il y avait des transparences dans lesquelles la forme substantielle de la *Germanie* s'épanouissait largement, s'appuyant sur son bouclier et regardant sentimentalement le vide. Mais j'apprécie toujours « Germania ». Cela semble être une sorte de reconnaissance de l'élément féminin.

Nous étions dans un droschkie , comme d'autres personnes, faisant le tour prescrit par la Rath-Haus (Hôtel de Ville), et nous étions souvent arrêtés par la cohue. Dans ces moments-là, nous étions la cible de tous les petits garçons qui se trouvaient dans notre quartier . Le « Berlinger Junge » est presque aussi célèbre pour son talent de répartie que le « Gamin » parisien. "Faites attention!" m'a dit un; "Vous allez certainement tomber , votre voiture va si vite." Il s'agissait d'un double sarcasme, car premièrement nous n'étions pas du tout dans une voiture, mais dans un droschkie de deuxième classe , et deuxièmement nous étions immobiles depuis une demi-heure, et il n'y avait pas de voiture. perspective de démarrer une demi-heure de plus. On nous adressait bien d'autres petits discours de ce genre que nous faisions semblant de ne pas entendre, bien que nous étions secrètement très amusés . C'était une sensation étrange de se retrouver dans les rues la nuit avec cet éclat de lumière, ces foules de gens, et cette excitation réprimée dans l'air. Je pensais que cela donnait une idée du Jour du Jugement.

Les femmes sont extrêmement patriotiques et dévouées, et elles semblent se jeter corps et âme dans la guerre. Cependant, avec la catholicité du sexe féminin, elles ne pouvaient s'empêcher de jeter un coup d'œil aux prisonniers *français* à leur arrivée, mais se rendaient à la gare pour les voir arriver et leur accordaient de nombreuses petites hospitalités sous forme de cigares, de déjeuner. , etc., contre lesquels les journaux étaient patriotiquement indignés et se livraient à de nombreux sarcasmes sur l'accueil « chaleureux et sympathique » réservé par les femmes allemandes à leurs ennemis. Il y a autant de femmes qui se tournent vers les soins infirmiers que ce fut le cas pendant notre propre guerre. Je connais une jeune femme qui passe tout son temps dans les hôpitaux parmi les soldats blessés, qui sont constamment envoyés en ambulance. Son nom est Fräulein Hezekiel et elle a reçu une décoration du gouvernement.

Juste après vous avoir écrit pour la dernière fois, je suis allé voir Kullak, comme je vous l'avais dit, et je l'ai engagé à me donner une leçon particulière par semaine. Il a l'air d'une cinquantaine d'années et est charmant. Je suis enchantée par lui. Il joue magnifiquement et est un excellent professeur, mais il me donne énormément de travail et j'ai l'impression qu'une montagne de musique me presse constamment la tête. Il est tellement occupé que je dois prendre ma leçon de sept heures à huit heures du soir.

Le conservatoire de Tausig ferme le premier octobre et je suis vraiment désolé, car mes trois grands amis, M. Trenkel , M. Weber et M. Beringer, s'en vont tous, et je serai terriblement seul sans eux. Weber est très beau et a le front le plus splendide que je crois avoir jamais vu. Il compose comme un ange, en plus d'être remarquablement intelligent à tous points de vue. Il sera célèbre un jour , je le sais, et il appartient à la musique du futur. Beringer est poétique, passionné et vivant. Il a les cheveux et les yeux dorés, puis-je dire, car ils sont d'un noisette clair particulier, presque jaune, mais avec une chaleur et un soleil, et souvent une tendresse d'expression extrêmement fascinante. Weber ne parle pas anglais et, comme il est suisse, il parle un dialecte totalement différent du berlinois , de sorte qu'il m'a fallu un certain temps pour le comprendre. C'est un enfant parfait de la nature et il a beaucoup d' humour . Lui et Beringer sont des amis dévoués et ont à peu près mon âge. Trenkel est plus âgé. Il a les cheveux et les yeux les plus noirs et une peau italienne foncée. Il est intellectuel et très cultivé, et en même temps un caractère si particulier qu'il m'a beaucoup intéressé. La majeure partie de sa vie s'est déroulée en Amérique : d'abord à Boston, où il semble connaître tout le monde, et ensuite à San Francisco, où il est sur le point de revenir. Il étudie avec Tausig depuis deux ans et est un musicien paradisiaque, même s'il ne possède pas la grande technique et la passion de Beringer. Sa conception est plutôt de l'ordre de Chopin, extrêmement finement nuancée et « limée », comme disent les Allemands.

C'était tellement agréable d'avoir ces trois amis musiciens, qui jouent tous bien mieux que moi, car ils se rencontraient souvent et faisaient de la belle musique dans ma petite chambre. Hier soir encore, Weber et Beringer ont pris le thé avec nous. Weber était de bonne humeur et nous jouait depuis très longtemps, à Beringer et à moi, ses plus belles compositions. Nous nous sommes installés confortablement, l'un sur deux chaises, l'autre sur le canapé, et avons apprécié. L'Andante d'une grande sonate qu'il compose est tout à fait charmant. C'est entièrement original et différent de toutes les musiques que j'ai jamais entendues. Puis il joua le deuxième mouvement de sa symphonie, et c'est le *morceau le plus exquis* qu'on puisse imaginer. Je lui ai demandé de composer une petite pièce pour moi, et hier matin, il s'est assis et a écrit sept mazurkas, l'une après l'autre. Qu'il m'en donne un, c'est une autre affaire, car, comme tous les génies, il n'est pas très prodigue de ses dons et n'est pas très facile à trouver. Mais j'aimerais qu'il écrive ne serait-ce que quatre mesures, car il est si individuel qu'il vaudrait la peine de le conserver.

Weber a l'air parfaitement charmant quand il joue. Il ne regarde jamais les clés, mais ses grands yeux bleus regardent rêveusement le vide, et son noble front se détache blanc et haut. Sa conception est extrêmement musicale, mais comme il ne pratique que quand il en a envie (comme il fait tout le reste), il n'est pas à la hauteur des deux autres. Tausig s'est moqué de lui lors de sa dernière leçon. Cet individu, d'ailleurs, revint aussi brusquement qu'il était parti, mais annonça qu'il ne donnerait plus de leçons qu'à ces trois favoris . Nous tous avons dû mendier. Cela ne faisait pas grande différence pour moi, car j'étais déjà allé chez Kullak, qui est aujourd'hui le premier professeur d'Allemagne, car tous les plus grands virtuoses ont renoncé à l'enseignement.

Kullak lui-même est un artiste vraiment splendide, ce à quoi je ne m'attendais pas. Il avait une grande renommée ici en tant que pianiste, mais je suppose que, comme il avait abandonné ses concerts, il n'avait pas continué. J'ai cependant constaté que je m'étais trompé. Son jeu ne souffre même pas de celui de Tausig, que j'ai si souvent entendu. Pourquoi diable n'a-t-il pas continué à jouer en public, je ne peux pas l'imaginer, mais on m'a dit qu'il était trop nerveux. Comme tous les artistes, il est fascinant, plein de fantaisies et de caprices. Il sait tout en musique, et quand je prends mes leçons, il a deux pianos à queue côte à côte, il s'assoit à l'un et moi à l'autre. Il sait par cœur tout ce qu'il enseigne, et il joue tantôt avec moi, tantôt devant moi, et me montre toutes sortes de manières de jouer des passages. Je reçois une infinité d'idées de sa part. J'ai tellement aimé jouer mon Concerto de Beethoven, car il a joué toutes les parties orchestrales. Imaginez à quel point c'est excitant d'avoir un grand artiste comme celui-là qui joue du deuxième piano avec vous ! Je vais ensuite en apprendre un de Chopin.

Kullak n'est pas un professeur aussi terrible que Tausig. Il a la plus grande patience et la plus grande douceur et vous aide ; mais Tausig ne cesse de vous noter et de vous dire, ce que vous ressentez trop profondément, que votre jeu *est* « horrible ». Quand Tausig s'asseyait avec impatience et jouait quelques mesures, puis me disait de le faire ainsi, j'avais toujours l'impression que quelqu'un voulait que je copie un trait d'éclair fourchu avec le bout d'un morceau mouillé. correspondre. Cependant, lors de la dernière leçon que Tausig m'a donnée, il a complètement changé de ton et s'est montré extrêmement gentil avec moi. Je pense qu'il a regretté de m'avoir fait pleurer lors de la leçon précédente, car au moment où je m'asseyais pour jouer, il s'est tourné vers la classe et a fait une petite blague à ce sujet " *empfindliche Amerikanerinnen* (Américains sensibles). " Puis il est venu et s'est tenu à mes côtés, et rien n'aurait pu être plus doux que son attitude. Après que j'ai eu fini, il s'est assis et a joué le morceau entier pour moi, ce qu'il fait rarement, introduisant un magnifique trille en doubles tierces, et se terminant par une tournure particulière dans laquelle il a laissé sa virtuosité me regarder pendant un moment Seulement pour un instant cependant, car il est beaucoup trop fier et a trop de mépris pour que *Spectakel* « se montre ». ", alors il se réprima immédiatement. C'était comme si ses doigts se brisaient malgré lui dans le trille, et il dut les relever d'un coup sévère. Un être étrange et impénétrable qu'il est !

BERLIN, le 13 octobre 1870 .

Ma chambre dans notre nouveau logement est charmante. Assez grand, et de face, et il n'y a aucun *vis-à-vis* . De l'autre côté de la rue, nous regardons le jardin du prince Albrecht. Il est très rare d'avoir de si belles perspectives, surtout à Berlin. Mais il y a si longtemps que je n'ai pas vécu au milieu des arbres, qu'au début cela m'a terriblement affecté le moral. Quand je m'assois près de ma fenêtre et que j'entends le vent d'automne les traverser, que je vois toutes les feuilles trembler et trembler, et que je pense qu'il ne leur reste que quelques semaines pour se balancer dans la brise, cela me rend misérable. Je suppose que nous allons maintenant avoir deux mois de temps maussade.

J'aurais aimé que tu sois là pour me conseiller sur mes robes. Je viens d'en acheter deux, une pour une tenue de ville et l'autre pour une toilette de demi-soirée, mais Dieu seul sait quand elles seront terminées et comment elles iront ! Il faudrait voir les partis pris des robes ici ! Ils font tous des zigzags. Les couturières berlinoises sont abominables. Mme..., de la Légation, m'a dit que lorsqu'elle est arrivée ici, elle a pleuré à cause de chaque nouvelle robe qu'elle avait confectionnée, et je n'ai pas pu me réjouir suffisamment l'hiver dernier d'avoir récupéré toutes mes affaires avant de partir. Moi aussi, qui prend toutes ses meilleures affaires à Paris, j'ai dit à M. qu'elle n'avait jamais été aussi heureuse que lorsque sa mère lui envoyait une « robe américaine ». — « Elles sont *si* confortables et *si* satisfaisantes », dit-elle.

Hier, j'ai suivi ma quatrième leçon de Kullak. Il joue beaucoup plus avec moi que Tausig et je suis surpris de voir tout ce que j'ai accompli en quatre semaines. Tausig ne daignait pas faire autre chose que jouer des passages occasionnels, et nous n'avions qu'un seul piano dans la pièce où il enseignait. Mais chez Kullak, il y a deux pianos à queue côte à côte. Il est assis à l'un et moi à l'autre, et comme il sait par cœur tout ce qu'il enseigne, comme je vous l'ai dit, il continue de jouer avec moi ou devant moi, afin que je le comprenne beaucoup mieux. Parfois, il répète un passage encore et encore, et je le poursuit, comme un perroquet, jusqu'à ce que je comprenne *parfaitement* . Il a ce jeu de fantaisie excessivement fini et élégant, à la manière de Thalberg ou de De Meyer. Il jouit d'une grande renommée en tant qu'enseignant, et est peut-être plus célèbre à cet égard que Tausig, mais j'ai passé trop peu de temps avec Tausig pour juger personnellement lequel enseigne le mieux.

Cette guerre est parfaitement horrible. Les hommes sont simplement abattus comme du bétail. De nouveaux régiments sont constamment envoyés. Les Prussiens ont fait plus de deux cent mille prisonniers, sans compter les tués et les blessés. Mais ils perdent eux-mêmes un nombre effrayant de personnes. On s'attend à ce que Metz se rende dans quelques jours. C'est une forteresse formidable et contient une armée de cinquante mille hommes. Mais n'est-il pas extraordinaire à quel point la guerre a été désastreuse pour les Français ? Ils disposaient d'une immense armée de plusieurs centaines de milliers d'hommes. Et puis ils avaient tous les avantages de la position. Les Prussiens ont dû se frayer un chemin à travers toutes ces puissantes défenses, les unes après les autres. Ils vont bientôt bombarder Paris. Comme le dit Herr S., cette guerre est une honte pour les gouvernements. Il dit qu'ils auraient dû s'unir contre cela (y compris l'Amérique) et dire que, sous un prétexte aussi injuste, ils ne le permettraient pas. J'ai lu l'autre jour une lettre très touchante trouvée sur le cadavre d'un simple soldat par son vieux père paysan. Il dit : « Qu'avons-nous fait, nous, pauvres gens, pour que le *lieber Gott* nous rende visite avec des jugements aussi effrayants ? Quand j'ai reçu ta lettre, mon cher fils, disant que tu es sain et sauf après la dernière bataille avec ton frère, je suis tombé sur mon à genoux et j'ai remercié Dieu pour sa bonté. Puis il continue en décrivant la joie de sa mère, de sa sœur et de son amie, et comment il a lu sa lettre à tous les voisins , « qui se réjouissaient beaucoup de ta sécurité », et son espoir et sa confiance que son fils reviendrait vivant dans son ancien pays. père. Mais quelques jours plus tard, son fils tombait dans une autre bataille, désespérément blessé. Il fut transporté chez une dame qui fit tout ce qu'elle put pour lui, mais il mourut, et elle envoya cette lettre au journal. Connaissez-vous de nombreuses anecdotes dans les journaux américains ? Comme celle des trois cent deux chevaux qui, au signal habituel après la bataille qui rassemblait les régiments, revinrent sans cavalier ? Je pense que c'était très touchant dans les pauvres choses. [C] Ou avez-vous entendu parler de ce Français qui, informé que l'Empereur était fait prisonnier, répondit froidement : « *Moi aussi !* » Mais ce sont déjà de vieilles histoires, et vous les avez sans doute entendues. Je pense que l'un des pires incidents de la guerre est cette bombe qui est tombée sur une école de filles à Strasbourg. Quand on pense à des jeunes filles innocentes qui ont les yeux arrachés, qui sont tuées et blessées, cela semble trop terrible. — Je plains toujours autant les pauvres chevaux. A la reddition de Sedan, les Français oublièrent de les détacher du canon et de leur donner à manger et à boire. Finalement, affolés de soif, ils se déchaînèrent et se précipitèrent sauvagement dans les rues. On disait que n'importe qui pouvait avoir un cheval pour se donner la peine de l'attraper.

———

BERLIN, *le 25 novembre 1870* .

Je suis allé la semaine dernière entendre Joachim, qui habite ici et qui donne sa série annuelle de soirées en quatuor. Oh! c'est un génie merveilleux et l' artiste le plus sublime que j'aie jamais entendu. Je suis à nouveau émerveillé à chaque fois que je l'entends. Il tire de son violon le *son le plus extraordinaire* , et si puissant qu'il semble parfois que plusieurs en jouent. Puis son expression est si merveilleuse qu'il exerce une emprise complète sur son auditoire depuis le début jusqu'à la fin. Il possède le pouvoir magnétique au plus haut degré.

Samedi soir, j'ai assisté à un superbe concert donné au profit des blessés. L'orchestre royal jouait, et comme c'était le cas à la Sing-Akademie, où l'acoustique est très remarquable, la performance orchestrale semblait phénoménale. Généralement, cet orchestre joue dans l'opéra, qui est tellement plus grand que l'effet n'est pas si grand. La dernière chose qu'ils ont jouée était le "Ritt der Walküren " de Wagner. C'était la première fois qu'elle était donnée à Berlin et c'est une composition magnifique. Il représente la chevauchée des jeunes filles Walküre vers le Valhalla, et quand vous l' entendez il semble que l'on puisse vraiment voir les chevaux spectraux avec leurs cavaliers fantomatiques. C'est à la fin que cela produit l' effet le plus surnaturel, et on a l'impression d'être soudainement entré dans le Pandémonium. J'en étais parfaitement enchanté et tout le monde était excité. Les « bravos » résonnaient dans toute la maison. Tausig a joué le concerto en mi mineur de Chopin dans son propre style glorieux. Il a fait de son mieux, et quand il a fini, non seulement tout l'orchestre l'applaudissait, mais même le chef d'orchestre frappait son pupitre avec son bâton comme un fou. Je pensais que c'était une position fière où un homme pouvait exciter l'enthousiasme dans le cœur de ces musiciens anciens et éprouvés. Comme exemple de sa virtuosité, que dites-vous du petit exploit de jouer le passage courant de la fin, long de deux pages, et qui a été écrit pour les deux mains à l'unisson, en octaves au lieu de notes simples ? — Gigantesque ! [Plus tard, Kullak donna ce grand concerto à ma sœur pour qu'elle l'étudie, et comme elle se débattait avec ses difficultés, il dit : « Ah oui, Fräulein, quand je pense au temps et au travail que j'ai consacrés à ce concerto dans ma jeunesse, je pourrais pleurer. *larmes de sang* !"]-ED.

Hier soir, je suis allé à une fête chez un parent des M.. Madame de Staël avait raison de dire que l'étiquette est terriblement sévère en Allemagne. C'est carrément une loi, et tout le monde est obligé de s'y soumettre. Qui d'autre au monde, par exemple, insisterait pour que vous veniez à huit heures et que vous restiez jusqu'à près de quatre heures du matin, alors que la fête se compose d'une douzaine ou d'une vingtaine de personnes, presque toutes mariées et d'âge moyen, ou âgées ? J'expire presque de fatigue et d'ennui, mais ils prendraient tous si mal si je n'y allais pas, qu'il n'y a pas d'échappatoire. Hier soir, je suis rentré à la maison avec un mal de tête nerveux tellement terrible dû à l'épuisement que je pouvais à peine voir. Vous savez, dans une soirée dansante, l'excitation tient le coup, et on ne ressent la fatigue qu'après. Mais rester assis trois heures mortelles avant le dîner et entretenir une conversation avec beaucoup de gens beaucoup plus âgés que vous et qui ne vous intéressent pas du tout, et dans une langue étrangère, alors que vous ne seriez pas brillant dans la vôtre, et puis encore trois longues heures à table, et puis *encore* une heure environ après, pour un esprit américain, c'est terrible ! Je gémis toujours en esprit quand je pense à quel point j'avais l'habitude de sauter dans la voiture à neuf heures, à Cambridge, d'aller à la fête et de rentrer à la maison à onze ou douze heures et demie. Ces longues fêtes sont ce que les Allemands appellent des « *gemüthlig* (sociables et amicales) ». Les Français les appelleraient « *assommant* », et ils auraient tout à fait raison.

CHAPITRE VIII.

Concerts. Joachim encore. Le siège de Paris. Paix déclarée. Wagner. Symphonie d'une femme.Ovation à Wagner à Berlin.

BERLIN, *le 11 décembre 1870* .

Je ne fais pas grand-chose ces derniers temps, à part aller à des concerts dont j'ai entendu un nombre immense et tous admirables . — J'aimerais que tu *entendes* Joachim ! Je suis allé hier soir à sa troisième soirée, et il est certainement la merveille du siècle. À moins de délirer, *je* ne pourrais jamais l'exprimer. L'une de ses pièces était un quatuor de Haydn, parfaitement envoûtant. Il jouait si merveilleusement cet adagio et tirait de son violon un son si pathétique qu'il vous traversait vraiment comme un couteau. Le troisième mouvement était une gigue, et juste le petit morceau le plus gai ! Il brillait comme un colibri, et il jouait chaque note si distinctement et si vite que les gens étaient hors d'eux-mêmes et qu'il était presque impossible de rester immobiles. Il a reçu un formidable rappel.

Joachim est tellement audacieux ! Vous n'avez jamais imaginé les coups qu'il donne au violon, les sonorités qu'il en fait ressortir. Il joue ces grands *tours de force* , ses doigts s'engouffrant partout sur le violon, au moment même où Tausig s'élance sur le piano. Tellement libre! Et puis sa conception !! C'est comme révéler Beethoven en chair et en os, l'entendre.

J'ai entendu l'autre jour une pianiste qui devient très célèbre et qui joue superbement. Elle s'appelle Fräulein Menter et est originaire de Munich. Elle a été l'élève de Liszt, Tausig et Bülow. Pensez quelle galaxie d'enseignants ! Elle est aussi jolie qu'elle peut l'être, et elle était ravissante assise au piano et jouant morceau après morceau. Je l'enviais terriblement. Elle joue tout par cœur, et a une belle conception. Elle a donné son concert entièrement seule, sauf que quelqu'un a chanté quelques chansons, et à la fin Tausig a joué avec elle un duo pour deux pianos, dans lequel il a pris le deuxième piano. Imaginez être capable de jouer assez bien pour qu'un artiste aussi grand que lui daigne faire une chose pareille ! C'était si joli quand ils étaient rappelés. Il fit signe d'avancer. Elle leva les yeux d'un air interrogateur, puis descendit un cran plus bas que lui. Il lui sourit et l'applaudit autant que n'importe qui. J'ai trouvé que c'était très galant de sa part de se tenir là et de taper dans ses mains devant tout le public, et de ne pas prendre le rappel pour lui seul, car son rôle était aussi important que le sien, et c'est un artiste bien plus grand. Mais j'étais charmé par elle. Elle va bien au-delà de Mehlig et Topp, même si Mehlig est également considérée comme possédant une technique remarquable.

Je regrette tellement que M. doive retourner en Amérique sans avoir vu Paris, la plus belle ville du monde ! Personne ne sait combien de temps durera la guerre . Les Prussiens ont tellement encerclé Paris qu'il est coupé du pays et ne peut plus s'approvisionner. Ils ont mangé toute leur viande, et maintenant les Français vivent de rats, de chiens et de chats ! Pensez à quel point c'est horrible ! Ils attrapent les rats dans les égouts de Paris, les font cuire au champagne et les mangent. (C'est du moins l'histoire.) Cela semble parfaitement inconcevable. Les pauvres n'ont ni lait, ni sel, ni beurre, ni viande. Je me demande ce qu'ils font de tous les petits bébés dont les mères ne peuvent pas les allaiter, et des jeunes enfants. Mais ils n'abandonneront pas, car ils ont du pain et du vin pour tout l'hiver, et ils déclarent que Paris est trop fort pour être pris. Bien sûr, si les Prussiens restent là où ils sont, Paris finira par mourir de faim et sera obligé de se rendre.

C'est une position difficile pour les Prussiens, car ils doivent soit bombarder la ville, soit l'affamer. S'ils le bombardent, il faut qu'ils soient en mesure de le commencer de tous côtés, sinon les Français perceront leurs lignes et établiront une communication avec le reste de la France. Or le cercle autour de Paris a douze milles de long, de sorte qu'il faudrait une armée énorme pour soutenir un pareil bombardement, et bien que l'armée prussienne *soit* énorme, je ne sais pas si elle est égale à cela, car les Français ont tellement l'avantage de leur position est qu'ils peuvent tirer sur les Prussiens et les tuer par milliers. En revanche, s'ils affament Paris, les pauvres soldats devront rester couchés dans le froid tout l'hiver, et beaucoup d'entre eux mourront de froid.

Les hommes deviennent très agités après tant de semaines d'inactivité. Personne ne sait comment cela va se terminer. Le roi s'oppose aux bombardements, car outre les terribles pertes en vies humaines que cela entraînerait, il semble trop inhumain de jeter une ville aussi splendide dans la poussière. Des troupes fraîches arrivent tout le temps, et chaque jour des trains remplis de soldats passent devant mes fenêtres. Il semble que tout le monde en Allemagne ait été appelé, et cela ressemble à un bombardement. C'est une période terrible et tout le monde se sent agité et perturbé. On voit peu de soldats dans les rues hormis des blessés. Je rencontre souvent un jeune homme qui se roule sur une chaise et qui a les deux jambes coupées. Le pauvre garçon a l'air si triste... et j'en connais un autre qui a perdu ses deux mains et ses deux pieds.

Il est curieux de constater l'attitude condescendante qu'ont les gens d'ici à l'égard des Français dans cette guerre. Ils ne parlent jamais d'eux comme s'ils étaient des antagonistes sur un pied d'égalité, mais toujours comme s'ils étaient un groupe d'imbéciles déterminés à leur propre destruction, qui doivent être correctement châtiés et rétablis dans leur équilibre par les Allemands. « *Ja !... die Franzosen !* » diront les Allemands avec un haussement d'épaules qui implique la plus profonde conviction de toute leur imbécillité.

Ils admettent cependant que les Français sont un « peuple amusant » et que « *Paris ist* DOCH *die Welt-Stadt* . (Paris est *la* ville du monde.) »

———

BERLIN, le 26 février 1871 .

Je vais vous envoyer une chanson des Meistersänger , qui, je pense, est l'une des plus belles chansons que j'ai jamais entendues. Cela s'appelle Walther's Traumlied (Walter's Dream Song). L'idée est qu'il voit son amour dans un rêve ou une vision telle qu'elle le sera lorsqu'elle sera sa femme. Vous devez commencer à chanter de manière rêveuse, comme si vous étiez en transe, puis vous devez progressivement devenir de plus en plus excité jusqu'à finir dans un grand jaillissement de passion. Vous serez tout à fait dans la musique du futur si vous chantez les Meistersänger . C'est l'un des plus grands opéras de Wagner et il est très beau, à mon avis. Il a suscité un grand enthousiasme lors de sa sortie l'hiver dernier.

Le monde musical tout entier se dispute à propos de Wagner. Il donne une nouvelle direction à la musique et découvre de nouvelles combinaisons d'accords. La moitié du monde musical le soutient et déclare qu'à l'avenir il sera à égalité avec Beethoven et Mozart. L'autre moitié lui est farouchement opposée et dit qu'il n'écrit que des dissonances et qu'il est sur une voie entièrement fausse. Je suis moi-même du côté de Wagner. Il me semble que c'est un grand génie. — Dommage qu'il soit un hors-la-loi moral !

Depuis que j'ai commencé cette lettre, Paris a capitulé et la PAIX a été déclarée. L'anxiété et le suspense ont cependant duré si longtemps que la nouvelle n'a pas suscité beaucoup d'excitation ou d'enthousiasme. Rien de comparable à celui avec lequel la capture de Napoléon fut reçue. Mais c'était décidément *l'*événement de la guerre. La politique de Bismarck ne permettait pas aux troupes de marcher triomphalement à travers Paris, mais leur permettait seulement d'en traverser une partie aussi petite que cela était compatible avec l' honneur national . Cela a suscité beaucoup de murmures et de mécontentement parmi les Allemands. « Nos pauvres soldats ! après toutes leurs fatigues et leurs privations, ils auraient dû avoir la satisfaction de marcher à travers la ville ! » — telle est l'opinion générale que j'entends exprimer. Cependant, ils accepteront probablement la sagesse de Bismarck qui consiste à ne pas triompher d'un ennemi déchu lorsqu'ils y réfléchiront. Nous allons maintenant vivre six semaines de deuil pour ceux qui ont été tués pendant la guerre, puis en mai, l'armée reviendra triomphante. Le roi doit les rencontrer à la porte de Brandebourg et les conduire jusqu'au Tilleul. Tout Berlin sera en effervescence et j'espère que ce sera un spectacle magnifique. Pour l'occasion, les vitrines d'Unter den Linden se vendent déjà à des prix faramineux.

Les Allemands, d'ailleurs, « ne tiennent aucun compte » des expressions pieuses du roi tout au long de la campagne. Ils se moquent grandement de lui parce qu'il se dit victorieux « par la grâce de Dieu ». "Une telle absurdité!" dit Herr J. avec mépris.

———

BERLIN, le 22 avril 1871 .

Je n'ai rien de mortel à dire, car tout le peu que j'ai fait, je l'ai communiqué dans une lettre à NS Kullak ces derniers temps, c'est l'éloge de mon jeu, mais je ne peux pas y croire moi-même. J'apprends une Ballade de Liszt. C'est beau mais très dur, et avec de superbes passages d'octave. Il contient le double rouleau d'octaves, et c'est la première fois que j'apprends comment cela se fait. J'étudie maintenant systématiquement les octaves. Kullak en a écrit trois livres, et c'est un ouvrage exhaustif sur le sujet, et aussi célèbre à sa manière que le Gradus ad Parnassum . Le premier volume n'est que la préparation, et les exercices sont pour chaque main séparément. Il y en a beaucoup pour le pouce seul, par exemple. Ensuite, il y en a d'autres pour les quatrième et cinquième doigts, qui se retournent et se superposent de toutes les manières imaginables. Ensuite, il y a les exercices des poignets, et enfin c'est le travail le plus minutieux et le plus complet. Kullak lui-même est célèbre pour son jeu d'octave. Je le savais lorsque j'étais au conservatoire de Tausig, car Tausig disait à ses élèves qu'ils devaient étudier l'école d'octave de Kullak.

Wagner est venu à Berlin pour une visite, et la semaine prochaine il donnera un grand concert au cours duquel certaines de ses compositions seront présentées, et il dirigera lui-même. Weitzmann dit qu'il est un grand chef d'orchestre. J'ai entendu l'autre jour son opéra de Tannhaüser , et j'ai été parfaitement emporté par l'ouverture, que je n'avais pas entendue depuis longtemps. L'orchestre l'a joué magnifiquement, et je pense que c'est tout à fait à la hauteur de Beethoven. La théorie de Wagner est que la musique est un cri de l'esprit, et ses compositions l'illustrent certainement. Toutes les autres musiques pâlissent devant elle en termes de passion et d'intensité.

Avez-vous lu ma lettre à NS dans laquelle je lui parlais d'Alicia Hund, qui a composé et dirigé une symphonie ? C'est tout un pas en avant pour les femmes dans la filière musicale. Elle me faisait penser à M., tant elle avait un visage tendu. Tous les hommes étaient très dégoûtés parce qu'elle était autorisée à diriger l'orchestre elle-même. Je ne pensais pas moi-même que c'était une position très *convenable* , même si je n'avais aucun préjugé contre elle. D'une manière ou d'une autre, une femme n'a pas fière allure avec un bâton à la main dirigeant un corps d'hommes.

BERLIN, le 18 mai 1871 .

Wagner vient d'être à Berlin, et son arrivée ici a été l'occasion d'un grand émoi musical. Il fut reçu avec le plus grand enthousiasme et les ovations en son honneur ne eurent pas de fin . Tout d'abord, un grand souper lui fut offert, organisé par Tausig et quelques autres musiciens distingués. Puis dimanche, il y a deux semaines, a eu lieu un concert à la Sing-Akademie, où les places étaient libres. Comme la salle ne peut accueillir qu'environ mille cinq cents personnes, vous imaginez bien qu'il était assez difficile d'obtenir des billets. Je ne l'ai même pas essayé, mais heureusement, Weitzmann, mon professeur d'harmonie, qui est un vieil ami de Wagner, m'en a envoyé un.

L'orchestre était immense. Il était soigneusement choisi dans tous les orchestres de Berlin, et Stern, qui le dirigeait, s'était donné d'infinies peines pour le former. Wagner est la personne la plus difficile au monde à plaire et est lui-même un merveilleux chef d'orchestre. Il était très mécontent de l'Orchestre du Gewandhaus de Leipzig, qui se considère comme le meilleur qui existe, et les Berlinois se sentaient donc plutôt tremblants. La salle était pleine à craquer, et enfin, arrivèrent Wagner et sa femme, précédés et suivis de divers musiciens distingués. Au moment où il apparaissait, le public se levait, l'orchestre entonnait trois accords retentissants et tout le monde criait *Hoch !* Cela procurait un étrange frisson.

Le concert avait lieu à midi et était précédé d'un « salut » récité par Mme Jachmann Wagner, nièce de Wagner et actrice. C'était une jolie femme, « blonde, grosse, de quarante ans », et une excellente oratrice. En terminant, elle fondit en larmes et, descendant de la scène, elle présenta à Wagner une couronne de laurier et l'embrassa. Ensuite, l'orchestre joua superbement l'Ouverture de Faust de Wagner, puis sa Marche festive du Tannhäuser. Les applaudissements ont été sans limites. Wagner monta sur scène et prononça un petit discours dans lequel il exprima son plaisir aux musiciens et à Stern, puis se tourna et s'adressa au public. Il parlait très vite et avec cet air enfantin que semblent avoir tous les grands musiciens, et pour preuve de sa satisfaction à l'égard de l'orchestre, il leur demanda de jouer l'ouverture de Faust sous *sa* direction. Nous étions tous sur la pointe des pieds pour savoir comment il allait réaliser, et en effet, c'était merveilleux de le voir. Il contrôlait l'orchestre comme s'il s'agissait d'un seul instrument et il jouait dessus. Il ne battait pas simplement le temps, comme le font la plupart des chefs d'orchestre, mais il disposait de toutes sortes de petits moyens pour indiquer ce qu'il souhaitait. Il leur était très difficile de le suivre et il leur fallait « garder leur petit œil ouvert », comme disait B.. Il les a maintenus enfoncés pendant la première partie, afin de rendre compte de l'incertitude et du caractère spéculatif du personnage de Faust. Puis, à mesure que Méphistophélès entra, il les lâcha peu à peu dans un crescendo terrible, et vous donna l'impression que l'enfer s'ouvrait soudain à vos pieds. Puis, là où Gretchen est apparue, tout n'était que mélodie et douceur délicieuses. Et ainsi de suite, comme une succession d'images. L'effet a été formidable.

J'avais l'une des meilleures places de la maison et je pouvais voir Wagner et sa femme tout le temps. Il a un front énorme et c'est l'homme le plus nerveux que l'on puisse imaginer, mais il a cette bouche sombre qui annonce une volonté de fer. Lorsqu'il dirige, il est presque hors de lui d'excitation. C'est une des raisons pour lesquelles il est si grand comme chef d'orchestre, car l'orchestre capte sa frénésie, et chaque homme joue sous une inspiration soudaine. Il semble vraiment improviser sur son orchestre.

Le but de Wagner en venant ici était d'essayer de faire jouer son opéra Nibelungen. C'est un opéra qui nécessite quatre soirées pour en venir à terme. Avez-vous déjà entendu parler d'une telle chose ? Il expose tout à une échelle colossale. Cela m'a rappelé cette histoire qu'on raconte à son sujet quand il était enfant. Il était un grand passionné de Shakespeare et souhaitait également écrire des pièces de théâtre. Il en a donc écrit un dans lequel il tue quarante des personnages principaux dans le dernier acte ! Il a donné ici un grand concert à l'opéra, qu'il a dirigé lui-même. Il s'agissait entièrement de ses propres compositions, à l'exception de la Cinquième Symphonie de Beethoven, qu'il déclarait que personne d'autre que lui ne comprenait. Cela a plutôt démoralisé Berlin, mais tous ont dû reconnaître après le concert qu'ils ne l'avaient jamais entendu si magnifiquement joué. Il en a sa propre conception particulière. Il y avait une grande foule et toutes les places étaient occupées depuis longtemps. Tous les artistes étaient présents sauf Kullak qui était malade. J'ai vu Tausig assis au premier rang avec la baronne von S. Il devait y avoir deux cents musiciens dans l'orchestre, et ils s'en sont magnifiquement acquittés. Les applaudissements devinrent de plus en plus enthousiastes, jusqu'à ce qu'ils finissent par s'exprimer sous une pluie de couronnes et de bouquets. Wagner s'inclinait et s'inclinait, et il semblait que le peuple ne se calmerait plus jamais. A la fin du concert a suivi une autre pluie de fleurs et sa Marche Kaiser a été bisée. Quel effet ! Après la tempête sonore de l'introduction, la batterie est arrivée avec un tat-tat-tat-tat-tat aigu ! Puis les cuivres commencèrent par l'air et arrivèrent à un crescendo, pour finalement *hurler* de telle manière qu'ils vous frissonnèrent jusqu'à la moelle des os. C'était comme un tremblement de terre béant devant vous.

Le bruit était si énorme qu'on aurait dit le rugissement des vagues. Je n'ai jamais imaginé quoi que ce soit en musique qui s'en rapproche, et Wagner m'a fait penser à un Triton géant se jouant au milieu des flots et lançant ces grandes ondes sonores d'une main dans l'autre. Bien sûr, vous ne voyez pas son visage, rien que son dos, et pourtant vous connaissez chacune de ses émotions. Chaque tendon de son corps parle. Il fait en sorte que les instruments prolongent les tons comme personne d'autre, et l'effet est d'une beauté indescriptible, mais il se plaint de ne jamais *pouvoir* convaincre un orchestre de *tenir* le ton comme il le devrait. Toute son apparence est celle de l'arrogance et du despotisme personnifiés.

À la fin du concert, les bouquets étaient tellement entassés sur la scène devant le bureau du metteur en scène que Wagner n'avait plus de place assez grande pour se tenir debout sans les écraser. Dans l'ensemble, ce fut une affaire brillante et un grand triomphe pour ses amis. Mais il a ici de nombreux ennemis acharnés. Joachim est l'un d'entre eux, même s'il semble inexplicable qu'un homme aussi doué pour la musique puisse l'être. Ehlert est également un fervent anti-wagnérien, et les Juifs le haïssent intensément . — Peut-être que son caractère y est pour quelque chose, car il a défié toute sa vie toutes les lois de l'honneur , de la gratitude et de la moralité. C'est un exemple épouvantable pour les jeunes artistes, et je pense que Wagner les déprave. Dans ce pays, tout est pardonné à l'audace et au génie, et je dois dire que si l'Allemagne peut *nous apprendre* la musique, nous pouvons *lui apprendre* la morale !

CHAPITRE IX.

Difficultés du piano. Entrée triomphale des troupes.
Paris.

BERLIN, *le 25 juin 1871* .

J'ai récemment appris le Concerto en sol majeur de Beethoven, et c'est la chose la plus horriblement difficile que j'ai jamais tentée. J'ai pratiqué le premier mouvement pendant un mois entier et je ne peux pas plus le jouer que voler. Si vous entendez Miss Mehlig le jouer, j'espère que vous comprendrez à quel point c'est un exploit. Kullak m'a donné une note régulière lors de ma dernière leçon et m'a dit que je devais m'y tenir jusqu'à ce que je *puisse* y jouer. Cela exige la plus grande rapidité et la plus grande facilité d'exécution, et j'en suis complètement désespéré. Kullak a profité de l'occasion pour développer tout ce qu'un artiste doit être capable de faire, jusqu'à ce que mon cœur meure. « Que sais-tu des doubles tiers ? a-t-il dit. J'ai dû admettre que je ne connaissais rien aux doubles tierces, et puis il s'est précipité sur le piano comme un éclair de haut en bas dans une gamme en double tierces, comme s'il s'agissait d'une gamme commune.

D'une certaine manière, Kullak est un professeur plus décourageant que Tausig, car Tausig ne jouait devant vous qu'occasionnellement, là où c'était absolument nécessaire, et se contentait de gronder et de blâmer. Kullak, au contraire, ne gronde pas beaucoup, mais comme il joue continuellement devant et avec vous, vous voyez avec lui comment les choses *doivent* être faites, et la perception de vos propres défauts s'impose devant vous sans pitié. Ma pensée constante est : « Quand mes passages perleront-ils ? Quand *mon toucher sera* -t-il parfaitement égal ? Quand mes octaves *seront* -elles jouées à partir d'un poignet légèrement suspendu ? Quand mon trille *sera* -t-il brillant et soutenu ? Quand mon pouce se *retournera* -t-il et mon le quatrième doigt sans la moindre cassure perceptible ? Quand mes arpèges *monteront* -ils sur le piano dans ce *roulement particulier* que donne un véritable artiste ? etc., etc. Tout cela me serre le cœur et me décourage ainsi d'écrire que vous devez excuser mes fréquents silences.

Nous vivons un été tellement froid que je reste assis et je frissonne tout le temps. J'aimerais que nous puissions avoir un peu du temps chaud dont vous parlez. Je n'ai mis une robe en mousseline qu'une seule fois. Berlin a un climat très rigoureux, je pense.

L'avant-dernière semaine a eu lieu l'entrée triomphale ou « Einzug » des troupes. Ils sont tous passés devant ma fenêtre, donc j'avais une vue complète sur eux. L' Empereur avait fait d'immenses préparatifs, car il est très fier de son armée. Tout le long de la Königgrätzer Strasse (la rue dans laquelle nous vivons), jusqu'à la Porte de Brandebourg, à une distance de deux ou trois milles, étaient placés de hauts poteaux à quelques pieds d'intervalle, reliés par des couronnes de verdure. Ceux-ci étaient peints en rouge et blanc et avaient des pinacles dorés ; ils étaient surmontés du drapeau prussien, noir et blanc, avec un aigle noir au centre . À peu près à mi-hauteur des mâts se trouvait un blason, autour duquel étaient regroupés les drapeaux des anciens États allemands. Comme ils étaient de couleurs différentes , l'effet était très gai, et ils faisaient un chemin triomphal en agitant des bannières sous lesquelles les troupes pouvaient passer. Tout le long de la dernière partie de la Königgrätzer Strasse, avant d'arriver au Linden, étaient placés les canons français qui furent capturés, et sur eux était imprimé le nom du lieu où se déroulait la bataille, et on lisait dessus "Metz, Sedan". , Strasbourg", etc. Tout au long du Linden également, le chemin pour les soldats était encerclé de chaque côté par des canons. Ce sont les mitrailleuses qui m'intéressaient le plus, car elles avaient trente canons chacune et pouvaient tirer autant de balles à la suite. De cette façon, voyez-vous, un seul canon pourrait faire *pleuvoir* des coups. Heureusement, les Français visent si mal qu'ils n'auraient pas pu tuer la moitié autant de Prussiens qu'ils l'espéraient. Sur chaque Platz (comme les Allemands appellent les places), étaient érigés des colonnes et des statues, ainsi que d'énormes échafaudages sur lesquels les gens pouvaient s'asseoir, le tout orné de drapeaux et de tissus colorés . Bref, la ville entière était en tenue de gala et paraissait aussi gaie que possible.

Bien sûr, des milliers d'étrangers étaient venus le voir et les rues étaient bondées. Pendant environ une semaine auparavant, il y avait un flux continu de gens qui passaient devant notre maison, et une longue file de voitures et de droschkies à perte de vue, rampant à la vitesse d'un escargot les uns derrière les autres. J'étais épuisé par le bruit et la confusion bien avant que cette journée mouvementée n'arrive. Quand il *est* arrivé, déjà à six heures du matin, lorsque j'ai regardé par la fenêtre, les murs du jardin du prince Albrecht en face étaient couverts de garçons et d'hommes, et ils ont dû rester là jusqu'à près de midi. avec les jambes pendantes, et rien à manger ni à boire, avant l'arrivée du cortège, et *puis* il a fallu quatre heures pour passer ! Telle est l'endurance allemande, et un exemple encore plus frappant en a été montré par un orchestre stationné sur le trottoir en face de ma fenêtre. Il n'y avait ni sièges ni auvents pour eux, et ils restèrent là sur les pierres, sous le soleil brûlant, pendant six bonnes heures, jouant de temps en temps de ces lourds cors et trompettes. Imaginez-le ! J'étais étonné qu'il n'y ait pas d'échafaudage érigé pour qu'ils puissent s'asseoir, et je me demandais comment ces pauvres gens pouvaient le *supporter* .

Peu avant onze heures, la porte du jardin du prince Albrecht s'ouvrit et il sortit à cheval accompagné d'une grande suite, et ils restèrent là en attendant l' empereur , qui devait passer à cheval pour rencontrer les troupes. J'aurais aimé que vous puissiez les voir dans leurs superbes uniformes, assis sur leurs magnifiques chevaux. Ils ressemblaient à des chevaliers d'autrefois, avec leurs tapis de selle brodés et leurs joyeux atours. L'Impératrice et toutes les dames de la famille royale précédaient l'Empereur dans une dizaine de voitures, chacune avec six chevaux et celle de l'Impératrice avec huit. Les dames étaient bien sûr magnifiquement habillées, en soie de couleur claire avec des surrobes en dentelle. Puis vint l' Empereur et son escorte, chevauchant lentement et majestueusement. L'enthousiasme était immense à leur passage, et c'était effectivement un spectacle de fierté. Bismarck, Moltke et Von Roon roulaient seuls sur une rangée. Bismarck avait l'air très imposant dans son uniforme entièrement blanc et argenté, avec d'énormes bottes et un casque d'airain surmonté d'un aigle d'argent. Il y avait toutes sortes d'uniformes et le prince héritier était très beau dans le sien. C'est un homme d'apparence splendide, avec une allure très militaire, et il monte à la perfection.

Le groupe royal se rendit sur la place d'armes, où il rencontra l'armée, puis revint à la tête de celle-ci, chevauchant très lentement. Puis, pendant quatre heures, les soldats ont afflué à un pas très rapide. Si vous aviez vu couler ce *fleuve* d'hommes, vous auriez une idée de la force de cette nation. Ils étaient pour la plupart grands et leurs casques et leurs fusils brillaient au soleil. Ils étaient vêtus de leurs anciens uniformes, comme ils revenaient du champ de bataille. Les gens leur faisaient pleuvoir des couronnes et des bouquets en passant, et chacun présentait une apparence de fête avec son casque couronné, un bouquet à la pointe de sa baïonnette et des fleurs à sa boutonnière. Le chemin de l'empereur était littéralement tapissé de fleurs, et ses palefreniers chevauchaient derrière lui pour les ramasser et suspendre les couronnes à leurs arcs de selle. Bismarck, Moltke et Von Roon et tous les hommes de marque pendant la guerre furent également favorisés .

L'armée avançait à un rythme étonnamment rapide. J'ai été surpris de les voir marcher si vite, lourdement chargés de leurs fusils, de leurs sacs, de leurs couvertures, etc. Beaucoup d'entre eux avaient marché une bonne partie de la nuit pour se rendre au lieu de rendez-vous, et ils avaient eu un défilé tôt le matin. Un grand nombre d'entre eux se sont évanouis et ont dû être transportés hors des rangs, et huit d'entre eux sont morts ! C'était la journée la plus chaude que nous ayons eue cet été. — C'étaient les Uhlanen qui m'intéressaient le plus . C'était la plus grande terreur des Français et c'était une cavalerie légère sans armes sauf un gros pistolet et une lance. Juste au-dessous de la pointe de la lance était attaché un petit drapeau prussien, et presque tout le monde était éclaboussé du sang d'un pauvre Français. Quand on regardait ces terribles pointes, cela semblait une mort des plus épouvantables, et je ne m'étonne pas que les Français aient perdu tout courage à leur vue. Vous voyez, étant à cheval et si légèrement armés, les Uhlanen pouvaient se déplacer comme l'éclair et étaient capables d'apparaître soudainement aux endroits les plus inattendus. Comme je n'étais pas sur le Linden, je n'ai pas vu l'armée reçue à la Porte de Brandebourg par les quatre cents jeunes filles vêtues de blanc, je ne peux donc vous en rendre *compte* . Bismarck, qui sait toujours quoi faire, sortit une poignée de couronnes de son arc de selle et les lança en souriant parmi les jeunes filles accueillantes. C'est une créature courtoise. J'étais presque mort rien qu'à regarder par la fenêtre et à écouter la musique continue des orchestres, et je ne me suis pas remis de la fatigue et de l'excitation nerveuse pendant plusieurs jours ; mais j'eus beaucoup de chance de pouvoir le voir de la maison, car beaucoup de personnes qui devaient s'asseoir sur les échafaudages furent terriblement brûlées et en furent prises de fièvre. Vous voyez, ils n'étaient pas autorisés à installer leurs parasols, car cela obstruait la vue des personnes derrière eux. J'avais une amie qui souffrait terriblement de son visage et qui n'a pas dormi pendant trois nuits. Elle a dit que c'était comme si elle avait été brûlée par le feu et que toute la peau s'était décollée.

4 juillet.— Comme d'habitude, cela fait plus d'une semaine que j'ai commencé cette lettre, et je viens de décider de partir immédiatement pour un voyage d'été avec Mme et Miss VN, M. P. et Mme, M. et Miss S. Kullak est en vacances, je ne perdrai donc aucune leçon. Nous irons d'abord à Cologne, puis à Bonn et Coblentz et descendrons le Rhin. Peut-être arriverons-nous jusqu'à Heidelberg. Nous avons pris un de ces billets aller-retour, ce qui rend le voyage très bon marché ; seulement, vous êtes limité à un certain temps. Nous pensons être partis jusqu'au 1er août. Je compte marcher beaucoup entre les différents points. Là où le paysage est pittoresque, nous marcherons occasionnellement de gare en gare. Nous ne prenons aucun bagage à l'exception d'un petit sac (que nous passons sur notre dos avec des sangles), contenant du linge de rechange, une brosse, un peigne et une brosse à dents. Nous porterons toujours la même robe et ferons laver notre linge à l'hôtel. J'ai pensé que c'était une bonne opportunité pour moi, et comme nous serons un groupe d'artistes embryonnaires, nous espérons suivre le style bohème et insouciant de notre classe. Je pense écrire un roman en route ! Ne sera-ce pas romantique ? Seulement, malheureusement pour Miss S. et moi, nous n'aurons pas d'adorateurs, puisque M. P. et Miss VG sont fiancés, et que M. S. n'a que dix-huit ans environ !

Juste avant l' Einzug, j'étais à une fête chez Bancroft et je me tenais près d'une porte en train de parler à l'un des camarades de classe de N. à Harvard, lorsqu'un homme corpulent s'est glissé très grossièrement entre nous et est resté là à parler à M. Bancroft. , qui était de l'autre côté de moi. Nous l'avons regardé pendant une minute avant de poursuivre notre conversation. Bientôt, le monsieur prit congé et s'éloigna. «C'était le duc de Somerset», me dit M. Bancroft. J'étais plutôt surpris, car je venais de me dire : "Quelle créature peu polie tu es !" - Je suppose qu'il était venu à l' Einzug .

Le Berlin triomphant contraste plutôt avec le Paris de la Commune. C'est une période vraiment horrible qu'ils ont vécue là-bas ! Il suffit d'avoir le sang froid pour y penser. Quels barbares fous ils sont, et le pire, c'est la part que les femmes y prennent. J'ai vu une photo de la maison de Thiers qu'ils ont incendiée. C'était un manoir magnifique et rempli d'œuvres d'art exquises. M. Bancroft en était affligé, car il y avait dîné et savait quels trésors elle contenait. Il disait que c'était une des plus belles maisons qu'il ait jamais visitées. — Et puis l'idée d'abattre la colonne de la place Vendôme ! Napoléon l'avait construit à partir de canons qu'il avait capturés lors de ses grandes batailles et fondus, de sorte qu'il était d'une manière particulière un monument de leurs victoires sur les autres nations. Il y a chez eux une bêtise qui les rend parfaitement pitoyables.

[En 1848, Sainte Beuve écrivait ces paroles presque prophétiques : « Rien n'est plus rapide à décliner dans des crises comme celle-ci (la Révolution de 1848) que la civilisation. En trois semaines, le résultat de plusieurs siècles est perdu. La civilisation, la vie, est une chose. appris et inventé. * * * * Après des années de tranquillité, les hommes oublient trop cette vérité ; ils en viennent à penser que la culture est innée, qu'elle est la même chose que la nature. Mais en vérité, la barbarie n'est qu'à quelques pas et commence. encore une fois dès que notre emprise est relâchée. "] - ED.

CHAPITRE X.

Un voyage sur le Rhin. Francfort. Mayence. Naviguez sur le Rhin. Eau de Cologne. Bonn. Les Sept Montagnes. Vers.Spire. Heidelberg. La mort de Tausig.

ROLANDSECK AM RHEIN, *le 14 juillet 1871* .

Vous serez surpris de recevoir cette lettre, datée d'un petit village du Rhin, et je vais vous raconter comment je suis arrivé ici, si le plus vil des vil papiers et des plumes le permettent. J'ai écrit une lettre à L. juste avant de quitter Berlin, dans laquelle je l'informais que j'avais l'intention de faire un petit voyage avec un groupe d'amis, car Berlin en été est paludéen et j'éprouvais le besoin de changer.

Jeudi, il y a une semaine, nous avons quitté Berlin et sommes allés directement à Francfort. C'était un long voyage, qui durait de six heures du matin jusqu'à dix heures du soir. Je me suis levé à quatre heures du matin dans un état d'esprit des plus apaisés. En fait, j'avais l'impression que j'allais me marier, tant j'enfilais du neuf de la tête aux pieds ! La blanchisseuse avait fait de tels ravages sur mon linge que je me trouvai tout à coup obligé d'en renouveler tout, et par conséquent je m'habillai avec une grande satisfaction de nouveaux bas, de nouveaux sous-vêtements, de nouvelle flanelle, de nouvelles jupes, de nouveau chapeau, de nouveau voile et de nouvelles chaussures. pour *démarrer* ! J'ai enfilé mon tailleur court en soie noire, pris mon sac et mon châle et me suis rendu à la gare, où j'ai trouvé les autres qui m'attendaient.

C'était une belle balade de Berlin à Francfort, et après avoir été enfermé dans une ville pendant près de deux ans, le pays me paraissait parfaitement charmant et nouveau, et chaque petite touffe de marguerites souriante avait une signification particulière. Je ne sais pas si vous vous êtes arrêté à Francfort lors de votre voyage. J'en suis tombé complètement amoureux et je l'ai aimé plus que n'importe quelle autre partie de l'Allemagne que j'ai vue. C'est une ville si calme et si élégante, et il y a de si belles promenades tout autour. Tout a l'air si propre, et les rues sont si joliment aménagées, et puis il n'y a pas *d'odeurs* , comme à Berlin. La rivière coule tout le long de la ville et la promenade qui la longe est charmante. J'allai voir la maison où était né mon adorable Goethe, puis je traversai le pont sur lequel il allait à l'école. Il y avait un coq doré perché dessus, qu'il aimait beaucoup lorsqu'il était enfant. Nous avons vu sa statue, puis visité le musée où se trouvait le grand chef-d'œuvre de Danecker , Ariane assise sur la Panthère. C'est la chose la plus exquise, et elle est taillée dans un seul bloc de marbre de Carrare. À travers un rideau rose, une lumière rose est projetée d'en haut, ce qui donne au marbre une teinte délicieuse. Il est étrange qu'il soit parvenu à une conception aussi poétique et qu'il n'ait jamais rien fait d'important par la suite.

Nous entrâmes dans une grande salle où se trouvaient des photos grandeur nature de tous les empereurs d'Allemagne. Certains d'entre eux sont de très beaux hommes et les devises latines en dessous sont très drôles. L'une d'elles était : « Si vous ne savez pas tenir votre langue, vous ne saurez jamais où parler. » J'espère que P. gardera L. bien dans son latin et son histoire, et lui apprendra quelque chose sur l'architecture et la mythologie, car c'est ce qu'il faut savoir quand on voyage à l'étranger. Nous ne sommes restés qu'une journée à Francfort, car il n'y a pas grand-chose à voir là-bas. Nous passâmes l'après-midi à nous promener et à nous asseoir sur des rondins au bord de la rivière. Oh, quel endroit doux ce serait de vivre dans une de ces belles villas au bord de la rivière au courant rapide !

Nous avons quitté Francfort à sept heures du soir et sommes allés à Mayence, ce qui ne représente qu'un trajet de deux heures, je crois. En traversant le pont ferroviaire pour entrer dans la ville, nous avons eu notre premier aperçu du Rhin, et c'était un spectacle splendide. Notre hôtel était tout près de la rivière, et comme nos chambres étaient en façade et sur trois étages, nous en avions une vue magnifique. Le soir, c'était si fascinant de regarder les lumières sur l'eau et les bateaux monter et descendre, qu'il nous fallut longtemps avant de pouvoir nous décider à quitter les fenêtres et à nous coucher. A Mayence, nous avons vu notre première cathédrale. Il a six cents ans et a souffert six fois du feu, mais il était néanmoins très beau. Nous avons passé beaucoup de temps à l'étudier. Ensuite, nous avons visité une autre église et sommes montés sur une tour qui a été construite en 30 avant JC. Elle semblait presque aussi solide qu'au jour où elle était terminée. La vue est magnifique et le sommet est entièrement envahi de campanules, de verges d'or et d'herbe. C'était très pittoresque.

Le dimanche soir, nous prenons le bateau pour Cologne où nous arrivons à quatre heures de l'après-midi. Oh, cette navigation sur le Rhin était trop délicieuse ! Le temps était parfait et tout me semblait être un conte de fées. C'est l'une des plus belles régions du Rhin, et c'était trop beau de voir ces vieux châteaux à tous les degrés de ruine, s'avançant sur les rochers abrupts, si hauts dans les airs, puis les vignes descendant les coteaux jusqu'à le bord de l'eau. L'ensemble du terrain était si exquis. Je ne m'étonne pas qu'il soit si célébré et qu'on ait tant écrit à son sujet. Un drôle de vieil Anglais est venu s'asseoir à côté de moi et nous avons eu une longue conversation, à peu près comme suit :

Anglais. — « L'Angleterre est sans aucun doute le plus beau pays du monde. Vous savez que les gens là-bas sont si riches qu'ils peuvent faire ce qu'ils veulent. « Ah ! en effet, dis-je, avez-vous beaucoup voyagé en Allemagne ?

"Oh oui ! J'ai parcouru toute l'Allemagne. Je remonte le Rhin chaque année", dit-il. "C'est très joli quand on ne l'a jamais vu auparavant, mais ça ne m'intéresse plus maintenant." "Es-tu allé à Berlin ?" ai-je demandé. "Oh oui", dit-il. "Je ne devrais pas vouloir vivre là-bas. Vos Prussiens sont tellement arrogants. Ils pensent qu'ils sont les plus grands gens du monde." "Comment avez-vous aimé Dresde ?" dis-je. "Trou stupide", dit-il. « Leipzig ? "Ville ennuyeuse." « Stuttgardt ? » "Assez jolie." « Kissingen ? "' Endroit orrible , rien que des fanatiques; un jour sur deux, c'est la fête de la Saint , et les magasins sont fermés." « Wiesbaden ? » "Très bel endroit." « Ems ? "Je ne suis jamais allé à Hems." « Mayence ? "Mauvais trou." "Eau de Cologne?" "Endroit puant." "Munich?" "Effroyablement malsain. Ils ont de la fièvre là-bas, du typhus, etc. *Je les* appelle des fièvres." "Comment aimez-vous les vins du Rhin ?" "Je ne les aime pas du tout. C'est très rare qu'un homme boive un bon verre de vin ici. Je n'en bois pas du tout. J'aime un verre de porto." "Bière?" "Oh, la bière allemande n'est pas bonne à boire. La bière anglaise est la meilleure du monde. La bière allemande est une horrible mauvaise chose. Rien que des slops, des slops !" Ici, j'éclatai de rire, car ses descriptions flatteuses étaient trop pour moi. Il m'a lancé un regard interrogateur et a dit : "Eh bien, je suis content de t'avoir fait rire. Tu viens d'Amérique, n'est-ce pas ?" "Oui", dis-je. "Endroit très malsain, me dit-on." "En effet ? Je n'ai jamais entendu cela", dis-je. "Oh oui, *très* !" a-t-il dit. Puis il s'en alla, et après un long moment il revint. « J'ai dormi, dit-il, j'ai dormi deux heures et demie, à travers ce beau paysage. " *Quoi !*" dis-je, " ça ne te plaît pas ? " "Non, je n'aime pas ça du tout." Puis il m'a dit qu'il habitait à Rotterdam et que je devais venir en Hollande. Il était très complaisant envers les Hollandais, qu'il disait être « des gens gentils et honnêtes, comme les Anglais. Il n'y a rien d'Allemand en eux », dit-il, « c'est un tout autre peuple, *pas si* enthousiaste que tic , "- avec un air méprisant. Nous sommes descendus à Cologne et il s'est rendu chez sa chère Rotterdam. Alors je ne l'ai plus vu.

Oh! la cathédrale de Cologne n'est-elle pas magnifique ? Cela m'a coupé le souffle lorsque j'y suis entré. Les prêtres étaient en train de vêpres à notre entrée, et il n'y avait presque personne dans la cathédrale à côté. C'était si solennel et si touchant de les voir tous seuls entonner les prières, leurs voix montant et descendant dans ce vaste lieu. Et lorsque le superbe orgue retentit et qu'ils se mirent à chanter un hymne si sauvagement doux, avec un intermède magnifiquement orchestré à la fin de chaque ligne par l'organiste, tandis que nous étions assis là sous ces grandes arches qui s'élèvent à un tel point. une hauteur immense, j'avais l'impression d'être au paradis.

————

ANDERNACH, le 16 juillet 1871 .

Je crois que j'ai terminé ma dernière avec notre arrivée à Cologne, dont je n'ai que très peu vu, car j'étais extrêmement fatigué, et je suis resté à l'hôtel. La cathédrale était, bien sûr, le principal point d'intérêt, et je l'ai bien vu, car j'y suis allé deux fois et j'y ai passé plusieurs heures à chaque fois. J'ai été entièrement emporté par sa beauté et sa grandeur, comme tout le monde doit l'être. Les descriptions que j'en avais entendues et les photographies que j'en avais vues ne m'avaient pas du tout préparé. La *hauteur* de ce grand tas est, à mon avis, l'une des choses les plus étonnantes. Les maisons à trois ou quatre étages qui l'entourent ressemblent à des cabanes à côté. A côté de la cathédrale, je n'ai vu que l'église où sont enterrées les onze mille vierges, mais c'était plus curieux que beau. — J'ai été très déprimé par les boutiques de Cologne, que je trouve bien plus belles que celles de Berlin, et je n'en ai pas vu la fin. de choses dans les vitrines que j'aurais aimé acheter. Les cravates à elles seules m'ont fait tourner la tête !

Nous n'avons passé que deux jours à Cologne, puis nous avons navigué vers Bonn, qui n'est qu'une très courte distance. Nous étions ici dans un hôtel directement au bord de la rivière et j'avais une jolie petite chambre toute seule. La vue sur la rivière était superbe et nous pouvions voir les Sept Montagnes de la plus belle manière. Bonn est la petite ville la plus calme et endormie que l'on puisse imaginer, et l'endroit idéal pour étudier, je pense. Nous avons vu la maison natale de Beethoven, une petite maison jaune à deux étages, puis nous avons visité la Cathédrale, vieille de neuf cents ans. Nous y avons vu un tombeau consacré à la mémoire du premier architecte de la cathédrale de Cologne, avec sa statue posée dessus. Il avait un visage d'une beauté sévère, et je pouvais très bien l'imaginer capable d'une si grande conception. Nous avons eu beaucoup de mal à trouver un dîner à Bonn, car étant une ville universitaire, les étudiants engloutissent tout. Finalement, nous avons trouvé un petit restaurant où ils nous en ont acheté un, composé de steak et de pommes de terre. Après le dîner, je suis allé me promener avec M. S. et nous avons mangé des cerises jusqu'au bout, pour finalement nous asseoir sur un banc au bord de la rivière, d'où nous avions une vue enchanteresse. Ensuite nous sommes retournés à l'hôtel, et je me suis directement couché. C'était délicieux de s'allonger là et d'entendre les petites vagues s'échouer devant ma fenêtre. C'est tout simplement l'endroit idéal pour une lune de miel, si hors du monde qu'il semble, et sans l'activité et l'agitation des autres villes.

Le lendemain matin, à six heures, nous avons pris le bateau et, au bout d'une demi-heure environ, nous avons débarqué dans une petite ville sur la rive opposée de Bonn et avons commencé notre promenade à pied à travers les Sept Montagnes, que nous avons gravies et en descendit quatre. Ils étaient tous très raides et difficiles à gravir, et cela m'a rappelé mon voyage au mont Mansfield, il y a des années, alors seulement *nous* avions des chevaux. Nous avons passé la nuit sur l'un d'eux, le Löwenberg (montagne du Lion). C'était une expérience amusante, car nous, cinq dames, devions dormir toutes dans une seule chambre et dans un grand lit de paille dressé à même le sol. Les puces nous ont piqués toute la nuit, donc nous n'avons pas *trop dormi* . J'ai évoqué le petit fait le lendemain à la servante, à laquelle elle m'a répondu : "Oui, quand on n'est pas habitué aux puces et aux punaises de lit, c'est *difficile* de dormir !" J'étais parfaitement d'accord avec elle ! — Notre promenade était enchanteresse malgré la difficulté de la montée et le fait que nous avions tous des cartables en bandoulière, un châle et un parapluie à porter, ce qui rendait la locomotion assez difficile. Nous étions dans les ombres sylvestres, suivant de délicieux sentiers parfumés de fleurs, et avec les oiseaux chantant et trilant à toute vitesse au-dessus de nos têtes.

C'était paradisiaque sur le Löwenberg , car la vue était magnifique de tous côtés et il semblait que nous étions sur le plus haut sommet de l'univers. Je restais assis pendant des heures à contempler ce beau pays et à suivre les méandres du Rhin. Les effets atmosphériques produits par le coucher du soleil étaient merveilleux, et quand il était neuf heures, nous vîmes les lumières scintiller une à une depuis les villages lointains en contrebas comme de petites étoiles terrestres, reflets des étoiles célestes au-dessus. La dernière montagne que nous avons escaladée était le Drachenfels (Rocher du Dragon), et c'était un attrait effrayant. Les trois autres avaient été si faciles, comparativement, qu'aucun de nous ne savait dans quoi nous nous attendions. Mais je l'ai vite découvert ! C'était comme essayer d'escalader un mur, c'était tellement raide. Mais quand nous nous sommes levés , nous avons été récompensés, car la vue était superbe et il y avait là-haut une vieille ruine romaine intéressante. Nous avons erré partout et avons eu un excellent dîner, puis sommes descendus tard dans l'après-midi, avons pris une barque et avons traversé le Rhin à la rame jusqu'à Rolandseck , une station balnéaire à la mode et aussi charmante que les villes allemandes ont l'habitude d'être.

GOTHA, *27 juillet 1871* .

Depuis que je vous ai écrit d' Andernach, je voyage régulièrement. Tout le monde, sauf Mme VN et moi-même, avons fait un tour à pied le long du Rhin, de Rolandseck à Bingen, sur une distance de soixante milles. J'ai commencé à marcher, mais après avoir parcouru quinze milles, j'ai abandonné et j'étais content de prendre le bateau. Mme VN était invalide et ne pouvait pas marcher, alors je l'ai prise en charge et nous avons continué notre route ensemble. Quand nous arrivions à la gare où nous avions convenu d'attendre les autres, je la plaçais quelque part avec les sacs du groupe entassés autour d'elle, puis je faisais une sortie, je regardais les hôtels et j'occupais nos chambres.

Nous avons vu le Rhin de Cologne à Worms de façon très complète, car nous nous sommes arrêtés tout le temps. C'est vraiment magnifique, et rien de plus intéressant et de plus pittoresque que ces vieux châteaux en ruine qui semblent avoir poussé là. Bingen est l'endroit le plus doux et l'endroit idéal pour passer un été. De là, nous sommes allés à Worms, qui est une charmante vieille ville. Nous n'y sommes restés qu'une heure ou deux, mais la marche du bateau aux voitures s'est déroulée dans la partie la plus jolie, à mon avis, et a été très romantique, à travers des promenades sinueuses ombragées d'arbres. Nous y avons vu ce grand monument de Luther, qui est très imposant. L'extérieur de la cathédrale est splendide et présente un style architectural tout à fait différent de celui de la cathédrale de Cologne. De Worms, nous allâmes à Spire, pour y voir la cathédrale, qui est superbe et très célèbre. Elle a été fondée en 1030 par Conrad II, comme lieu de sépulture pour lui-même et ses successeurs. Il n'y a aucun vitrail du tout, même dans le chœur, ce qui m'a surpris, mais les fresques et toute la couleur intérieure sont magnifiques à l'extrême. Elle est de style architectural roman et est tellement différente de la cathédrale de Cologne qu'elle était très intéressante, mais après tout, il n'y a rien d'égal au gothique.

De Spire, nous sommes allés à Heidelberg. J'ai été enchanté par Heidelberg. C'est l'endroit le plus romantique et le plus beau que je connaisse. Le château est le prince des ruines. Depuis le début, j'avais décidé que j'allais m'amuser à Heidelberg, car mon ami le Dr S. y étudiait, et je savais que je devrais l'avoir avec moi. J'avais donc exhorté le parti à s'y rendre dès le début. Dès notre arrivée, je suis parti à sa recherche, ce que j'ai vite accompli. Il fut très content de me voir et se mit aussitôt à ma disposition. Vous savez que les S. vivaient, entre autres, à Heidelberg, donc il connaît tout par cœur. Après le dîner, nous sommes tous montés au Château, bien sûr. J'étais vraiment désolé de n'avoir jamais lu Hyperion. Nous avons dû gravir une longue colline avant d'y arriver, mais le temps était parfait, donc cela ne nous dérangeait pas. Il est si haut que la vue sur la ville et sur le Neckar qui la traverse, avec les collines boisées de la rive opposée, est panoramique.

Le château lui-même est une ruine énorme et très richement ornée. Un lierre bicentenaire y grimpe avec une grande luxuriance. Nous avons traversé une porte au-dessus de laquelle se tiennent deux chevaliers de pierre dont on dit qu'ils changent de place à minuit, et il y a toutes sortes d'histoires charmantes comme celle liée à cet endroit. Nous avons vu une arcade en pierre magnifiquement sculptée qui a été érigée en une seule nuit, en l'honneur de l'anniversaire de quelqu'un, et un monument surmonté d'une inscription se dressait dans un coin du terrain, indiquant qu'ici se tenait un personnage distingué (j'oublie toujours). tous les noms, malheureusement, mais "le *principe* reste le même"), lorsque le Château était assiégé par les Français. Deux balles venaient de directions opposées, passaient près de lui et se frappaient l'une contre l'autre, le laissant miraculeusement indemne !

suffisamment parcouru l'extérieur du château, nous sommes entrés à l'intérieur. Il nous a fallu beaucoup de temps pour le parcourir, tellement il était grand. Nous avons vu le donjon de pierre, qu'on appelait « Jamais vide », parce que quelqu'un y était toujours enfermé – un trou épouvantable, et il devait se trouver dans une obscurité parfaite – et nous avons vu le grand tonneau d'Heidelberg qui avait un échafaudage au sommet. il est assez grand pour danser un quadrille. Mais le plus beau de tout était l'ascension de la tour. Alors que nous arrivions au sommet et que nous commencions à admirer le magnifique paysage, un orchestre, un peu en contrebas, entonna la « Marche Kaiser » de Wagner. C'était la seule touche qu'il fallait pour rendre l' *ensemble* parfait. D'un côté, le paysage s'étendait bien au-dessous de nous, traversé par la rivière argentée ; de l'autre, les collines s'élevaient derrière le château à une hauteur immense et avec la plus grande audace de contour. Les cimes étaient densément boisées, et plus bas les arbres étaient magnifiquement groupés, et le gazon velouté roulait et gonflait jusqu'au pied du château. Le soleil venait juste de se coucher dans un ciel clair et projetait de longues ombres sur la scène, et je pensais n'avoir jamais rien vu de plus frappant. Puis, entendre la Marche Kaiser de Wagner par un orchestre bien formé s'envoler, c'est une combinaison telle qu'on n'en obtient peut-être pas plus d'une fois dans sa vie.

La marche est superbe, si pompeuse et majestueuse, et parfois entrelacée de délicieuses mélodies. Les mélodies de Wagner sont si lourdes et si enivrantes qu'elles en sont presque narcotiques. Sa musique suscite un ensemble d'émotions qu'aucune autre musique ne provoque, et c'est un grand original. Il a le pouvoir d'exprimer le désir et l'aspiration à un degré merveilleux, et il me semble toujours que deux impulsions essayaient continuellement de prendre le dessus. L'un est l'incarnation de tous ces vagues désirs de l'âme de faire éclater sa prison, et l'autre est le bercement du corps dans le giron du plaisir. J'ai toujours l'impression que j'aimerais m'évanouir en entendant ses compositions. Puis ses harmonies sont si étrangement séduisantes, si compliquées, si « grossartig », comme disent les Allemands, et si singulières ! Oh, j'ai une immense admiration pour lui ! Il pense que la musique n'est pas l'imitation d'une idée, mais qu'elle *est* l'idée.

Mais revenons au Château. — Nous restâmes quelque temps dans la tour, puis nous fîmes le tour de l'intérieur. Ensuite, nous avons marché et nous sommes assis jusqu'à ce que tout le monde pense qu'il était temps de retourner à l'hôtel Dr. S. et j'ai pensé que nous resterions là-haut pour dîner. Nous nous sommes donc rendus là où jouait l'orchestre, c'est-à-dire dans un espace clos près du Château. Nous nous asseyâmes à une petite table en plein air et commandâmes un délicieux petit souper, également

"Une bouteille de vin

Pour nous faire briller"

en *conversation!* — et j'ai ainsi vécu la soirée la plus idéale, en ce qui concerne les environs, que j'ai jamais passée.

Dans notre hôtel à Heidelberg, j'entendais sans cesse un homme jouer magnifiquement dans la pièce au-dessous de nous, et chaque fois que nous passions devant sa porte, elle était ouverte, et nous pouvions voir en partie l'intérieur d'une charmante pièce avec un piano à queue à l'intérieur, dans lequel il était assis. Une jolie femme était toujours allongée dans le coin du canapé et l'écoutait, apparemment. La présence d'une grande poupée de cire indiquait qu'il devait y avoir un enfant dans les parages, et le parfum des fleurs s'infiltrait par la porte ouverte. Mon intérêt s'est immédiatement excité pour ces gens, et je me suis dit en entendant ce monsieur pratiquer chaque jour : « Ce doit être un artiste qui passe l'été ici et monte son programme d'hiver . En conséquence, le dimanche après-midi, alors qu'il jouait magnifiquement, je me suis réveillé et j'ai demandé à un serviteur qui il était. "Nicolai Rubinstein, de Saint-Pétersbourg", répondit-elle. Il est le frère du grand Anton Rubinstein et est un pianiste presque aussi talentueux. Je connais un érudit de Tausig qui avait étudié avec lui, et Tausig avait une haute opinion de lui.

Oh, n'est-ce pas *terrible* ? Quand nous étions à Bingen, nous avons vu dans les journaux la nouvelle de la MORT de Tausig ! Il mourut à Leipzig, le 17 juillet, du typhus, provoqué par une surcharge de sa mémoire musicale. Ce fut pour moi un coup terrible, comme vous pouvez l'imaginer, et quand je pense à son merveilleux jeu réduit au silence pour toujours, et comparativement au début de sa carrière, je n'arrive pas à m'y réconcilier. Si vous aviez pu entendre ses doigts incomparablement entraînés, vous seriez en mesure de sympathiser avec moi sur ce sujet. J'avais espéré l'entendre l'hiver prochain, car il n'a donné aucun concert à Berlin l'hiver dernier. Il n'avait que trente et un ans !

CHAPITRE XI.

Eisenach. Gotha. Erfurt. Andernach . Weimar. Tausig.

BERLIN, *le 15 août 1871* .

Et bien me voilà de retour dans le vieux Berlin puant ! Je détestais vraiment quitter Heidelberg, c'était un endroit tellement paradisiaque, mais nous avons vu tellement de choses belles après, que mon impression s'est un peu estompée. De Heidelberg nous sommes allés à Eisenach, son rival d'une manière différente, car ici nous avons traversé la Wartburg, le château célèbre pour avoir été la demeure de sainte Elisabeth, et où Luther traduisit la Bible et passa dix mois de sa vie. déguisé en chevalier. J'ai vu sa chambre, un trou nu et sans confort, mais avec une vue splendide depuis les fenêtres. Le château est en bon état et constitue un monument noble. Je suppose que le duc de Weimar y passe du temps chaque été, car on dirait qu'il y a habité. C'est infiniment intéressant. Il y a là une charmante petite chapelle où Luther prêchait, avec tout ce qui était resté tel qu'il était à son époque : un petit bijou. La Wartburg se trouve sur une très haute colline et la vue y est superbe. On y voit entre autres choses le Venusberg, la montagne que Wagner a introduite dans son célèbre opéra de Tannhäuser. Il a été tellement emporté par la Wartburg lorsqu'il s'est caché près d'elle, alors qu'il était poursuivi par le gouvernement pour être arrêté comme révolutionnaire, il y a vingt ans, qu'il ne s'est jamais reposé jusqu'à ce qu'il ait réuni les légendes de Sainte Elisabeth et de le Venusberg dans son opéra. Liszt écrivit également un oratorio sur Sainte Élisabeth en *hommage* à la Wartburg.

D'Eisenach nous nous rendîmes à Gotha, un endroit charmant, tout ombragé d'arbres, et surmonté d'un château très imposant, avec deux tours immenses. C'est un édifice énorme, entouré d'un parc magnifique, à travers lequel coule la rivière qui serpente lentement. Je crois que Gotha appartient au duc de Saxe-Cobourg, frère de la reine d'Angleterre, ou quelque chose du genre. Quoi qu'il en soit, au milieu de cette rivière se trouve une île où est enterrée la famille ducale, et elle est si densément plantée d'arbres dont les branches pendent au-dessus de l'eau, que leurs tombes sont entièrement cachées aux yeux du vulgaire. Jolie idée ! La rivière clapote paresseusement contre la pente herbeuse qui recouvre les princiers, et le vent qui s'engouffre dans les arbres chante leur chant funèbre.

De Gotha nous sommes allés à Erfurt, où nous n'avons passé qu'une nuit, afin de voir la cathédrale. Erfurt est un lieu ondine, plein de ruisseaux, de ponts et de moulins rugissant tout autour de vous. J'ai vu une rue avec un ruisseau qui ondulait en plein milieu à un rythme des plus bruyants, et à chaque petite distance deux ou trois tremplins pour la traverser. Imaginez à quel point c'est fascinant pour les enfants ! J'avais envie de rester et d'y jouer moi-même. La cathédrale d'Erfurt est beaucoup plus petite que celles de Spire et de Cologne, mais son extérieur est d'une beauté merveilleuse. Le transept est un chef-d'œuvre et est entouré de quinze énormes fenêtres ornées de riches vitraux anciens. La nef ne me plaisait pas beaucoup, car outre qu'elle n'était pas très riche, les bas-côtés étaient d'égale hauteur avec le corps principal de la cathédrale, et n'en étaient pas suffisamment délimités pour empêcher que le toit ressemble à un plafond. . Je crois que les bas-côtés étaient d'égale hauteur avec le bas-côté principal de la cathédrale de Cologne, mais les arcades et les piliers les coupaient davantage, de sorte que cela produisait un effet différent . — Je m'intéresse plus aux cathédrales qu'à toute autre chose, et j'aimerais voyager dans toute l'Europe et voir toutes les différentes. Il y a une belle vieille église à Andernach , catholique romaine, comme le sont la plupart des églises du Rhin. J'y suis allé à l'église un dimanche matin et j'y suis resté pendant le service. Ils avaient la musique d'église la plus puissante que j'aie jamais entendue. Il y avait une excellente chorale de garçons qui chantait à l'unisson et dirigeait la congrégation, à laquelle *chaque personne* se joignait. L'orgue était bon, tout comme l'organiste, et le chant était si universel que les vieux murs de l'église sonnaient à nouveau. Le prêtre a également prêché un excellent sermon, le meilleur que j'ai entendu en Allemagne.

———————

BERLIN, le 31 août 1871 .

L'Allemagne est un pays des plus charmants et parfaitement délicieux à parcourir. Je crois avoir décrit tous les endroits où nous sommes allés, à l'exception de Weimar. Weimar est charmante et si intéressante, parce que Goethe et Schiller, Wieland et Herder y ont vécu, et tout est lié à eux, et surtout aux deux premiers. Il y a beaucoup de belles statues dans la petite ville et un délicieux grand parc le long de la rivière qui a été aménagé sous la direction de Goethe . — Un groupe de Goethe et Schiller debout ensemble devant le théâtre est magnifique. On ne sait guère lequel admirer le plus, Goethe, avec son esprit courtois et ses traits imposants, ou Schiller, avec son extrême idéalité et sa tête un peu renversée comme pour s'inspirer directement du ciel. C'est une conception des plus frappantes.

Le palais du Grand-Duc de Weimar est le principal « spectacle » des lieux. Il est rempli des œuvres d'art les plus riches et est magnifiquement décoré de fresques dans les salles consacrées chacune à un auteur particulier et représentant ses œuvres les plus célèbres. Il y a la salle Goethe, la salle Wieland, etc. La salle Wieland est la chose la plus charmante. Les fresques sur les murs illustrent toutes son « Obéron », qui est son œuvre la plus célèbre, et une image représente ce qui s'est passé lorsqu'Obéron a sonné du cor. Il faut savoir que quand Obéron sonne du cor, tout le monde est obligé de danser. Ainsi, sur ce tableau, il est représenté en train de souffler dans un couvent, et tous les gros frères et religieuses dansent comme des fous. Ils ont l'air si sérieux, et comme s'ils ne voulaient pas du tout le faire, mais leurs pieds *s'envoleront* dans les airs malgré eux. Les pantoufles des religieuses collent à peine, et c'est tellement absurde ! J'en ai été aussi amusé que le malicieux Obéron lui-même a dû l'être, tant l'artiste l'a abordé avec délicatesse. Il y avait un autre dessin représentant une bande de nymphes dansant dans le ciel, main dans la main dans le crépuscule, et c'était la chose la plus gracieuse ! — Leurs petits pieds nus et délicats à chaque joli tour qu'un pied pouvait faire, leurs vêtements et leurs cheveux ruisselants. la brise, et chaque attitude si aérienne. C'était *charmant* ! Les fresques de Goethe étaient d'un autre peintre, et pas si belles, mais je préfère les tableaux aux fresques. Une seule suite des chambres ducales était ornée de fresques. Les autres avaient de superbes tableaux de maîtres anciens, pour la plupart originaux.

Le duc est lui-même artiste et dessine beaucoup de jolies choses. Par exemple, il conçut le grand candélabre qui se dressait de chaque côté d'une des portes, représentant Cupidon regardant à travers une couronne de chardons et d'orties. Il était agenouillé sur un genou et les écartait de chaque main. Tout cela était en métal doré et constituait une très jolie vanité, en plus d' être une bonne illustration des douleurs de l'amour ! Je pense que le duc a probablement conçu certains des cadres, car ils étaient particulièrement riches et artistiques ; par exemple, les cadres des dessins originaux de La Cène de Léonard de Vinci étaient entièrement composés de feuilles et de fleurs de lys calla. Les feuilles se chevauchaient les unes sur les autres, et çà et là un lis était posé entre elles. Les fleurs ont été réalisées dans une dorure de couleur différente de celle des feuilles. Ils étaient *très* beaux. Les tableaux n'étaient pas tous accrochés ensemble, de manière à confondre votre œil, mais ici une pierre précieuse et là une pierre précieuse – et oh ! j'y ai vu la petite statue la plus envoûtante que j'aie jamais vue de ma vie ! Le sujet était « Le Petit Chaperon Rouge » et il se trouvait dans le coin d'un des grands salons. Elle mesurait environ deux pieds de haut et représentait la petite fille la plus fascinante que l'on puisse imaginer, vêtue de la peau de loup qui pendait par derrière et avait formé le petit capuchon. L'enfant elle-même était tout à fait indescriptible – la petite créature la plus délicate, avec l'expression la plus captivante d'innocence et de malice. Si elle ressemblait à ça, j'aurais dû suivre l'exemple du loup et la manger ! C'était vraiment une parfaite petite *perle* de statue. Je donnerais n'importe quoi pour le posséder. Bref, j'aimerais que le duc de Weimar soit mon ami intime, car il doit être un homme digne d'être connu. Maintenant, si seulement je pouvais jouer comme Liszt ! Je ne m'étonne pas que Liszt passe autant de temps à Weimar. D'ailleurs, je deviens complètement fou de l'entendre, car tout le monde dit qu'il n'y a personne au monde comme lui, et qu'il est le seul artiste qui combine *tout* . Il ne joue plus en public, mais Weitzmann dit qu'il est l'amabilité même et qu'il ne me serait probablement pas difficile d'avoir l'occasion de l'entendre en privé.

Dans le palais j'ai vu aussi le petit boudoir de la duchesse. Tout était lambrissé de satin blanc et les meubles étaient en soie brocartée blanche la plus riche. Les cadres des fenêtres étaient en malachite, et l'on regardait à travers l'unique grande plaque de verre sur le magnifique parc et la rivière sinueuse enjambée par un pont qui suggère immédiatement à votre esprit : « Traversez-moi dans le jardin du paradis, car J'ai été créé pour votre bénéfice exprès !" Le parc s'étend de chaque côté de cette petite rivière Ilm, et le goût exquis de Goethe lui a donné un aspect plus naturel que artistique. On a l'impression de se promener dans une délicieuse prairie, les arbres étant tantôt regroupés, tantôt poussant en touffe au bord de l'eau. Vous entrez et sortez du soleil et de l'ombre, et ici et là se trouvent de petites retraites sombres et, pour emprunter le style élégant de Goldsmith, « les promenades sinueuses prennent un aspect naturel de sylvage ». A quelque distance en amont de la rivière, sur le flanc d'une douce colline, se trouvait une petite maison dans les bois où Goethe vivait l'été. Ici, il dormait parfois, et plus haut sur la colline se trouvait une maison d'été où il prenait son café après le dîner. À gauche de cette maison d'été , il avait aménagé une longue allée ou panorama d'arbres dont les cimes se rejoignaient au-dessus et formaient un plafond feuillu. C'était comme un cloître, et ici il pouvait faire les cent pas et méditer. C'était une idée délicieuse. À droite de la maison d'été se trouvait un petit jardin, et au-delà se trouvait un chemin qui serpentait à travers la forêt jusqu'au chemin en contrebas. Dans l'un des rochers, Goethe avait fait graver un petit poème. J'ai regretté ensuite de ne pas l'avoir copié, il était si joli. — Mais c'était un endroit si charmant pour lire et étudier, et il semblait me donner une meilleure impression de lui qu'autre chose.

J'ai vu dans le palais ducal un piano sur lequel Beethoven avait joué. C'était un drôle de petit instrument d'environ cinq octaves, mais il était si sifflant avec l'âge qu'il n'y avait pas beaucoup de son à en tirer. Après avoir fini de visiter le palais, nous sommes allés voir la bibliothèque ducale. Ici, j'ai vu un superbe buste de Goethe jeune homme. C'était si beau qu'on ne peut pas le décrire. Il devait être un parfait Apollon. J'ai aussi vu son portrait peint sur une coupe par quelque grand artiste, pour lequel il s'est assis trente-quatre fois ! Le vieux bibliothécaire, qui avait connu Goethe, disait qu'elle lui ressemblait *exactement* et que la peinture miniature était si merveilleuse que lorsqu'on la regardait à la loupe, elle n'en était que plus fine et *plus* précise au lieu de l'être moins ! Il y avait aussi un buste des plus nobles du compositeur Glück. Le visage était entièrement marqué par la variole, de sorte que le plâtre devait avoir été moulé à partir de ses traits après la mort, mais je n'ai jamais vu une ressemblance aussi vivante et animée dans le marbre. On aurait dit qu'il allait vous parler. Il y avait là un drôle de jouet vieux de près de trois cents ans. C'était un garçon batteur, avec un petit bébé attaché sur le dos. Le bibliothécaire l'a enroulé, puis il a battu vigoureusement son tambour, a roulé des yeux d'un côté à l'autre et a remué la tête, tandis que le bébé sur son dos sautillait de haut en bas. Chaque fois que les petits enfants le voient, cela leur fait peur et ils se mettent à pleurer. Il portait un manteau de flanelle rouge, et n'en a pas eu de nouveau depuis qu'il a été fabriqué. — « Presque trois cents ans et n'a jamais eu de manteau neuf », c'est pire que lorsque CP s'achetait une malle et faisait le tour la maison disant : « Vingt-sept ans, j'ai vécu dans vingt-trois États de l'Union et je *n'ai jamais* eu de nouvelle malle auparavant !

La maison de Goethe n'est pas exposée, ce qui me semble tout à fait inexcusable dans la famille Goethe, mais celle de Schiller l'est. Nous avons donc vu cela, et quel contraste avec le palais ducal ! — Vous allez dans une petite maison jaune d'une des rues principales, vous entrez dans un petit hall par une petite porte, vous montez deux volées d'un petit escalier. , et dans le troisième étage, au plafond très bas, se trouvait la maison de Schiller − « la maison » dis-je, et tout *cela* , alors s'il vous plaît, entrez-le ! La première pièce dans laquelle on pénètre est une sorte d'antichambre où l'on vend désormais des photographies. La pièce voisine était le salon , et ces dernières années, elle a été confortablement meublée par les dames de Weimar dans le goût allemand bon marché habituel. La troisième pièce était le bureau de Schiller, avec une quatrième pièce infinitésimale, ou grand placard, ouvrant sur celle-ci, qui était son appartement pour dormir. Le bureau est exactement tel qu'il l'a laissé, et rien ne pourrait être plus nu et plus nu . Pas de moquette au sol, les trois fenêtres légèrement festonnées en haut d'une seule bande de rouge dinde, son propre portrait et quelques misérables gravures sur les murs, bref une habitation si sordide pour une nature si vertigineuse qu'elle paraissait presque incroyable. ! Sa table d'écriture, avec un globe, un encrier et des stylos dessus, se trouve à une fenêtre, et le tout petit piano de sa femme avec sa guitare dessus, est contre le mur. Il y a deux ou trois chaises et un lavabo avec un petit appareil de lavage. Dans un coin se trouve le petit lit en bois non peint sur lequel il est mort ; un lit non pas destiné à s'allonger, mais à s'allonger, comme le font les Allemands, à moitié allongés, et si bas, étroit, simple et mesquin que je n'ai jamais rien vu de pareil. À l'intérieur et au mur au-dessus sont accrochées des couronnes que de grandes actrices allemandes ont apportées en ex-voto à leur grand dramaturge national, leurs rubans de satin blanc jaunissant par le temps. Au pied de l'escalier, en sortant, on aperçoit, à l'arrière de la maison, le petit jardin clos de murs où aimait s'asseoir le poète.

Après avoir visité les demeures des vivants, nous avons visité le caveau ducal où sont enterrés Goethe et Schiller. Il s'agit de la crypte d'une sorte de temple construit dans l'ancien cimetière isolé de Weimar, et dans lequel tous les cercueils sont déposés en rangées sur des supporteurs. Goethe et Schiller sont couchés côte à côte, à l'écart des autres, au pied de l'escalier qui mène à la crypte. Leurs cercueils, notamment celui de Schiller, sont recouverts de couronnes et de bouquets apportés par des étrangers et déposés là. Celle de Schiller portait une guirlande de feuilles d'argent offertes par les femmes de Hambourg, et une autre de feuilles de gaze verte ou de crêpe, sur chacune desquelles était gravé au fil d'or le nom d'une de ses pièces. Une grande actrice l'avait elle-même réalisé pour rendre hommage à son génie. D'après tout ce que j'observe, je devrais juger que le peuple allemand aime Schiller bien plus que Goethe. Les ducs et les duchesses reposent plus loin dans le caveau, dans leurs cercueils de velours rouge, sans se faire remarquer. Le génie vaut tellement mieux que le rang ! Hummel est enterré aussi dans le cimetière, qui est le plus beau que j'aie jamais vu – pas raide et « arrangé » comme le nôtre, mais si naturel ! avec des sentiers piétonniers envahis par la végétation, et avec des pierres tombales et des monuments beaucoup moins nombreux et plus simples, et beaucoup plus de vignes, de fleurs et de roses rampant sur les tombes. Nous sommes allés sur la tombe de Hummel, et si j'avais été Goethe et Schiller, j'aurais préféré être enterré dehors comme lui, au milieu de cette douce nature mi-sauvage mi-douce, que dans ce caveau lugubre.

Parler de Hummel me rappelle la mort de Tausig. N'était-ce pas terrible qu'il soit mort si jeune ! Un artiste si énorme qu'il l'était ! Je n'arrive pas du tout à m'y réconcilier, et il n'a joué que deux fois à Berlin l'hiver dernier.

C'était une petite âme étrange, un parfait misanthrope. Personne ne le connaissait intimement. Il vécut toute la dernière partie de sa vie dans la plus stricte retraite, en proie à une profonde mélancolie. Il tomba malade à Leipzig, où il était allé rencontrer Liszt. Jusqu'au neuvième jour, on espéra sa guérison, mais dans la nuit il fit une rechute et mourut le dixième jour, très facilement au dernier. Sa dépouille a été transportée à Berlin et il a été enterré ici. Tout était fait pour le sauver, et il avait les médecins les plus célèbres, mais cela ne servait à rien. Ainsi, mon dernier espoir de recevoir à nouveau des leçons de sa part est terminé, voyez-vous ! Je ne m'attends plus jamais à entendre un tel jeu de piano. Il lui était aussi impossible de donner une fausse note qu'il l'est à d'autres de donner la bonne. Il était absolument infaillible. Les journaux racontent tous qu'il a joué un morceau une fois devant ses amis, à partir des notes. La musique tombait sur les touches, mais Tausig ne se laissait pas du tout déranger et continuait à jouer à travers le papier, ses doigts le perçant et saisissant les accords appropriés, jusqu'à ce que quelqu'un se précipite à son secours et mette les notes en place. encore. Oh, c'était une merveille, et c'est une perte tragique pour Art qu'il soit mort. C'était un *véritable* artiste, son niveau était si incommensurablement élevé et il avait un mépris si fier pour tout ce qui s'approchait du clap-trap, ou de ce qu'il appelait *Spectakel* . Je l'ai vu exécuter les difficultés les plus gigantesques sans se permettre un signe d'effort autre qu'une compression presque imperceptible

d'un coin de sa bouche. — Et puis son toucher ! Jamais je ne l'oublierai ! —
cette *ruée* d'argent sur les clés. Cependant, il s'est complètement surmené et
tout son système nerveux a été complètement détruit bien avant sa maladie.
Il a déclaré l'hiver dernier que l'idée même de jouer en public lui était
insupportable, et après avoir annoncé dans les journaux qu'il donnerait quatre
concerts, il a rappelé cette annonce sous prétexte de mauvaise santé. Puis il a
pensé qu'il irait en Italie et passerait l'hiver. Mais arrivé à Naples, il se dit : «
Nein, hier bleibst du nicht (Non, tu ne resteras pas ici);" et il revint à Berlin. Il
ne semble pas avoir su lui-même ce qu'il voulait; c'était un esprit inquiet,
tourmenté, capricieux, en inimitié avec le Peut-être que son mariage y était
pour quelque chose. Sa femme était aussi une belle artiste, et ils pensaient
pour le monde l'un de l'autre, mais ils ne pouvaient pas vivre ensemble. Mais
la vie entière de Tausig était un mystère, et sa réserve l'était. si complet que
personne ne pourrait le percer. Si j'avais été là en musique il y a seulement
deux ans, j'aurais pu entrer tout de suite dans sa classe. Ses élèves étaient déjà
pour la plupart des artistes, ou j'y étais arrivé. point où ils maîtrisaient assez
bien la technique. Plusieurs d'entre eux sont sortis l'hiver dernier, et le petit
Timanoff a joué en duo avec Rubinstein pour deux pianos, à Saint-
Pétersbourg.

Depuis mon retour, je suis entré en première classe du conservatoire de
Kullak, au lieu de prendre des cours particuliers avec lui. Je pense que cela
me sera utile d'entendre jouer ses meilleurs élèves.

CHAPITRE XII.

Dîner-party et réception chez M. Bancroft. Vente aux enchères chez Tausig. Un Noël allemand. Les Joachim.

BERLIN, *le 2 octobre 1871* .

Cette semaine, j'ai assisté à un dîner chez Bancroft. Il y avait là plusieurs Allemands éminents et j'ai été emmené par Bötticher , le Herr qui a disposé tous les moulages du Musée et qui connaît tout de l'Art. Il ne parlait pas un mot d'anglais, alors nous l' *avons germanisé* . Nous parlâmes de Sappho tout au long du dîner, et il me donna sur cette jeune femme plusieurs détails que je ne connaissais pas auparavant. Comme le disait C., nous avons eu un de ces dîners « comme on en lit dans les Mille et Une Nuits », en terminant par un verre de mon Tokay préféré , dont j'ai le regret de le dire, j'ai tant prolongé le plaisir de boire, qu'enfin le signal fut donné de sortir au salon, et je fus obligé de laisser mon verre à moitié plein, pour être avalé par le garçon dès que j'avais le dos tourné. Triste mais vrai!

Un autre soir, lors d'une réception à Bancroft, j'ai parlé avec une Miss R., qui était charmante. Elle a vingt-deux ou trois ans, je pense, très jolie et extrêmement élégante, et avec la façon de parler la plus délicieuse qu'on puisse imaginer. Quelle douceur de manière et une voix si délicieusement aiguë, et puis avec ce repos parfait, une manière si vivante de décrire les choses ! J'étais extrêmement épris d'elle et j'étais ravi de l'avoir pour femme de la campagne. Elle m'a fait un merveilleux récit de l'île de Java. J'avais beaucoup de questions à lui poser, car vous vous souvenez avec quelle insistance j'ai lu ce livre d'un naturaliste (Wallace) parti à Java à la recherche de l'Oiseau du Paradis. Miss R. est si extrêmement intelligente et pourtant si modeste ; et puis ces manières nobles. —— Je n'ai pas eu le temps de l'entendre parler à moitié, et malheureusement sa fête s'est éloignée le lendemain.

L'autre jour, il y a eu une vente aux enchères dans la maison du pauvre petit Tausig et tous ses meubles ont été vendus. C'était très beau, tout en chêne massif, joliment sculpté. Il y avait dépensé cinq mille thalers. Sa garde-robe était vendue aussi, et je ne sais combien de paires de ses petites bottes et chaussures il y avait là, ses bottines de concert en cuir verni entre autres. Son petit manteau de velours qu'il portait allait avec le reste. Je l'ai vu allongé sur une chaise. Je suis rentré très malade et j'ai été immobilisé deux jours. C'était la fatigue, je suppose, et de misérables réflexions. Je voulais acheter un tableau, mais ils ont tous été vendus en grand nombre. Il avait d'excellents compositeurs parmi tous les grands, jusqu'à Liszt et Wagner, suspendus au-dessus de son piano dans la pièce où il jouait toujours. Kullak déplore profondément la mort de Tausig. Il lui avait rendu visite à Leipzig deux jours avant qu'il ne tombe malade et avait déclaré que personne n'aurait imaginé que Tausig allait mourir, tant il avait l'air en bonne santé. Kullak a déclaré que Tausig était l'un des trois ou quatre grands pianistes *spéciaux* . "Qui nous interprétera encore ainsi ?" a-t-il dit; » et j'ai répété, assez tristement : « Qui, en effet ?

Kullak, à propos, est un professeur merveilleusement *accompli* . C'est un grand ami de Liszt, et Liszt lui a appris beaucoup de choses. Je doute cependant de la façon dont M. se comportera avec lui, si elle ne reste ici qu'un an. D'après mon expérience, il faut un an pour commencer sous la direction d'un maître de première classe . Ces grands professeurs ne prendront pas un élève brut d'Amérique, encore moins s'embarrasseront d'un érudit qui ne peut pas comprendre immédiatement. Je lui ai écrit aujourd'hui une lettre de trois feuilles dans laquelle j'expose les inconvénients de l'Allemagne d'une manière suffisamment énergique pour qu'elle ne se sente pas déçue si elle insiste encore pour le voyage. J'en suis arrivé à la conclusion que je ne suis pas un critère quant aux impressions des autres. À moins que les gens ne soient passionnés par l'art, je ne vois pas la moindre utilité à venir à l'étranger. S'ils ne peuvent pas apprécier la *culture* européenne, ils sont bien mieux lotis en Amérique. Il ne fait aucun doute qu'en ce qui concerne le *confort* de la vie quotidienne, nous sommes très en avance sur toutes les nations, sauf peut-être sur les Anglais, que je n'ai cependant pas vus.

BERLIN, le 25 décembre 1871 .

Aujourd'hui, c'est Noël et j'ai pensé beaucoup à vous tous à la maison et je me suis demandé si vous traversiez une période d'apathie comme d'habitude. Je pense que nous passons souvent Noël de la manière la plus choquante en Amérique, et j'ai l'intention de révolutionner tout cela à mon retour. Ce long séjour en Allemagne m'a appris mieux. Ici, c'est une saison de joie universelle, et *tout le monde* y entre. Hier soir, nous avons eu un sapin de Noël chez les S., comme toujours. Nous y sommes allés à six heures et demie, et c'était la plus jolie chose de voir dans chaque maison, presque, un arbre tout juste allumé ou en train de l'être. Comme une famille distincte vit à chaque étage, dans une maison il y a souvent trois arbres, les uns au-dessus des autres, dans les pièces de devant. Les rideaux sont toujours tirés pour en faire profiter les passants. Ils ne prennent pas l'engagement effrayant d'avoir un arbre de Noël ici, comme nous le faisons en Amérique, et ils sont donc accessibles à tout le monde. L'arbre est petit au début, et on n'y met rien d'autre que des cierges et des bonbons. Il est fixé sur un petit support au centre d'une grande table carrée recouverte d'un tissu blanc, et les cadeaux de chacun sont disposés en pile séparée autour d'elle. L'arbre n'est éclairé que pour la beauté, et pour l'air de fête qu'il jette sur la chose. — Après une promenade croustillante au clair de lune (que j'ai exécutée dans le style de "Johnny-look-up-in-the- air", car j'étais occupé à regarder les fenêtres de la maison, autant que cela était possible), nous nous sommes assis pour savourer une tasse de thé et un morceau de gâteau. Je venais de commencer ma deuxième tasse, quand, Presto ! les portes du salon s'ouvrirent à la volée, et là se tenait le petit arbre vert, s'épanouissant en lumières et projetant ses lueurs sur la table bien chargée. Il y eut une bousculade générale et une recherche de sa propre pile, suivie d'un profond silence et d'un suspense pendant que nous ouvrions les journaux. Une telle main serrée, embrassée et remerciée comme suit ! concluant avec la conviction satisfaisante que nous avions chacun « exactement ce que nous voulions ». Les Allemands ne méprisent pas, comme nous, le caractère utilitaire de leurs cadeaux de Noël, mais, entre ceux-ci et leurs cadeaux d'anniversaire, ils s'attendent à être installés pour le reste de l'année dans les nécessités de la vie ainsi que dans ses superfluités. Cadeaux de bas, de sous-vêtements, de robes, de mouchoirs, de savons, tout va bien. Et tout le monde *doit* donner à tout le monde. C'est la LOI.

Je viens d'entendre un jeune artiste viennois qui m'a fait une grande impression. Il s'appelle Ignaz Brühl. Il est tout à fait exceptionnel et a non seulement une technique brillante, mais aussi une conception particulière et belle . — Mais le meilleur concert que j'ai entendu cette saison a été celui donné par Clara Schumann, il y a une semaine, lundi dernier. Elle était assistée de Joachim et de son épouse, et *cette* galaxie est effectivement sans égal. Frau Joachim chante délicieusement. Non pas que sa voix soit si remarquable. Vous entendez de telles voix tout le temps. Mais elle y parvient avec brio et chante des chansons allemandes comme nul autre qu'un Allemand *ne pourrait* les chanter. En effet, je n'ai jamais entendu aucune femme l'approcher avec un art discret mais parfait. Elle ne vous prend pas d'assaut, et quand je suis arrivée ici, je n'ai pas beaucoup pensé à elle, mais chaque fois que je l'entends, je suis frappé de voir à quel point elle est exquise. Chaque mot prend un sens, et c'est pour cela que je pense qu'il faut comprendre la langue avant de pouvoir en réaliser la beauté. L'une de ses chansons était la « Chanson du printemps » de Schumann, avec cet accompagnement rapide *d'agitato , vous* savez. — Elle sortit et commença avec un demi-souffle et un tremblement comme un oiseau qui s'agite hors de son nid, puis sur un portamento avec *un tel* abandon ! — comme l'oiseau qui s'envole dans son vol. Je n'oublierai jamais *cet* effet ! Bien sûr, cela vous a complètement emporté.

En plus de chanter si admirablement, elle est une beauté – une sorte de bébé beauté – et lorsqu'elle se dévoile dans une soie rose pâle, contrastant avec ses cheveux noirs et dévoilant son cou et ses bras impériaux, elle est ravissante. On m'a dit qu'elle n'avait rien de remarquable lorsque Joachim l'a épousée. Nul doute que vivre avec un tel génie l'a développée. On dit que Joachim a eu une vie si heureuse qu'il veut vivre éternellement ! Il dépasse certainement tout. A cette occasion, il a joué la grande Sonate à Kreutzer pour violon et piano de Beethoven, avec Clara Schumann, et j'ai trouvé que c'était la *plus magnifique interprétation que j'aie jamais entendue* ! J'adore parfaitement Joachim et je le considère comme la merveille de l'époque. C'est une simple extase de l'écouter.

CHAPITRE XIII.

Visite à Dresde. Les Wiecks . Von Bülow. Un enfant prodige. Grantzow , le danseur.

BERLIN, *le 10 février 1872* .

Il y a une semaine , lundi dernier, je suis allé à Dresde avec JL rendre visite à BH. Nous sommes arrivés vers cinq heures de l'après-midi et avons été accueillis à la gare par la femme de chambre de B., qui nous a conduits immédiatement chez eux dans la Christian Strasse. B. et Mme H. nous ont reçus avec la plus grande cordialité et nous avons passé un moment magnifique. Je suis rentré avant-hier seulement et J. est toujours là. Les H. ont un charmant logement et Mme H. est une excellente femme de ménage. La *cuisine* était excellente et vous pouvez imaginer à quel point j'ai apprécié à nouveau un petit-déjeuner américain, après rien que des « petits pains et du café » pendant deux ans. B. a fait tout ce qui était en son pouvoir pour nous amuser, et elle est l'âme de l'amabilité. Elle invitait constamment les gens à nous rencontrer, organisait plusieurs goûters et, lorsque nous n'avions pas de compagnie, elle nous emmenait au théâtre ou à l'opéra. Elle a invité Marie Wieck (la sœur de Clara Schumann) à prendre le thé un soir. J'ai été très heureux de la rencontrer, car elle est elle-même une artiste exquise et joue dans le style de Clara Schumann, même si sa conception n'est pas si remarquable. Son toucher est parfait. A la demande de B., elle a essayé de jouer pour nous, mais le jeu du piano de B. ne lui convenait pas, et elle s'est immédiatement levée en disant qu'elle ne pouvait rien faire sur cet instrument, mais que si nous parvenions à *elle* , elle jouerait pour nous avec plaisir.

J'étais très heureux de cette proposition, car j'avais très hâte de revoir le célèbre Wieck, l'entraîneur de tant de générations de musiciens. Fräulein Wieck a été nommée samedi soir et nous y sommes donc allés. B. nous avait montré comment agir, car le vieil homme est tout un personnage et il faut le traiter à sa manière. Elle a dit que nous devions entrer (après avoir déposé nos affaires) comme si nous avions été membres de la famille toute notre vie et dire : « Bonsoir, Papa Wieck » — (tout le monde l'appelle Papa). Ensuite, nous devions nous asseoir, et si nous avions du tricot ou de la couture avec nous, ce serait bien. En tout cas, nous devons avoir l'intention apparente de passer plusieurs heures, car rien ne le provoque au point de faire venir des gens simplement pour appeler. "Quoi!" il dira : « comptez-vous connaître un homme célèbre comme moi dans une demi-heure ? puis (très sarcastiquement), "peut-être que tu veux mon autographe !" Il déteste donner son autographe.

Eh bien, nous avons suivi le programme prescrit . Nous fûmes introduits dans une grande pièce, beaucoup plus longue que large. À chaque extrémité se trouvait un piano à queue. Pour le reste, la pièce était meublée avec la plus grande simplicité. Mon impression est que le sol était peint en jaune uni, avec un ou deux tapis ici et là. Quelques portraits et bas-reliefs étaient accrochés aux murs. Les pianos étaient bien sûr bien. Frau Wieck et "Papa" nous ont gracieusement reçus. Nous avons commencé par prendre le thé, mais bientôt le vieil homme s'est impatienté et a dit : « Venez ! les dames veulent faire (*vortragen*) quelque chose avant moi, et si nous ne commençons pas, nous n'arriverons à rien. Il *vit* entièrement de musique et a une classe de filles qu'il instruit tous les soirs gratuitement. Cinq de ces jeunes filles étaient là. Il est très sourd, mais curieusement, il est toujours aussi sensible à tous les sons musicaux, et il en va de même pour Clara Schumann. Fräulein Wieck a ensuite ouvert le bal. Elle a environ quarante ans, je crois, et c'est une femme corpulente et d'apparence flegmatique. Cependant, elle a superbement joué, et son toucher est des plus délicieux possibles. Après l'avoir entendue, on n'est pas surpris que les Wieck pensent que personne d'autre qu'eux-mêmes ne peut enseigner le toucher. Elle commença par un nocturne de Chopin, en fa majeur. J'ai oublié de dire que le vieux Monsieur est assis sur sa chaise avec l'air d'être sur un trône, et annonce à l'avance chaque morceau qui va être joué, en le faisant suivre d'un commentaire : *par exemple* : « Ce nocturne, j'ai laissé jouer ma fille Clara. à Berlin il y a quarante ans, et par la suite le principal journal, critiquant sa performance, remarquait : « Cette jeune fille semble avoir beaucoup de talent ; « des notions fantaisistes », tant Chopin était nouveau pour le public à cette époque. » C'est ainsi qu'il continue.

Après que Mme Wieck ait terminé le nocturne, j'ai demandé quelque chose de Bach, qu'on m'a dit qu'elle joue remarquablement. Elle a dit qu'elle n'avait pour le moment rien en pratique de Bach, mais qu'elle me jouerait une *gigue* d'un compositeur de l'époque de Bach , — Haesler, je crois, a-t-elle dit, mais elle ne s'en souvient plus, car c'était un nom qui m'était entièrement inconnu. C'était très brillant et elle l'a magnifiquement exécuté. Ensuite, elle a joué le dernier mouvement de la Sonate en mi bémol majeur de Beethoven, mais je n'ai pas été particulièrement frappé par sa conception de cela. Ensuite, nous avons fait une pause et elle m'a exhorté à jouer. J'ai refusé, car comme j'étais à Dresde depuis une semaine et que je n'avais pas pratiqué, je ne voulais pas m'asseoir et ne pas me rendre justice. Ma main est si raide que, comme Tausig le disait de lui-même (même si j'ai du mal à le croire) : « Quand je n'ai pas pratiqué pendant quatorze jours, je ne peux rien faire. Le vieux Herr dit alors : « Maintenant, nous allons avoir autre chose ; » et il se leva, alla au piano et appela les jeunes filles. Il en fit chanter trois, l'un après l'autre, et ils chantèrent d'une manière très charmante. Il fit improviser à l'un d'eux une *cadence* , et à un second il chanta l'alto sans accompagnement. Il en était très fier. Il exerce ses élèves de toutes sortes de manières, les entraîne à chanter sur n'importe quel ton donné et à « monter et descendre l'échelle », comme ils appellent la gamme.

Après que le maître eut fini de chanter, Mme Wieck joua trois autres morceaux, dont l'un était un arrangement exquis par Liszt de cette chanson de Schumann, « *Du meine Seele* ». Elle terminait par une *gavotte* de Glück, ou comme dirait Papa Wieck : « Ceci est une gavotte d'un des opéras de Glück, arrangée par Brahms pour le piano. Pour l'observateur superficiel, le deuxième mouvement paraîtra très facile, mais à *mon sens* à mon avis , c'est une tâche très difficile de réussir exactement. » Je savais exactement comment il fallait jouer cette chose, car je l'avais entendue trois fois par Clara Schumann elle-même. car elle a pris le deuxième mouvement deux fois plus vite que le premier. « Votre sœur joue le deuxième mouvement beaucoup plus lentement, lui dis-je. « *Et alors ? " dit - elle, " Je ne l'ai jamais entendu de sa part. " Elle demanda alors : " Si* lent ? (dans le temps strict)", dis-je en hochant la tête de manière oraculaire. " *Väterchen* ." appela-t-elle au vieux Herr, "Miss Fay dit que Clara joue le deuxième mouvement *si* lentement", lui montrant. Je ne sais pas si cela la correction a fait une impression, mais il a alors été *déterminé* à ce que je joue, et devant mon refus persistant, il a finalement dit qu'il trouvait très étrange qu'une jeune femme qui avait étudié plus de deux ans dans les conservatoires de Tausig et de Kullak n'en ait pas . morceau qu'elle pouvait jouer devant les gens. Cette petite aventure m'a provoqué, alors j'ai bondi et je me suis dit : « *Kopf in die Höhe* , *Brust heraus* ,— *vorwärts !* " (un des ordres militaires ici), j'ai marché jusqu'au piano et j'ai joué de la fugue à la fin de la Sonate en la bémol de Beethoven, opus 110. Ils étaient tous assis autour de la pièce, immobiles comme autant de statues pendant que je jouais, et vous Je ne peux pas imaginer à quel point j'étais terriblement nerveux. J'ai pensé cinquante fois que je devrais m'arrêter, car, comme toutes les fugues, c'est un morceau tel que si on le sort une fois, on ne pourra plus jamais y rentrer, et Bülow lui-même s'est embrouillé pendant le morceau. mais je m'en suis quand même bien sorti, et le vieux maître a eu la bonté de me féliciter chaleureusement. Il m'a dit que j'avais dû beaucoup étudier et m'a demandé si ce n'était pas le cas. J'ai joué beaucoup d' *Etuden* . Je lui ai dit en allemand poli "Il ferait mieux de le croire!"

J'aimerais étudier avec les Wieck pendant mes vacances l'été prochain s'ils voulaient bien m'emmener. Peut-être que je pourrais le faire. Ils sont considérés comme quelque peu démodés dans leur style, et je ne souhaiterais pas échanger Kullak contre eux, mais ils sont *tellement* vétérans qu'on ne peut s'empêcher de tirer d'eux de nombreuses idées précieuses. Papa Wieck était le maître de Bülow avant qu'il ne parte pour Liszt.

Vous ai-je dit à quel point j'étais fasciné par Bülow ? Il est magnifique, juste entre Rubinstein et Tausig. Je vais l'entendre à nouveau samedi et je vous écrirai ensuite mon opinion complète sur lui. Il est célèbre pour son interprétation de Beethoven, et j'aurais aimé que vous puissiez entendre de lui la Sonate au clair de lune. Il fait une chose qui lui est entièrement particulière. Il exécute tous les mouvements d'une sonate ensemble, au lieu de s'arrêter entre eux. Cela m'a beaucoup plu, car il donne une *unité* d'effet et semble faire en sorte que chaque mouvement engendre le suivant.

BERLIN, *le 30 mai 1872* .

J'aurais aimé que L. étudie le piano avec le fils de Kullak. Il a une petite fée érudite âgée de dix ans. Elle s'appelle Adèle aus der Ohe — (n'est-ce pas un vieux nom de chevalerie ?) — et c'est la chose la plus étonnante d'entendre cette enfant jouer ! Je l'ai entendue jouer l'autre jour un concerto de Beethoven avec un accompagnement orchestral et une superbe cadence de Moscheles , absolument *parfaitement* . Elle n'a jamais manqué une note tout au long. Je suppose qu'elle deviendra, comme Mehlig, une grande artiste. Mais peut-être, comme elle, n'aura-t-elle pas une grande conception, mais fera-t-elle tout mécaniquement. On ne peut jamais prédire comment ces enfants prodiges deviendront. — Ne vous faites pas d'idées exaltées sur *mon* jeu ! Je suis une fille assez stupide et j'avance lentement. Je ne m'attends jamais à jouer comme le fait Miss Mehlig. Si jamais je parviens à atteindre Topp, je serai satisfait. Vous ne croiriez pas combien de temps il faut pour devenir un virtuose à moins de l'essayer. Mehlig, vous savez, a étudié régulièrement pendant dix ans, sous la tutelle des *meilleurs* professeurs, et elle avait probablement plus de talent que moi au départ. Miss V. et M. G. étudient ici depuis *cinq* ans, et ils ne sont pas plus loin que moi maintenant. Pas si loin. Le type de main et de poignet d'une personne fait toute la différence. Les miennes, vous savez, étaient assez raides, et puis c'est un grand inconvénient de commencer à étudier après avoir grandi. Il faut apprendre pendant que la main se forme.

Je viens tout juste d'apprendre qu'un concerto mineur de Schumann que Topp a joué au Festival Haendel et Haydn à Boston. La cadence est dure, je peux vous le dire. C'est le pire de ces concertos. Il y a toujours une grande cadence où il faut jouer tout seul et « faire des folies ». Je ne sais pas ce que ça fait de se retrouver d'un seul coup sans le soutien de l'orchestre. C'est déjà assez pénible lorsque Kullak s'allonge sur sa chaise et cesse de m'accompagner. Il joue avec moi sur deux pianos et je suis tellement excité que mes poignets tremblent. C'est un magnifique pianiste et sa technique est parfaite. Il n'y a rien qu'il ne puisse faire. Comme tous les artistes, il est capricieux et exaspérant à souhait et, comme disent les Allemands, il est « *ein Mal im Himmel und das nächste Mal im Keller* (une fois au paradis et la prochaine fois à la cave) ! Il a de profonds préjugés contre les Américains et ne perd jamais une occasion de faire une remarque méchante à leur sujet. Bien qu'il compte parmi ses érudits des chercheurs remarquablement doués, il insiste toujours sur le fait que les Américains n'ont pas de réel talent. Pour autant que je sache actuellement quelque chose sur son conservatoire, ses universitaires *les plus talentueux sont des Américains*. Il y a un jeune homme nommé Sherwood, qui n'a que dix-sept ans, et non seulement il joue magnifiquement, mais il compose aussi magnifiquement. Dans ma propre classe, Miss B. et moi sommes loin devant tous les autres. Kullak nous félicite avec beaucoup d'enthousiasme, puis lorsque quelqu'un joue particulièrement mal dans la classe, il lui dit : « Eh bien, Fräulein, vous jouez exactement comme si vous veniez d'Amérique. Cela nous indigne tellement, Miss B. et moi, que nous ne savons pas quoi faire. Bien sûr, nous ne pouvons rien dire, car il adresse cette remarque d'une manière noble à toute la classe. Miss V. ne supportait pas Kullak, et l'autre jour, alors qu'elle et M. G. le quittaient pour aller en Amérique, elle le lui laissa voir. Il lui dit : « Et quand te reverrai-je ? « *Jamais* », s'écria-t-elle ! Nous n'avons qu'une seule manière de nous venger, c'est lorsqu'il nous donne le choix de prendre une de ses compositions ou un morceau de quelqu'un d' autre, toujours pour prendre celle de l'autre. Par exemple, il m'a dit : "Fräulein, tu peux prendre le concerto de Schumann ou *mon* concerto." J'ai immédiatement eu celui de Schumann.

L'autre soir, je suis allé voir une grande danseuse de ballet. Elle s'appelle Fräulein Grantzow et elle est danseuse de la cour de Saint-Pétersbourg, où j'ai entendu dire que le ballet surpasse tout ce qui existe dans le monde. Cette danseuse est une merveille, et on dit qu'il n'y a jamais eu de danse pareille depuis l'époque de Fanny Ellsler . Elle a la silhouette d'une Vénus et le visage le plus expressif qu'on puisse imaginer. Lorsqu'elle danse, ce n'est pas seulement de la danse, mais une représentation complète du caractère, car elle joue un rôle par ses mouvements tout comme si elle était une actrice. J'ai vu de nombreux ballets, mais je n'avais jamais imaginé ce qu'est la danse artistique auparavant. Je l'ai vue dans « Esmeralda », un ballet arrangé d'après le roman de Victor Hugo et modifié pour la scène. Fräulein Grantzow a pris le rôle d'Esmeralda. Dans le premier acte, un homme est condamné à mort, mais gracié à condition qu'une des femmes présentes promette de l'épouser. Les femmes, représentées par une cinquantaine de danseurs de ballet, s'approchent les unes après les autres, contemplent la pauvre victime, pirouettent autour de lui et le repoussent à leur tour d'un geste de mépris. Enfin Esmeralda (une bohémienne) arrive en dansant, demande ce qui se passe, et, lorsqu'on lui dit, prend pitié du pauvre malheureux et promet de l'épouser pour le sauver de son sort.

Lorsque le moment est venu pour Grantzow d'apparaître, la foule des danseurs s'est soudainement divisée et elle a bondi du fond de la scène. *Quelle* apparition comme elle était ! D'abord ses toilettes surpassaient tout, et elle apparaissait dans chaque acte avec un costume neuf. Dans cette première, elle portait une nuance de gaze verte des plus éblouissantes pour sa jupe. De sa taille tombait un filet d'or, semblable à un cestus, avec de petits pompons d'or tout autour. Elle portait une petite veste de satin écarlate, toute frangée de pièces d'or, et une large ceinture dorée, pointue sur le devant, lui serrait la taille. Sur sa tête se trouvait un petit bonnet écarlate, également bordé de pièces de monnaie, et elle avait des bracelets d'or autour du cou. Dans sa main se trouvait un tambourin d'où pendaient quatre nœuds de rubans colorés à longues extrémités. Secouant haut son tambourin, elle sauta comme une panthère, fit un magnifique tour tout autour de la scène, et après avoir exécuté avec une parfaite aisance un *pas* immensément difficile , elle posa soudain devant le public dans l'attitude la plus ravissante et la plus impossible et avec la grâce la plus captivante imaginable. Quelque chose comme son *élan* , son *aplomb* , je n'ai jamais vu. Une créature si audacieuse ! Eh bien, je ne peux pas vous dire tout ce qu'elle a fait. C'est un parfait génie terpsichoréen. Tout au long du premier acte, elle dansa très lentement, simplement pour montrer sa grâce merveilleuse, la beauté et l'originalité de ses positions. Elle avait une façon de croiser les bras sur sa poitrine et de danser d'un pas rêveur qui était tout à fait différent des autres, et cela produisait un effet envoûtant. Au cours des deuxième et troisième actes, elle a fait un crescendo régulier, juste pour afficher sa technique et montrer ce dont elle était capable. Tous les autres danseurs ressemblaient à des blocs de bois à côté d' elle. — On dit que Fräulein Grantzow a entre trente-cinq et trente-huit ans. Comme le disent les journaux, son art montre la perfection que seule la maturité peut donner. Les hommes sont tous fous d'elle, comme vous pouvez l'imaginer, et elle a été comblée de bouquets gros comme le haut d'un tonneau. Le jeu de ses traits était aussi extraordinaire que celui de ses muscles. Tout son être semblait être l'âme du mouvement.

CHAPITRE XIV.

Un organiste montant. Kullak. Le jeu de Von Bülow.
Des funérailles princières. Le concert de Wilhelmj .
Une beauté de cour.

BERLIN, le 1er juillet 1872 .

Depuis que je suis ici, X. est devenu peu à peu un grand organiste et je crois qu'il est aujourd'hui l'un des premiers virtuoses de l'orgue au monde. Son activité musicale est immense et je ne doute pas qu'il deviendra l'une des grandes autorités musicales d'ici quelques années plus tard. C'est un petit démon au bon cœur, incarnation de la saleté et de la bonne humeur allemandes , et il feint de m'être désespérément dévoué. Dimanche dernier, il était chez M. et il est ensuite rentré avec nous. Généralement, je vais devant avec A. ou M. J. et je laisse X. donner son bras à M., mais cette fois je lui fais l' honneur de le prendre moi-même. Il mesure environ un pied de moins que moi, mais il trottait à mes côtés dans un état de grande satisfaction et me demanda ce qu'il devait jouer à ce concert. Je lui ai dit qu'il pourrait jouer le Prélude et Fugue en sol mineur, comme je venais de le prendre, " *mais* , lui dis-je, faites-le bien, car je l'étudierai très attentivement pendant la prochaine quinzaine, et je saurai si vous faites une fausse note, je vous accorderai six fautes, mais si vous en faites une de plus , je vous battra. Cela l'amusa beaucoup, mais il dit : « C'est une fugue très compliquée, et ce n'est pas si facile de la jouer parfaitement, avec tous les passages de pédale. Que ferez-vous pour moi si je m'en sors sans faire *une seule* faute ? " Je lui ai dit que j'avais tout le temps d'y réfléchir, et je n'y croyais pas. Je n'ai aucun doute qu'il le *jouera* magnifiquement, mais j'aime l'embêter. J'aurais aimé que son département soit laïque plutôt que religieux, car s'il était seulement chef d'orchestre, ou quelque chose de ce genre, il pourrait me donner beaucoup d'aide. Il n'ose plus jouer du piano depuis que je lui ai joué plusieurs fois. Il avait l'habitude de me tuer avec ses improvisations, car il n'a pas de mémoire, et donc il devait toujours improviser. En général, j'éclatais de rire en secret quand il faisait un bang ! claquer! Donner et Blitz ! — s'étalant sur tout le clavier. C'était la chose la plus drôle que j'aie jamais entendue, et quand je l'ai entendu éclater avec autant de style à l'orgue, j'ai été parfaitement étonné et je n'ai pas du tout pu concilier cela avec son jeu de piano. C'est un grand lecteur, bien sûr, et il peut transposer à vue, et tout ce genre de choses. Je l'ai connu pour jouer des accompagnements à vue dans un grand concert au Dom et les transposer en même temps !

6 juillet . — Vous me demandez pourquoi j'ai renoncé à aller chez les Wieck à Dresde cet été. — Parce qu'ils font commencer tout le monde au tout début de leur système et le parcourir avant de leur donner un morceau, et à mon

stade de progrès. ce serait perdre du temps. Ils pensent que personne d'autre qu'eux-mêmes ne peut enseigner le toucher, mais Kullak est un bien plus grand musicien, et je ne serais pas disposé à l'échanger contre Fräulein Wieck, qui ne commence pas à l'égaler en réputation. Même si Kullak me met en colère, je dois admettre qu'il est un grand maître et qu'il est tout à fait capable de développer au maximum son talent artistique. Il rend Miss B. tellement provoquée qu'elle a très fortement envie d'aller à Stuttgardt . Le conservatoire de Stuttgardt est tellement bondé qu'il est très difficile d'y accéder. Lebert (le maître de Mehlig) lui fit savoir qu'il ne la prendrait qu'à condition qu'elle lui apporte une lettre de Kullak l'autorisant à le quitter, car Kullak était un de ses amis personnels et un si grand artiste. , que seules les raisons les plus importantes pouvaient justifier qu'elle renonce à ses instructions ! Bien sûr , cela a mis un terme à un tel mouvement.

J'ai toujours oublié de vous décrire le jeu de Bülow, et cela fait si longtemps que je ne l'ai pas entendu que mes impressions ne sont pas si vives. Il a le style le plus puissant que j'ai jamais entendu et ses phrases sont merveilleuses. C'est comme regarder à travers un stéréoscope pour l'entendre. Tous les points d'une pièce semblent commencer de manière vivante devant vous. Il me fait un peu penser à Gottschalk, car il est plein de ses airs. Son expression est fière et dédaigneuse au dernier degré, et il regarde son public de tous côtés lorsqu'il joue. Il a toujours deux pianos à queue sur scène, l'un orienté dans un sens et l'autre dans l'autre, et il joue alternativement sur les deux. Son visage semble dire à son public : « Vous êtes tous des chats et des chiens, et je me fiche de ce que vous pensez de mon jeu. » Parfois, un air d' humour infini l'envahit, quand il joue un rondo ou quelque chose de gay. C'est très drôle. Il possède un pouvoir magnétique remarquable et vous vous sentez sous l'emprise d'une volonté formidable. Beaucoup de gens trouvent à redire à son jeu, parce qu'ils disent que c'est de l'intellect pur (*der reine Verstand*), mais je pense qu'il a trop de passion pour être qualifié de purement intellectuel. Pourtant, c'est toujours une passion contrôlée. Beethoven a été la grande étude de sa vie et il joue ses sonates comme personne d'autre.

S'il va en Amérique l'hiver prochain, il *faudra* l'entendre à fond, *coûte que coûte* . Je vous conseille donc d'économiser vos sous et de vous assurer de vous placer près du piano afin de pouvoir voir son visage, car c'est un bureau. Ici, je suis toujours assis au deuxième ou au troisième rang.

———

BERLIN, le 27 octobre 1872 .

Cette semaine a été assez mouvementée. Cela a commencé lundi avec les funérailles du prince Albrecht, le plus jeune frère de l' empereur , et ce fut un spectacle très imposant. J'espérais que Monsieur B. m'enverrait une carte d'entrée au Dom, où devaient avoir lieu les offices, mais comme il ne l'a pas fait, j'ai été obligé de me contenter d'une vue du cortège et de la disposition générale. dehors. Je me suis installé sur un chariot avec H. et nous avons eu une excellente vue. Il y avait une chaussée en bois allant du château royal au Dom, tapissée de noir, sur laquelle devait passer le cortège. Nous avons attendu environ une heure avant qu'il n'arrive, mais nous avons été plutôt amusés par les magnifiques équipages et livrées des différents corps diplomatiques qui passaient en courant.

Nous étions de l'autre côté du canal qui nous séparait de la place devant le Dom. À droite du Dom se trouve le château et à gauche le musée. Toute cette place était entourée de militaires, car le prince Albrecht étant maréchal, les funérailles avaient un caractère militaire. Ils étaient joliment disposés, la cavalerie d'un côté et l'infanterie de l'autre, et les différents uniformes contrastaient les uns avec les autres de manière à produire les meilleurs effets de couleurs . Les chevaux et les hommes se tenaient comme s'ils étaient sculptés dans le marbre, avec la plus grande précision de position. Un peu avant onze heures, les voitures royales roulaient du palais au château avec leurs occupants. Bientôt les cloches commencèrent à sonner, et à onze heures précises la procession commença. Les Gardes du Corps, qui est le régiment du prince héritier, précédaient le cercueil, vêtus d'uniformes blancs et argentés, avec des casques de cuivre scintillants surmontés d'aigles d'argent. Le cercueil lui-même était porté sur un catafalque et tiré par huit chevaux recouverts de harnais de velours noir. Elle était jaune et surmontée d'une couronne d'or. Sur celui-ci étaient posés l' épée, le casque, etc. du prince , ainsi que quelques fleurs. J'étais trop loin pour distinguer les personnages qui suivaient. Bien entendu, l'Empereur était le plus proche et tous étaient à pied. Derrière le cercueil était conduit, sellé et bridé le cheval préféré du prince . Tous les domestiques de sa maison marchaient ensemble, vêtus de livrées d'argent et coiffés de grands chapeaux triangulaires sur lesquels pendaient de longues bandes de crêpe. Le groupe a joué un choral, « Jésus, mon refuge », et les cloches ont continué à sonner tout le temps. A la porte du Dom, le cortège fut reçu par le clergé officiant. Le cercueil était si lourd qu'il était roulé sur une plate-forme de planches dressée à cet effet. Puis il fut soulevé par seize porteurs, le cortège étincelant se referma autour de lui, et tous le balayèrent jusqu'au portail ouvert.

Nous avons attendu la fin du service, car il était court, pour entendre les huit coups de feu de l'artillerie. Il était intéressant de voir exactement comment ils tiraient tous à l'instant où le signal était donné. D'abord la mousqueterie d'un côté, puis la mousqueterie de l'autre, en réponse à cela. Les officiers galopaient et tournoyaient sur leurs fougueux coursiers, et finalement, le canon fit boum-boum. Le craquement aigu des fusils vous faisait sursauter, mais le rugissement maussade du canon vous faisait frémir. Cela vous a donné une idée d'une bataille.

Mardi soir, je suis allé à un concert donné par une nouvelle star du monde musical, un jeune violoniste nommé Wilhelmj . Il n'a que vingt-six ans et on le considère déjà comme l'un des plus grands virtuoses vivants, peut-être *le* plus grand de l'école romantique, car Joachim appartient au sévère classique. Tous les artistes, les critiques et une grande partie de l'aristocratie sont venus l'entendre. C'était sa première apparition à Berlin et tandis que je regardais autour du public et que je remarquais les grands musiciens les uns après les autres, je tremblais pour lui. Joachim et de Ahna étaient tous deux présents, entre autres, et mon adorable baronne von S. est arrivée tardivement, plus exquise que jamais dans sa dentelle noire sur soie noire, avec des ornements de jais, et ses jolis cheveux bouclés et coiffés haut sur son style aristocratique. petite tête. Elle portait le deuil du prince , jusqu'à un éventail en dentelle noire avec lequel elle se protégeait parfois les yeux, de sorte qu'on distinguait à travers lui sa joue couleur pêche. Elle est elle-même une charmante pianiste, j'ai entendu dire, et une grande patronne de la musique et des musiciens, en particulier de la « musique du futur » et de ses créateurs. Je la vois à tous les concerts. Quand son visage est parfaitement reposé, elle a l'expression la plus charmante et une sorte de regard céleste dans ses yeux bleus enfoncés. Elle est ce que les Français appellent *spirituelle* , et les Allemands *geistreich* , mais nous n'avons pas de mot dans notre langue qui puisse la décrire.

Eh bien, comme je le disais, j'avais la tête qui tournait en pensant à quelle épreuve c'était de jouer devant un tel public, mais Wilhelmj semblait différent de moi, car il descendait les marches avec confiance, avec l'assurance digne d'un artiste. qui est maître de son instrument, et qui sait ce qu'il sait faire. Il est extrêmement beau, avec des traits réguliers, un front massif et une expression de puissance et de maîtrise de soi. Il avait l'air parfait alors qu'il se tenait là si tranquillement et jouait. Il n'était pas allé bien loin avant d'émettre une brillante cadence qui a renversé la salle, et il y a eu une salve d'applaudissements généraux. Son *ton* (qui est ce qui fait la grandeur du jeu du violon) était magnifique et sa technique magistrale. Il n'a pas joué avec cette tendresse de sentiment et cette merveilleuse variété d'expression que Joachim fait, mais c'était comme s'il ne se souciait pas d'influencer les gens de cette façon. Cela m'a fait penser à Tausig au piano. Il jouait avec la plus grande intensité et *aplomb* , et les cordes semblaient réellement bouillonner. Les gens ont été pris d'assaut. Le deuxième morceau était un concerto de Raff. Wilhelmj était au milieu de l'Andante et sciait nos cœurs à chaque scie de son arc, quand soudain une corde claqua sous la tension de ses doigts passionnés. Il cessa aussitôt de jouer et monta les marches du fond de la scène pour enfiler une autre corde. Malheureusement, il n'en avait pas apporté un supplémentaire dans sa poche et dut en emprunter un à l'un des membres de l'orchestre. Weitzmann, qui dans sa jeunesse était lui-même un éminent violoniste de concert, était étonné de la témérité de Wilhelmj . "Quelle *témérité* ", s'écria-t-il, "et le string aussi !" (l'un des plus importants). Après une pause,

Wilhelmj redescendit et recommença, mais la corde était tellement désaccordée qu'il se retira une seconde fois. Il devait être furieux intérieurement, semble-t-il, et à ses débuts *à Berlin aussi !* mais il redescendit une troisième fois avec la plus grande imperturbabilité et réussit à terminer le concerto. Cependant, tout l'effet du concert a été gâché et il a également dû modifier les solos qu'il avait l'intention de jouer, afin d'éviter autant que possible la corde de sol. Au lieu du charmant Nocturne de Chopin en ré bémol (son propre arrangement), il a joué un Aria de Bach. Il l'a fait si merveilleusement que j'en ai été vraiment surpris. — Je n'oublierai jamais les *nuances* qu'il a mises dans son trille. Mais lors de son deuxième concert, où il *donna* le Nocturne, il était évident que le romantique était son grand point fort, et dès une première apparition, et devant son public nombreux et critique, il aurait dû être entendu dans ce *genre* . [D]

CHAPITRE XV.

L'incendie de Boston. Aggravations de l'étude musicale. Kullak. Sherwood. Haute école. Une brillante danse américaine et allemande.

BERLIN, *le 24 novembre 1872* .

Tous les journaux ici ont parlé de l'incendie de Boston, de la peste des chevaux, des naufrages, des explosions, etc., jusqu'à ce que j'aie l'impression que toute l'Amérique va vers le mal. Quelle terrible calamité que ce feu ! Je ne peux pas du tout l'accepter. Tous les Allemands se demandent de quoi sont faites nos compagnies de pompiers pour que de tels incendies *puissent* avoir lieu. On dit que ce serait impossible *ici* , où l'organisation est si parfaite. Les hommes sont formés au travail depuis des années et sont sur place en un clin d'œil, sachant exactement quoi faire. Ils sont aussi pleinement convaincus de leur superexcellence dans les services d'incendie que dans tous les autres, et rien ne peut leur faire croire que si deux ou trois de leurs petits véhicules de pompiers avaient été là et actionnés par *leurs* pompiers, les pompiers de Chicago et de Boston les incendies n'auraient pas pu être éteints ! Vous savez que leurs machines sont également pompées à *la main* , plutôt qu'à la vapeur, comme le sont les nôtres, ce qui rend cette hypothèse d'autant plus ridicule. Cela me rappelle un parti allemand auquel j'étais autrefois, où notre guerre était le sujet de conversation. "Oh, vous ne savez rien des combats là-bas", a déclaré un monsieur en me faisant un signe de tête condescendant de l'autre côté de la table. "Si vous aviez eu deux ou trois de *nos* régiments, avec un de *nos* généraux, votre guerre aurait été terminée en un rien de temps !"

J'ai eu une *telle* contrariété aujourd'hui que je suis vraiment hors de moi ! Je devais jouer le premier mouvement de mon Concerto de Rubinstein au conservatoire avec l'orchestre. Cela faisait plusieurs semaines que je mettais tous mes nerfs à rude épreuve, que je m'entraînais sans cesse et que je l'avais parfaitement appris. Quand je l'ai joué en classe l'autre jour, ça s'est très bien passé, et je pense que même Kullak était satisfait. Eh bien, bien sûr, j'avais prévu de le jouer avec l'orchestre devant un public, avec beaucoup de plaisir, et j'espérais me distinguer. Les directeurs musicaux Wuerst et Franz Kullak se chargent toujours de ces cours d'orchestre, tantôt l'un, tantôt l'autre. Je me suis levé tôt ce matin et j'ai pratiqué une heure et demie avant d'aller au conservatoire, et j'étais là le premier de tous ceux qui devaient jouer des concertos. J'ai parlé à Wuerst et lui ai dit ce que je devais jouer, et il a dit "Très bien". N'aurais-tu pas pensé maintenant qu'il m'aurait laissé jouer en premier ? Même pas un peu. Il entendit pour la première fois l'orchestre jouer une stupide symphonie de Haydn, qu'ils auraient tout aussi bien pu laisser de côté. Puis il s'est mis à crier pour savoir si Herr Moszkowski était là ? Mais M. Moszkowski *n'était pas* là et j'ai commencé à respirer plus librement, car c'est un artiste accompli, il étudie depuis des années avec Kullak et joue en concert. Bien sûr, s'il avait joué le premier, j'aurais eu encore plus de mal à rassembler mon courage, et on aurait pu penser que Wuerst en aurait tenu compte. Comme Moszkowski était absent, j'ai pensé que je devrais certainement être appelé ensuite, mais une autre fille a eu la préférence. Elle joua extrêmement bien et Wuerst lui fit ses compliments, puis partit, laissant Franz Kullak diriger la pièce. Puis un de ma classe a joué le concerto en sol majeur de Beethoven de la manière la plus misérable. Pauvre créature, elle était nerveuse et effrayée, et ne pouvait se rendre aucune justice. Ce fut enfin fini et Franz Kullak chanta enfin : « Nous aurons maintenant le concerto en ré mineur de Rubinstein. »

Je me levai, allai au piano, essuyai les touches complètement *mouillées* par les doigts nerveux de ceux qui m'avaient précédé, et j'allais m'asseoir, lorsqu'un jeune homme s'approcha de l'autre côté avec la même intention. . "Oh, Fräulein Fay, vous avez le même concerto ? Très bien, vous pourrez le jouer la *prochaine* fois. Aujourd'hui, M. Untel le joue !" Maintenant, avez-vous déjà vécu quelque chose d'aussi provocant ? J'espérais au moins que ce jeune homme le jouerait bien et que j'apprendrais quelque chose, mais il l'a parfaitement *assassiné* , et j'ai dû rester là à écouter tout cela, avec le morceau qui me picotait au bout des doigts - et maintenant je ne sais plus rien. *quand* je le jouerai, tant les leçons d'orchestre sont si rares et si incertaines. J'espère qu'il y aura une quinzaine d'aujourd'hui, mais malgré cela, je ne ferai probablement pas la moitié aussi bien que j'aurais dû le faire aujourd'hui, car la fraîcheur sera totale, et je me suis entraîné. c'est tellement vrai *maintenant* que j'en déteste le son et que je ne peux plus supporter de perdre plus de temps avec ça. C'est la vie! Je pensais cette fois que j'avais pris toutes les précautions pour assurer le succès, car je m'étais levé tôt chaque jour et j'avais mangé sans fin du « pain de prudence », et le résultat est : rien du tout ! Pas même un échec. C'est d'autant plus regrettable que c'était aujourd'hui le premier dimanche du mois, et que je voulais aller à l'église, d'autant plus que le mauvais temps m'a retenu à la maison pendant deux dimanches. Cependant, je suis déterminé à *jouer* le concerto *encore* , si je mise dessus " *Kopf und Kragen* (tête et col)", comme disent les Allemands. — Mais oh, quelle difficulté de faire *quoi que* ce soit dans ce monde !

18 décembre 1872. — J'ai *enfin* joué, il y a huit jours, dimanche, mon concerto de Rubinstein avec l'orchestre, et j'ai eu le plaisir d'apprendre par Scharwenka que j'avais eu un brillant succès. Franz Kullak a dit que mes passages d'octave étaient superbement joués et Moszkowski (qui, à ma grande surprise, jouait du premier violon) a applaudi. J'ai donc été complimenté par les trois dont j'étais le plus impressionné. Scharwenka et Moszkowski sont tous deux des artistes accomplis et des compositeurs exquis, et ils jouent beaucoup en concert cet hiver. Scharwenka est très beau. Il est Polonais et très fier de sa

nationalité. Et effectivement, il y *a* quelque chose d'intéressant et de
romantique dans le fait d'être Polonais. Le nom même évoque des pensées
de révolutions, de conspirations, d'exécutions sanglantes, de bals masqués et,
bien *sûr*, de grâce, d'esprit et de beauté ! Scharwenka perpétue certainement
les traditions de sa race en ce qui concerne cette dernière qualification. Je n'ai
jamais parlé avec lui, car je ne le connais que très bien, donc je ne sais pas
quel genre d' *esprit* il a, mais je me surprends à le regarder et à me dire avec
un certain degré de satisfaction : « Il est un Polonais." Pourquoi j'éprouverais
ce sentiment, je ne le sais pas, mais j'ai l'air d'être fier de connaître les Polonais
! — Scharwenka a un teint olive clair, un visage ovale, des yeux noisette (je
pense) et une masse de cheveux bruns soyeux qu'il porte longs, et qui lui
tombe sur la tête de la manière la plus pittoresque et la plus attrayante. Il
préside toujours le piano aux leçons d'orchestre du conservatoire le dimanche
matin et supplée aux parties qui manquent. Lorsque des concertos sont joués
, il accompagne. Il a une délicieuse sérénité dans ses manières et est assis là
avec une dignité tranquille, dos aux fenêtres et la lumière frappant à travers
ses cheveux duveteux. Il joue magnifiquement et compose à la manière de
Chopin. Peut-être fera-t-il de plus grandes choses et développera-t-il son
propre style peu à peu. Chaque hiver, il donne un concert à Berlin à la Sing-
Akademie.

À propos, je ne vous conseillerais pas de prêter attention à ce que dit G. à
propos de la musique. Elle est incapable de porter un jugement correct sur le
sujet et elle me provoquait à mort avec ses critiques ignorantes et radicales.
Je la redresse continuellement, mais l'entendre parler de musique et de
musiciens, c'est un peu comme entendre SR et la foule de M. parler d'art.
Quoi *de* plus simple et de plus absurde que de s'installer et de dire que
"personne ne vous satisfait". *Truc!* — Quant à Kullak, je pense qu'un maître
doit être jugé par le nombre de joueurs qu'il forme. Depuis deux ans que j'ai
étudié avec lui, il a formé, à ma connaissance, six ou huit artistes, sans
compter une infinité d'élèves qui jouent extrêmement bien. Les gens viennent
le voir du monde entier et, en tant qu'artiste, il occupe une place de premier
ordre.

Je dois vous parler d'une nouvelle connaissance que je viens de faire, un M.
P., un homme de Harvard, très fascinant, très brillant, très talentueux et le
danseur le plus parfait que j'aie jamais vu. J'ai rencontré ce phénix pour la
première fois lors d'un dîner, où il brillait assez. Il semblait avoir l'histoire de
tous les pays sur le bout de sa langue et traversa les révolutions et les règnes
de la manière la plus rapide. Nous avons eu une discussion animée sur les
Allemands, qu'il déteste et méprise, et il a invoqué tous les événements
historiques possibles pour justifier son dégoût. J'étais sur la défensive, bien
sûr. "Ils n'ont aucune *délicatesse* ", dit P. avec sa manière emphatique, et j'ai dû
céder là-dessus. En effet, je peux imaginer que pour une créature exigeante

comme lui, imprégnée elle aussi de toute la chevalerie du Sud, les Allemands seraient pour le moins surprenants. " Eh bien, s'écria-t-il, ils vous aident à table avec leurs propres fourchettes après avoir mangé avec eux ! Que pensez-vous que mon hôte ait fait aujourd'hui ? Il a pris un morceau de viande qu'il avait commencé à manger, de *sa propre assiette !* et l'a mis dans la mienne avec *sa propre fourchette !!* en disant : « Essayez ça, c'est un bon morceau ! » - Ses intentions étaient excellentes, mais il ne lui est jamais venu à l'esprit que je ne devrais pas être ravi de le faire. manger après lui. "-P. Je ne peux pas supporter que les serveurs des restaurants fassent semblant de le prendre pour un seigneur et l'appellent « Herr Graf ». "Je vais les apprendre à *Herr Graf* ," dit-il entre ses dents, baissant la tête, ses yeux brillaient d'un feu dangereux. Mais il est fort probable qu'ils le prennent pour un seigneur, car il en a l'air « à chaque centimètre carré ».

Je l'ai rencontré de nouveau lors d'une réception et j'avais avec lui une conversation des plus charmantes au sujet de Goethe, qu'il disséquait avec sa manière fine, quand sont arrivés M. et Mme N. Je savais tout de suite que notre vie était terminée. conversation délicieuse, car bien que Mme N. ait elle-même un mari des plus fascinants et des plus nobles, et qu'elle soit, de plus, extrêmement jalouse de lui, elle n'est jamais contente à moins que l'homme le plus agréable de la pièce ne lui soit également dévoué. Effectivement, elle est venue droit vers nous et a profité de l'occasion pour me murmurer quelque chose d'insensé à l'oreille. Bien entendu, M. P. a dû lui offrir sa place. Elle n'était pourtant pas assez nue pour le prendre, mais elle avait réussi à rompre le tête-à-tête et à détourner son attention. Peu de temps après qu'un autre monsieur soit venu me parler, M. P. s'est incliné et pour le reste de la soirée, il est resté coincé aux côtés de Mme N.. Telles sont les satisfactions des fêtes ! Soit on ne rencontre personne à qui il vaut la peine de parler, soit la conversation est sûre d'être interrompue. Il faut ces femmes du monde, comme Mme N., pour sortir les prunes du pudding.

Pourtant, le voir danser me procurait presque autant de plaisir que de discuter avec lui. Il a cet air d'avoir dansé des millions d'Allemands, et il incarne la grâce et l'élégance. Juste à la fin de la fête, il m'a demandé son tour et nous en avons pris trois longs. Je n'ai jamais autant aimé danser. Il parvient à anéantir entièrement ses jambes, et son bras, quoique fort, est si léger qu'on se sent emporté comme une bulle, et on a seulement conscience d'être soutenu et guidé. Il m'a tellement inspiré que j'ai très bien dansé, mais quand il me complimentait, je me retenais lâchement de lui faire savoir que tout cela lui était dû ! Par une drôle de coïncidence, il est le fils de cette élégante Mme P. qui était sur le bateau à vapeur avec moi, et son père est un homme politique très important. Je me souviens parfaitement de la fierté avec laquelle Mme P. me parlait de ce fils, et du peu d'intérêt qui m'intéressait. Il l'accompagna jusqu'au bateau à vapeur et, en fait, la première fois que je la vis, c'était lorsque M. T., qui se tenait à mes côtés sur le pont, me dit : « C'était un baiser *de mère* », alors qu'elle l'embrassait avec ravissement en prenant congé. . Je n'ai pas du tout remarqué M. P., même s'il dit qu'il se souvient parfaitement de ma présence là. Il va ou est parti en Russie, et de là il rejoindra sa famille à Paris. C'est le pire d'être à l'étranger. Des personnes charmantes passent sur votre chemin comme des comètes et disparaissent pour ne plus jamais être revues.

D'ailleurs, je me sens désormais égal à tout ce qui a la forme d'une danse allemande. Peut-être que cette affirmation vous semblera insignifiante ; mais vous ne savez pas grand chose sur le sujet si c'est le cas. Si vous avez déjà lu « Les Confessions de Fitz Boodle », vous vous souviendrez qu'il représente la danse allemande comme une chose effrayante et merveilleuse pour les inexpérimentés, et comment le match entre lui et Dorothea a été interrompu par sa chute avec elle pendant la valse. , et rouler encore et encore. Ici *tout le monde* danse, jeunes et vieux, et vous verrez de grosses vieilles dames mariées se dandiner avec leurs maris gris et fusiformes. Refuser ne vous aide en rien, et vous risquez d'être emmené sans préavis par un vieil homme qui tourne avec vous comme un éclair sur la pointe des pieds, ses pans de manteau volant à un angle bien *supérieur* à quarante. -cinq degrés. La marche arrière est inconnue, et par conséquent vous voyez la pièce tourner avec vous.

Mais j'ai toujours pensé que si l'on *pouvait* suivre leurs pas, cela pourrait être plutôt amusant. Ainsi, après une pause de trois ans, j'ai finalement décidé cet hiver d'aller dans des bals allemands et de réessayer. Le premier auquel j'ai assisté était un bal d'artistes. Il y eut d'abord un petit concert (auquel je jouai), puis un souper à dix heures, et puis la danse commença. Les cartes de danse étaient distribuées au souper et mes diverses connaissances venaient me demander différentes danses. Le premier m'a demandé la Polonaise. "Ravi!" dis- je ; non pas que j'eusse la moindre idée de ce qu'était une « polonaise », mais j'étais déterminé à ne pas broncher. Le second m'engagea pour le Quadrille à la Cour, le troisième pour le Rheinlaender , etc., etc. J'acceptai tout avec un empressement extérieur, mais avec une certaine appréhension intérieure, car je trouvais que c'était plutôt un coup d'audace de levez-vous à un grand bal et essayez de danser une série de choses dont je n'avais jamais entendu parler ! Cependant, j'ai eu de la chance. La Polonaise s'est avérée être une simple marche, mais sous des figures différentes, ce qui, avant la conclusion, vous fait changer continuellement de partenaire jusqu'à ce que vous ayez promené et parlé avec toutes les personnes du sexe opposé dans la pièce. Il s'agit de faire connaître tout le groupe. Lorsque vous retrouvez enfin votre propre partenaire, cela se termine par une valse et ainsi se termine.

Mon partenaire était un jeune artiste, mi-peintre, mi-musicien, et un causeur très intelligent et en fait charmant. Comme la plupart des artistes, sa tenue vestimentaire était plutôt du type six ou sept. Il portait un manteau à queue-

de-pie, mais il ne lui allait pas, j'en conclus donc qu'il a été emprunté ou loué
pour l'occasion. Il était si large et si long, que lorsque je le voyais danser avec
quelqu'un d' autre, je pensais que j'avais dû faire une figure risible avec lui,
car il était petit par surcroît. Pourtant, il avait ce côté ensoleillé et joyeux que
tous les artistes ont lorsqu'ils sont de bonne humeur , et c'était un danseur
capital. Quand je suis revenu vers lui à la fin de la Polonaise, je suis parti avec
un mental : « Et maintenant », car la valse était ce qui me faisait le plus peur ;
mais, à ma grande surprise, je m'en sortais à merveille. Enhardi par le succès,
j'ai continué avec imprudence. " Rheinlaender " s'est avéré être le schottisch
et " Quadrille à la Cour " les lanciers, donc j'allais bien. Il fallait bien sûr les
danser au sens allemand du terme, mais avec du courage, cela est possible.
Depuis ce bal, j'ai assisté à deux autres bals, et mes messieurs me déclarent
maintenant être un danseur accompli. Je ne sais pas comment j'ai appris, mais
cela m'est venu avec une inspiration soudaine.

CHAPITRE XVI.

Un professeur allemand. Sherwood. La baronne von S.
Von Bülow. Un parti allemand. Joachim.La baronne à la maison.

BERLIN, *le 25 février 1873* .

Chez M. P., nous avons eu l'autre jour un charmant dîner, aussi convivial que possible, quoique nous fussions treize à table. Pensez quel oubli ! Je crois cependant que j'étais le seul à l'avoir perçu. Je me suis assis à côté d'un professeur d'allemand, dont on dit qu'il parle soixante-quatre langues ! Il avait une petite tête compacte, qui semblait bourrée et bourrée à souhait. J'ai longuement réfléchi à laquelle de ses soixante-quatre langues je devrais le débuter, mais j'ai finalement conclu que, comme je parlais anglais assez couramment, nous nous limiterions à cela ! C'était tout à fait agréable de discuter avec lui, comme le sont tous ces *savants allemands* , et j'ai reçu beaucoup de nouvelles idées de sa part. Il avait écrit un pamphlet sur le thème de l'amour, tel qu'il est envisagé dans diverses langues anciennes et modernes, et il y prouve que la passion amoureuse était autrefois une chose bien différente de ce qu'elle est aujourd'hui. Toute cette idéalité du sentiment est toute moderne.

Mon amie Miss B. joue à merveille maintenant, et Sherwood avance comme un jeune géant. Aujourd'hui, Kullak a déclaré que Sherwood jouait le concerto en mi bémol majeur de Beethoven (le plus dur de tous les concertos de Beethoven) avec une perfection qu'il avait rarement entendu égaler . Voilà un génie, car il a encore moins de vingt ans et n'est à l'étranger que depuis un an ou deux. Mais il a étudié avec notre meilleur maître américain, William Mason, et a joué comme un artiste avant de venir. Mais Sherwood a un énorme avantage qu'aucun maître sur terre ne peut conférer, c'est une parfaite confiance en lui-même. Il n'y a rien de tel que d'avoir confiance en soi, et je crois *que* c'est le genre de foi qui « déplace les montagnes ».

Lors de la grande fête de M. Bancroft pour l'anniversaire de Washington, vendredi dernier, il m'a présenté à la baronne von S., mais sans lui dire que j'étais la personne qui avait écrit cette lettre sur elle et Wilhelmj que M. a publiée à mon insu dans *le Dwight's Journal.* . Elle était aussi exquise que je le pensais, et c'est la créature la plus envoûtante ! C'est exactement une femme comme la décrit Balzac, comme Honorine, par exemple. Elle a « *l'œil plein de feu* », etc., et est la grâce et le sentiment personnifiés.

Elle était vêtue de soie blanche, avec une encolure carrée et de nombreux petits volants tressés autour du bas. Autour de son cou se trouvait un ruban de velours noir, avec un collier de perles magnifiques attaché en festons et un pendentif en diamant au milieu. Elle m'a salué avec une révérence cérémonieuse et a commencé la conversation en me complimentant sur un accompagnement que j'avais joué. Je lui ai dit que j'étudiais la musique ici et que j'étais au conservatoire de Tausig depuis un an. Dès que je l' ai mentionné , nous nous sommes entendus à merveille, car elle était son élève préférée , et nous avons beaucoup parlé de lui et de Bülow. Elle dit qu'elle avait entendu Tausig jouer tout ce qu'il avait appris, pensait-elle, et que quinze jours seulement avant sa mort, il était chez elle et jouait la première sonate de Chopin. Le dernier mouvement vient après la célèbre Marche Funèbre (qui forme l'Adagio) et est très particulier. C'est un mouvement de course continu avec les deux mains à l'unisson, et il se joue tout étouffé et avec la pédale douce. Kullak pense que Chopin voulait exprimer qu'après la tombe tout n'est que poussière et cendres, mais la baronne a dit que Tausig pensait que Chopin voulait représenter par là le fantôme du défunt errant. A cette occasion, lorsque Tausig eut fini de la jouer, il se retourna et lui dit : « Cela me semble comme le vent qui souffle sur ma tombe. » Quinze jours plus tard, il était mort ! Je lui ai demandé si ce n'était pas affreux qu'un tel artiste soit mort si jeune. Le regard le plus peiné passa dans ses beaux yeux, et elle dit : "Je n'ai *jamais* réussi à m'y réconcilier."

La conversation se poursuivit de la manière la plus charmante jusqu'à ce que von Moltke vienne lui parler d'un côté et que M. Bancroft, de l'autre, lui offre son bras pour la conduire dans la salle à manger. "Tu lui as dit?" murmura M. Bancroft. "Non, comment pourrais-je?" dis-je. " *Tu* devrais lui dire." J'imagine donc qu'il lui a dit, alors qu'ils allaient dîner, que j'étais la jeune femme qui l'avait décrite dans le journal. Je n'ai eu l'occasion de la revoir qu'au moment où je rentrais chez moi. Elle se tenait sur le seuil d'une antichambre avec M. Bancroft, enveloppée dans son manteau d'opéra et attendant que sa voiture soit annoncée. J'ai souhaité bonne nuit à M. Bancroft et, alors que je la dépassais , elle a tendu la main et m'a dit avec un regard significatif, dans son petit anglais hésitant : « Je suis si heureuse de vous avoir rencontré. Je lui ai dit que je lui devais des excuses, que j'espérais lui présenter une autre fois. « Oh non, dit-elle en souriant, je suis très reconnaissante. » Je suppose qu'elle voulait dire « très flattée », ou quelque chose de ce genre.

J'ai entendu récemment deux formidables concerts de Bülow. Oh, j'espère que vous l'entendrez un jour ! C'est un artiste colossal. Je n'ai jamais entendu un pianiste que j'aimais autant. Il a une si parfaite maîtrise, et pourtant une telle compréhension et une telle sympathie. Il a notamment interprété la dernière Sonate de Beethoven. C'est tellement magnifique qu'il est ! Je l'ai mieux aimé que l' Appassionata .

L'autre soir, je suis allé à une fête chez le général von der G.. C'était un groupe de personnes « terriblement » élégantes – toutes des comtesses, des Vons et des épouses de généraux. Raide, oh, *comme c'est* raide ! J'avais l'impression que les dames me rendaient un service personnel à chaque fois qu'elles me

parlaient. Ils étaient très joliment habillés et portaient leurs bijoux de famille.
Il y avait beaucoup de musique et un certain vieux Herr von K. était assis sur
un canapé et hochait la tête *à la* manière d'un connaisseur, tandis que les
officiers se tenaient debout et osaient à peine cligner de l'œil. La formalité ne
cessa que lorsque nous passâmes à la salle du souper, lorsque, comme c'est
toujours le cas dans les fêtes allemandes, la langue de tout le monde se *délia*
soudain . scie. Leurs fêtes sont *toujours* « comme ça ». Tant d'heures de
convenance à l'avance, les dames seules autour d'une table centrale dans une
pièce, les jeunes filles discrètement prises en sandwich entre elles avec leurs
broderies, et causant des sujets les plus limités dans le style le plus « papa,
pommes de terre, volailles, à la manière des pruneaux et du prisme - et les
hommes dans l'autre pièce jouant aux cartes. A cette occasion, quand nous
allions souper, il y avait une grande table centrale couverte du festin, et puis
il y avait de petites tables tout autour, où l'on pouvait se retirer avec sa proie
une fois qu'on l'avait prise. J'ai pris quelque chose et je me suis dirigé vers
une table dans un coin, où une jeune artiste, également Miss B. et un officier,
le fils du célèbre général von W., qui a gagné la bataille de quelque chose,
m'ont rapidement suivis. L'artiste Herr Meyer était assis en face de moi et je
me mis à bavarder avec lui, sans me soucier de l'officier, car je l'avais
auparavant essayé sur tous les sujets du monde connu sans pouvoir lui
arracher de réponse. Nous avons progressivement rassemblé un ensemble
d'assiettes pleines de choses, lorsque j'ai laissé tomber une de mes cuillères
par terre. Je l'ai ramassé, je l'ai mis de côté et j'ai commencé à manger dans
l'une de mes autres assiettes. Bientôt, l'officier, qui me regardait depuis tout
ce temps hors de son uniforme, se leva solennellement, se dirigea vers la table
centrale et revint. Soudain, je me rendis compte, ma lumière étant obscurcie,
qu'il se tenait en face de moi, de l'autre côté de la table. J'ai levé les yeux et
j'ai remarqué qu'il avait une cuillère dans le pouce et l'index. Cependant,
comme il ne me l'a pas proposé, je n'ai pas pensé que c'était pour moi, alors
j'ai continué à manger. Au bout d'une minute, j'ai de nouveau levé les yeux et
il était toujours debout, comme s'il pointait un pistolet, la cuillère entre le
pouce et l'index. Finalement , je me rendis compte qu'il l'avait apporté pour
moi, alors je le lui pris des mains et le remerciai, après quoi il reprit sa place.
J'ai été tellement bouleversé par cet acte de bravoure inouï de la part d'un
aristocrate ! et un officier !! que je sentais que je devais dire quelque chose de
digne de l'occasion. Alors, au bout de quelques minutes, je lui dis : « Tout est
très doux dans *cette* cuillère ! » — Silence total et impassibilité de son visage.
— Miss B., qui était assise en face, remarqua malicieusement : « C'était
complètement perdu. , ma chère", et j'étais tellement déprimé par mon échec
que je me suis calmé et n'ai pas essayé de le rallumer.

———

BERLIN, *le 14 avril 1873* .

Le colonel B. m'a dit il y a quelques semaines que Kullak lui avait dit que j'étais prêt pour la salle de concert et qu'il aimerait que je joue à la cour. Si telle est sa véritable opinion, *je* n'en ai aucune preuve, car il sait que j'ai hâte de jouer en concert avant de quitter l'Allemagne, et pourtant il ne fait rien du tout pour me faire avancer. C'est très décourageant. Dans cette véranda, il n'y a aucun stimulus. Autant être une machine.

Je propose d'aller à Weimar la fin de cette semaine. Il me semble très étrange que je connaisse enfin Liszt, après avoir entendu parler de lui pendant tant d'années. Je suis folle de le voir ! On dit que tout dépend de l' humeur dans laquelle il se trouve lorsque vous venez vers lui. J'espère que je tomberai sur l'un de ses moments d'indulgence. Tout le monde dit qu'il ne donne pas de leçons. Mais j'espère au moins pouvoir jouer avec lui quelques fois, et ce qui est plus important, l'entendre *jouer* à plusieurs reprises. Heureux le pianiste qui peut capter ne serait-ce qu'un léger reflet de son style merveilleux !

Il n'y a pas longtemps, M. Bancroft m'a invité à me rendre à Tegel, la maison de campagne de Humboldt, près d'ici, avec les Joachim, et j'ai donc eu une conversation de trois heures avec *cette* idole ! C'est l'homme le plus modeste et sans prétention possible. À l'entendre parler, on ne penserait pas qu'il puisse jouer du tout. Je me suis toujours dit que si quelque chose pouvait être le paradis, ce serait de jouer une sonate avec Joachim, mais je pensais que cela était inaccessible tant ces maîtres artistes sont fiers et inaccessibles. Mais je pense que maintenant, cela n'aurait peut-être pas été si difficile après tout, il est tellement adorable. Joachim était très silencieux pendant la première partie de l'excursion et je ne pensais pas comment le faire parler. Enfin , j'ai mentionné Wagner, que je savais détester. Ses yeux s'enflammèrent, et il se réveilla, et ensuite il resta animé et intéressant tout le reste du temps ! Il a déclaré que « Wagner avait l'illusion qu'il était le seul homme au monde à comprendre Beethoven ; mais il se trouve qu'il y avait *d'* autres personnes qui pouvaient comprendre Beethoven aussi bien que lui » - et en effet, il est difficile de concevoir un quelconque quelqu'un qui comprend Beethoven mieux que Joachim.

Joachim est tout aussi noble et généreux envers les artistes pauvres que Liszt, et il leur enseigne constamment pour rien. Il a le plus grand enthousiasme pour sa classe à la Hoch Schule, et je ne pense pas que quiconque souhaite étudier le violon *songerait* à aller ailleurs . On dit que Joachim possède également de belles qualités sociales et qu'il a la faculté de recevoir avec charme dans sa propre maison. Il fait ressortir ce qu'il y a en chacun sans apparemment rien dire lui-même.

La baronne von S. avait semblé si cordiale et amicale chez M. Bancroft à cause de la lettre que vous aviez publiée dans *le Dwight's Journal of Music* , que j'ai finalement pris le parti d'oser faire appel à elle pour lui demander une lettre d'introduction à Liszt. Elle vit dans un palais appartenant à l'Impératrice. Il y a une cour profonde devant, avec des lions sur le portail. Devant la porte se tenait un soldat qui montait la garde. Alors que j'approchais, un des gardes du corps (régiment du prince héritier) émergea de l'entrée. Il était vêtu tout de blanc et d'argent, avec des bottes à chapiteau et son casque surmonté d'un aigle d'argent. Il était officier, et bien entendu tous les officiers de ce régiment appartiennent à la fleur de la noblesse. J'étais plutôt impressionné par son apparence imposante, je m'avançai timidement vers les portes, qui étaient en verre, et tirai sur la sonnette. Un grand fantôme en livrée apparut comme par magie et me fit signe de monter le grand escalier. Les murs étaient tous couverts de tableaux. Je montai et fus reçu par un autre grand fantôme en livrée. Je lui ai demandé « s'il fallait parler à Mme Excellence ». Il prit ma carte et me dit discrètement : « Il verrait », en me faisant entrer dans une immense salle de bal, où il me pria de m'asseoir. Elle était meublée de satin cramoisi, il y avait des myriades de miroirs et le sol était ciré. Je me suis réfugié dans un coin, me sentant vraiment tout petit. Ces quelques minutes d'attente furent extrêmement inconfortables, car je ne savais pas ce qu'elle répondrait à ma demande, car je ne l'avais vue qu'une seule fois chez M. Bancroft, et je n'étais pas sûr qu'elle ne considérerait pas ma venue comme un liberté. Ici, les gens sont si sévères dans leurs idées.

Finalement , la servante revint et me dit qu'elle me recevrait, et elle me conduisit à travers la salle de bal jusqu'à une porte qu'il ouvrit pour que j'entre. Je me trouvai dans une grande pièce haute, également meublée en cramoisi, et au centre de laquelle se tenaient deux pianos amoureusement nichés l'un contre l'autre. Mais la baronne n'était pas là et je voyais ce qui semblait être une succession infinie de pièces s'ouvrant les unes sur les autres, les portes toujours en face les unes des autres. J'ai décidé de « continuer jusqu'à m'arrêter », et après en avoir parcouru trois ou quatre, j'ai enfin entendu un léger murmure de voix et suis entré dans ce que je suppose être son *boudoir*. Là, ma divinité était assise dans un petit canapé de satin cramoisi, discutant avec un vieil homme assis sur une chaise près d'elle, qu'elle présentait comme étant Herr Professor Somebody. Il avait une petite tête bien bourrée et un œil pâle et observateur qui semblait dire : « J'ai tout regardé » – et je devrais le croire *à* la manière dont il conversait.

La baronne était vêtue d'une soie olive , courte et à la mode. Elle se penchait en avant tout en parlant et jouait avec un poignard au fourreau d'argent qu'elle prenait sur une table chargée de bagatelles coûteuses à côté d'elle. Elle se leva à mon arrivée, me salua très cordialement et me demanda de m'asseoir sur le canapé à côté d'elle. Je lui expliquai ma mission, et elle me dit aussitôt qu'elle me remettrait une lettre avec le plus grand plaisir. Nous avons eu une conversation très charmante sur les artistes en général, et sur Liszt en particulier, à laquelle le petit professeur prenait un rôle important. Il se montra le connaisseur qu'il avait l'air et s'écarta peu à peu de l'art de la musique vers celui de parler et de lire, qui, disait-il, était le plus difficile de tous les arts, parce que le ton n'était pas là, mais il fallait le donner. Il a dit qu'il n'avait jamais entendu un orateur ou un lecteur parfait de sa vie. Il s'est longuement penché sur l'art de parler, et finalement, quand il s'est arrêté, la baronne m'a pris la main et m'a dit : « Où habitez-vous ? Je lui ai donné mon adresse et elle m'a dit qu'elle m'enverrait la lettre. Je me levai alors pour partir, et elle m'assura de nouveau qu'elle ferait tout ce qu'elle pourrait pour disposer Liszt favorablement à mon égard. Je l'ai remerciée et lui ai dit au revoir. Elle a attendu que je sois presque à moitié traversant la pièce voisine, puis elle m'a appelé : « Je dirai beaucoup de jolies choses sur toi ! C'était une vraie petite coquetterie de sa part, et elle savait que ça me ferait tomber ! Elle avait l'air si douce quand elle le disait, debout et souriante au milieu du sol, l'embrasure de la porte lui faisant un cadre. Quelques jours après, je la rencontrai dans la rue, et elle me raconta qu'elle avait enjoint à Liszt d'être aimable avec moi, « mais, ajouta-t-elle avec un rire malicieux, je ne lui ai pas dit que tu écrivais si bien. pour les papiers. » Oh, elle est trop fascinante pour quoi que ce soit ! — Elle semble simplement flotter au sommet de la vague et ne jamais réfléchir. Une perception et une intelligence si exquises, et pourtant une légèreté !

La dernière émotion à Berlin fut le mariage du prince Albrecht (le fils de celui dont j'ai assisté aux funérailles) avec la princesse d'Altenbourg. A son arrivée, elle faisait une entrée régulière dans la ville dans un carrosse tout d'or et de verre, tiré par huit superbes chevaux à plumes. Un orchestre de musique la précédait, et elle était escortée dans de grands équipages. Alors qu'elle était assise sur la banquette arrière avec la princesse héritière, magnifiquement habillée et s'inclinant d'un côté à l'autre, vous vous êtes frotté les yeux et avez cru voir Cendrillon !

AVEC LISZT.

CHAPITRE XVII.

Arrivée à Weimar. Liszt au Théâtre. À une fête.
Dans sa propre maison.

WEIMAR, *le 1er mai 1873* .

Hier soir, je suis arrivé à Weimar, et ce soir je suis allé au théâtre, qui est très bon marché ici, et la première personne que j'ai vue, assise dans une loge en face, était Liszt, dont, comme vous le savez, je tiens à prendre des leçons, même si ce sera une chose difficile, je le crains, car on me dit que Weimar est surpeuplée de gens qui font la même course. J'ai reconnu Liszt à son portrait, et cela m'a beaucoup amusé et intéressé de l'observer. Il se faisait plaisir avec trois dames, dont une était très jolie. Il était assis dos à la scène, ne prêtant apparemment pas la moindre attention à la pièce, car il parlait tout le temps lui-même, et pourtant rien ne lui échappait, comme je pouvais le constater à son expression et à ses gestes.

Liszt est l'homme le plus intéressant et le plus frappant qu'on puisse imaginer. Grand et mince, avec des yeux enfoncés, des sourcils hirsutes et de longs cheveux gris fer, qu'il porte séparés au milieu. Sa bouche est retroussée aux coins, ce qui lui donne une expression des plus rusées et méphistophéliques lorsqu'il sourit, et toute son apparence et ses manières ont une sorte d'élégance et d'aisance jésuitiques. Ses mains sont très étroites, avec des doigts longs et fins qui semblent avoir deux fois plus d'articulations que celles des autres. Ils sont si flexibles et souples que cela vous rend nerveux de les regarder. Je n'ai jamais vu quelque chose qui ressemble à ses manières raffinées. Par exemple, lorsqu'il se levait pour quitter la loge, après ses adieux aux dames, il posait la main sur son cœur et faisait sa dernière révérence, non avec affectation ni par pure galanterie, mais avec une courtoisie tranquille qui vous faisait sentir. Je pense qu'aucune autre manière de s'incliner devant une dame n'était juste ou convenable. C'était très caractéristique.

Mais ce qu'il y a de plus extraordinaire chez Liszt, c'est sa merveilleuse variété d'expression et son jeu de traits. Un instant, son visage paraîtra rêveur, sombre, tragique. Le lendemain, il sera insinuant, aimable, ironique, sardonique ; mais toujours la même grâce captivante de manière. C'est une étude parfaite. Je ne peux pas imaginer à quoi il doit ressembler quand il joue. Il est entièrement esprit, mais la moitié du temps, au moins, un esprit moqueur, devrais-je dire. J'ai déjà entendu les histoires les plus remarquables à son sujet. Tout Weimar l'adore, et on dit que les femmes en deviennent encore complètement folles. Quand il sort, il s'incline devant tout le monde comme un roi ! Le Grand-Duc lui a offert une maison magnifiquement située sur le parc, et il y vit élégamment et sans frais, chaque fois qu'il choisit de s'y rendre.

<hr width="120">

WEIMAR, le 7 mai 1873 .

Il n'y a pas de piano à Weimar par amour ou par argent, car il n'y a pas de manufacture, et les rares pianos qui s'y trouvaient ont été récupérés avant mon arrivée. J'ai donc perdu une semaine entière à en chercher un et j'ai été obligé d'aller d'abord à Erfurt et enfin à Leipzig avant de pouvoir en trouver un - et même cela m'a été envoyé comme une faveur après beaucoup de persuasion et de persuasion. Je me suis senti si heureux quand je l'ai vu dans ma chambre ! Comme si j'avais pris une ville ! Cependant, j'ai rencontré Liszt il y a deux soirs lors d'un petit goûter donné par un de ses amis et *protégé* à tous ses savants qui sont arrivés, m'étant invité avec les autres. Liszt a promis de venir en retard. Nous n'étions que sept. Il y avait trois jeunes hommes et quatre jeunes femmes, dont trois, dont moi-même, étaient américaines. Cinq d'entre eux avaient déjà étudié avec Liszt et ces jeunes hommes sont déjà des artistes devant le public.

Pour occuper le temps jusqu'à l'arrivée de Liszt, notre hôtesse nous fit jouer les uns après les autres, en commençant par le dernier arrivé. Après chaque « exposition », de petites tables étaient amenées et le souper était servi. Nous étions au milieu de tout cela et nous passions un bon moment lorsque la porte s'ouvrit brusquement et que Liszt apparut. Nous nous levâmes tous et il serra la main de tout le monde sans attendre d'être présenté. Liszt a l'air d'avoir tout vécu et son visage est *empreint* d'expérience. Il est plutôt grand et étroit, et porte un long manteau d'abbé descendant presque jusqu'aux pieds. Il me faisait penser à un magicien d'antan plus que tout, et je sentais qu'avec un simple toucher de sa baguette, il pouvait tous nous transformer. Après avoir terminé ses salutations, il passa dans la pièce voisine et s'assit. Les jeunes gens se rassemblèrent autour de lui et lui offrirent un cigare qu'il accepta et se mit à fumer. Nous, les autres, avons continué nos bêtises là où nous étions, et je suppose que Liszt a entendu une partie de notre brillante conversation, car il a demandé qui nous étions, je pense, et bientôt la maîtresse de maison est sortie après Miss W. et moi, les deux étrangers américains. , pour nous accueillir et nous présenter à lui.

Après les salutations préliminaires, nous avons eu une petite conversation. Il m'a demandé si j'avais assisté au concert de Sophie Menter à Berlin l'autre jour. J'ai dit oui. Il remarqua que Miss Menter était une de ses grandes favorites et que la dame de qui je lui avais apporté une lettre avait fait beaucoup pour elle. Je lui ai demandé si Sophie Menter était une de ses élèves. Il a dit non, il ne pouvait pas s'attribuer le mérite de sa réussite artistique. J'ai appris par la suite qu'il avait vraiment fait beaucoup pour elle, mais il ne veut pas qu'on dise qu'il enseigne ! Après avoir fini son cigare, Liszt se leva et dit : « L'Amérique doit maintenant avoir la parole » et demanda à Miss W. de jouer pour lui. C'était une épreuve épouvantable pour nous, nouveaux arrivants, car nous ne nous attendions pas à être sollicités. Je commençai à trembler intérieurement, car j'étais sans piano depuis près d'une semaine et je n'étais pas du tout prêt à jouer sur lui, tandis que Miss W. était debout depuis cinq heures du matin et avait voyagé toute la journée. . Cependant, il n'y avait aucun moyen de s'en sortir. Une demande de Liszt est un ordre, et Miss W. s'est assise et s'est acquittée aussi bien qu'on aurait pu s'y attendre dans les circonstances. Liszt agitait la main et hochait la tête de temps en temps, et semblait content, pensai-je. Il fit ensuite appel à Leitert , qui interpréta magnifiquement une composition de Liszt. Liszt le félicita et lui tapota le dos. Dès que Leitert eut fini, je me glissai dans l'arrière-boutique, espérant que Liszt m'oublierait complètement, mais il me suivit presque immédiatement, comme un chat avec une souris, prit mes deux mains dans les siennes et dit de la manière la plus gagnante façon imaginable, " *Mademoiselle, vous jouer quelque chose, n'est - ce -pas?* " Je ne peux pas vous donner la moindre idée de sa *force de persuasion* , quand il le souhaite. C'est suffisant pour vous attirer dans n'importe quoi. C'était un moment tellement désespéré que je suis devenu imprudent, et sans même lui dire que je manquais d'entraînement et que je ne prêt à jouer, je me suis assis et je me suis plongé dans la Ballade en la bémol majeur de Chopin, comme si j'étais possédé. Le piano avait un toucher magnifique, heureusement Liszt n'arrêtait pas de crier « Bravo » toutes les minutes ou deux, pour m'encourager, et. D'une manière ou d'une autre, j'ai réussi. Quand j'ai eu fini, il a applaudi et a dit : « J'ai joué courageusement. » Il m'a demandé avec qui j'avais étudié et m'a fait une ou deux petites critiques. J'espérais qu'il me mettrait de côté et jouerait lui même. , mais il ne l'a pas fait.

Liszt est comme un monarque, et personne n'ose lui parler avant qu'il ne s'adresse à lui en premier, ce qui, à mon avis, n'est pas amusant. Il ne nous jouait pas du tout, sauf quand quelqu'un lui demandait s'il avait entendu R. jouer cet après-midi-là. R. est un jeune organiste de Leipzig qui a télégraphié à Liszt pour lui demander s'il pouvait venir jouer avec lui à l'orgue. Liszt, avec son amabilité habituelle, répondit que oui. "Oh," dit Liszt avec un air indescriptiblement comique, "il a improvisé pour moi une demi-heure entière dans ce style", - puis il s'est levé et est allé au piano, et sans s'asseoir, il a joué quelques accords ridicules dans au milieu du clavier, puis de petits trilles et virages haut dans les aigus, qui nous ont tous fait éclater de rire. Peu de temps après avoir joué, j'ai pris congé. Liszt était allé fumer dans l'autre pièce, et je n'avais pas envie de le suivre, car je voyais qu'il était fatigué et qu'il n'avait pas l'intention de jouer avec nous. Notre hôtesse nous a dit, Miss W. et moi, de « nous éclipser pour qu'il ne s'en aperçoive pas ». Hier, Miss W. est allée le voir, et il lui a demandé si elle connaissait cette Miss « Fy », et lui a dit de me dire de venir le voir. Je me présenterai donc demain, même si je ne sais pas comment se comportera le lion quand je le porterai dans sa tanière.

Liszt est tellement *assiégé* de monde et tellement tourmenté de candidatures, que je crains de n'avoir été renvoyé que si j'étais venu sans la lettre d'introduction de la baronne von S., car il l'admire extrêmement et je juge qu'elle a beaucoup d'influence auprès de lui. Il dit que "les gens lui volent au visage par dizaines" et semble penser qu'il n'est "que pour donner des leçons". Il *ne donne* aucune leçon rémunérée, car il est beaucoup trop grand pour cela, mais si quelqu'un a assez de talent ou lui plaît, il laisse venir à lui et jouer avec lui. Je vais chez lui un jour sur deux, mais je ne joue pas plus de deux fois par semaine, car je ne peux pas trop me préparer, mais j'écoute les autres. Jusqu'à présent, il n'y en avait que quatre dans la classe, à part moi, et je suis le seul nouveau. De seize heures à six heures, c'est l'heure à laquelle il reçoit ses savants. La première fois que j'y suis allé, je ne l'ai pas joué, mais j'ai écouté les autres. Urspruch et Leitert , les deux jeunes gens que j'ai rencontrés l'autre soir, ont étudié longtemps avec Liszt et jouent tous deux superbement. Fräulein Schultz et Miss Gaul (de Baltimore) sont également des créatures très douées.

Alors que j'entrais dans le salon de Liszt, Urspruch interprétait les Études symphoniques de Schumann, une composition immense et qu'il lui fallut au moins une demi-heure pour terminer. Il jouait si bien que mon cœur s'enfonça jusqu'aux profondeurs. Je pensais que je ne devrais jamais y *aller* ! Liszt s'est avancé et m'a accueilli très amicalement à mon entrée. Il était de très bonne humeur ce jour-là et faisait quelques petites plaisanteries. Urspruch lui demanda quel titre il devait donner à une pièce qu'il était en train de composer. « *Per aspera ad astra* », dit Liszt. Ce fut un tel succès que je me mis à rire, et il sembla apprécier mon appréciation de son petit sarcasme. Je n'ai pas joué cette fois-là, car mon piano venait juste d'arriver et je n'étais pas prêt à le faire, mais je suis rentré chez moi et j'ai énormément travaillé pendant plusieurs jours sur la sonate en si mineur de Chopin. C'est une superbe composition et une de ses dernières œuvres. Quand j'ai cru pouvoir le jouer, je suis allé voir Liszt, le cœur tremblant toutefois. Je ne peux pas vous dire ce que cela m'a coûté chaque fois que je montais ses escaliers. J'ai à peine le courage d'y aller, et je reste généralement un moment sur les marches avant de pouvoir me décider à ouvrir la porte et à entrer !

Cette journée a été particulièrement éprouvante, car c'était vraiment ma première prestation sérieuse devant lui, et il parle si indistinctement que j'ai eu peur de ne pas comprendre ses corrections et qu'il ne perde patience avec moi, car il ne supporte pas expliquer. Je pense qu'il déteste la peine de parler allemand, car il marmonne ses mots et ne finit pas à moitié ses phrases. Hier, quand j'étais là, il me parlait tout le temps en français, et aux autres en allemand, un de ses drôles de caprices, je suppose.

Eh bien, ce jour-là, les artistes Leitert et Urspruch ainsi que le jeune compositeur Metzdorf, qui traîne toujours autour de Liszt, étaient dans la pièce quand je suis arrivé. Ils jouaient probablement. Au début, Liszt ne me prêta qu'une salutation, jusqu'à ce que Metzdorf lui dise : « Herr Doctor, Miss Fay a apporté une sonate. "Ah, eh bien, écoutons-le", dit Liszt. À ce moment-là, il quitta la pièce pendant une minute et je dis aux trois messieurs qu'ils devraient s'en aller et me laisser jouer seul Liszt, car j'étais nerveux à l'idée de jouer devant eux. Ils se sont tous moqués de moi et ont dit qu'ils ne bougeraient pas d'un pouce. Quand Liszt revint, ils lui dirent : « Pensez-y, Herr Docteur, Miss Fay propose de nous renvoyer tous chez nous. J'ai dit que je ne pourrais pas jouer devant de si grands artistes. "Oh, c'est sain pour vous", dit Liszt en souriant, et il ajouta : "Vous avez maintenant un public très choisi." Je ne sais pas s'il a apprécié à quel point j'étais nerveux, mais au lieu de se promener dans la pièce comme il le fait souvent, il s'est assis à côté de moi comme n'importe quel autre professeur et m'a entendu jouer le premier mouvement. C'était terriblement dur, mais je l'avais tellement étudié que j'ai réussi à m'en sortir avec assez de succès. Rien ne pouvait surpasser l'amabilité de Liszt, ni les ennuis qu'il se donnait, et au lieu de m'effrayer, il m'inspirait. Jamais il n'y a eu un professeur aussi charmant ! et c'est le premier sympathique que j'ai. Vous vous sentez tellement *libre* avec lui et il développe en vous l'esprit même de la musique. Il ne vous harcèle pas tout le temps, mais il vous laisse votre propre conception. De temps en temps, il fera une critique ou jouera un passage et, en quelques mots, vous donnera de quoi penser à tout le reste de votre vie. Il y a un *point* délicat dans tout ce qu'il dit, aussi subtil que lui. Il ne vous dit rien sur la technique. C'est à vous de le découvrir par vous-même. Quand j'eus terminé le premier mouvement de la sonate, Liszt, comme il le fait toujours, me dit « Bravo ! En s'asseyant à ma place, il m'a fait quelques petites critiques, puis m'a dit de continuer et de jouer le reste.

Or, je ne connaissais qu'à moitié les autres mouvements, car le premier était si extrêmement difficile qu'il m'a coûté tout le travail que je pouvais fournir pour le préparer. Mais jouer Liszt me rappelle essayer de nourrir l'éléphant du jardin zoologique avec des morceaux de sucre. Il dispose de mouvements entiers comme s'ils n'étaient rien et s'étend gravement pour en demander davantage ! Heureusement, un de mes doigts s'est mis à saigner, car j'avais pratiqué l'enlèvement de la peau, et cela m'a donné une bonne excuse pour arrêter. Je ne sais s'il fut satisfait de cette preuve d'industrie ; mais après avoir regardé mon doigt et dit : "Oh !" avec beaucoup de compassion, il s'est assis et a joué lui-même les trois derniers mouvements. C'était une bonne affaire et cela montrait tous ses pouvoirs. C'était la première fois que je l'entendais, et je ne sais lequel était le plus extraordinaire : le Scherzo, avec sa légèreté et sa rapidité merveilleuses, l'Adagio avec sa profondeur et son pathétique, ou le dernier mouvement, où toute la tonalité -board semblait " *donnern und blitzen* (tonnerre et éclairer). " Il y a une telle vivacité dans tout ce qu'il joue qu'il ne semble pas que vous écoutiez de la simple musique, mais c'est comme s'il avait invoqué une *forme réelle et vivante* et que vous la voyiez respirer devant votre visage et vos yeux. . Cela *me donne* une impression presque fantomatique de l'entendre, et il semble que l'air soit peuplé d'esprits. Oh, c'est un sorcier parfait ! Il est aussi intéressant de le voir que de l'entendre, car son visage change à chaque modulation du morceau, et il a l'air exactement tel qu'il joue. Il a un élément des plus captivants, c'est une sorte de gaieté délicate et intermittente qui ne cesse de vous scruter ici et là ! C'est très particulier, et quand il joue de cette façon, la petite expression la plus envoûtante apparaît sur son visage. C'est comme si un petit esprit de joie jouait à cache-cache avec vous.

Vendredi, Liszt est venu me rendre visite et a même joué un peu de mon piano. — Pensez donc quel honneur ! En même temps, il m'a dit de venir chez lui cet après-midi et de jouer avec lui, et m'a également invité à une matinée qu'il allait donner dimanche pour quelque comtesse distinguée qui était ici pour quelques jours. Aucun des autres savants n'a été interrogé et lorsque je suis entré dans la pièce, il n'y avait que trois personnes à l'intérieur, à côté de Liszt. L'un était le grand-duc lui-même, l'autre était la comtesse von M. (née princesse russe) et la troisième était l'épouse d'un ministre russe. Ils étaient tous les quatre en petit groupe, parlant ensemble en français. Je n'avais aucune idée de qui il s'agissait, car le Grand-Duc était en costume du matin et n'avait ni étoile ni décoration pour le distinguer. Cependant, j'ai vu d'un coup d'œil qu'ils étaient tous des houles, et donc je n'ai parlé à aucun d'entre eux, heureusement, même s'il y avait une chance égale que je n'aie pas dit quelque chose pour éviter la gêne de rester là comme un poteau. , car on m'avait dit auparavant que Liszt ne présentait jamais les gens les uns aux autres. Liszt me salua d'une manière très amicale et me présenta à la comtesse, mais elle était si affreusement disposée qu'il était impossible d'en tirer plus que quelques mots glacés. J'étais assez reconnaissant quand d'autres personnes arrivaient, pour pouvoir me retirer dans un coin et m'asseoir sans être remarqué, car c'était une situation très inconfortable d'être debout, un étranger, près de quatre mondains et de n'oser parler à *aucun* d'entre eux . parce qu'ils ne s'adressaient pas à moi.

Une fois la compagnie constituée, elle comptait dix-huit personnes, presque toutes titrées. J'étais le seul sans importance. Liszt était si gentil. Il venait sans cesse vers moi et me parlait, et me promettait un billet pour un concert privé où seules ses compositions seraient interprétées. Il semblait déterminé à ce que je me sente chez moi. Il a joué cinq fois, mais pas *de grande* œuvre, ce qui m'a déçu, d'autant plus que les trois dernières fois, il a joué en duo avec un artiste de premier plan de Weimar, Lassen, qui était présent. Il m'a fait venir retourner les feuilles. Gracieux! comme il *lit* ! Il est très difficile de se tourner pour lui, car il lit très loin avant ce qu'il joue et lit cinq mesures en un coup d'œil, vous devez donc deviner où vous *pensez* qu'il aimerait que la page soit terminée. Une fois, je l'ai retourné trop tard, et une fois trop tôt, et il l'a arraché de ma main et l'a fait tourner en arrière. — Ce n'était pas tout à fait une situation pour moi craintif, n'est-ce pas ?

21 mai . — Aujourd'hui étant mon anniversaire, j'ai cru devoir aller à Liszt pour faire la fête. Je n'étais pas vraiment prêt à jouer avec lui, mais j'ai emmené sa deuxième Ballade avec moi et j'ai pensé lui poser quelques questions sur certains points difficiles de celui-ci. Il a insisté pour que je le joue. Quand nous sommes entrés, il avait l'air indisposé et nerveux, et il se trouvait qu'il y avait là de nombreux artistes. Nous posons toujours nos notes sur la table, et il les prend, les regarde et crie ce qu'il aura joué. Il remarqua cette pièce et cria " *Wer jeu cette grosse mächtige Ballade von mir?* (Qui joue ma grande et puissante ballade ?) » J'avais l'impression qu'il avait demandé « Qui a tué Cock Robin ? » et comme si c'était moi qui l'avais fait, seulement je n'avais pas envie de « l'admettre » avec autant de désinvolture que le moineau, car Liszt semblait de très mauvaise humeur et avait malmené celui qui avait joué avant moi. J'ai finalement rassemblé mon courage et j'ai dit " *Ich* ", mais je lui ai dit que je ne le savais pas parfaitement encore. Il a dit : « Peu importe ; joue-le." Alors je me suis assis, m'attendant à ce qu'il me coupe la tête, mais, chose étrange à dire, il semblait ravi de mon jeu et a dit que je l'avais "très touché". Pensez à cela de Liszt, et alors que je jouais sa propre composition ! Quand je suis sorti, il m'a accompagné jusqu'à la porte, m'a pris les deux mains et m'a dit : « Aujourd'hui tu t'es couvert de gloire, je lui ai dit que je ne faisais que commencer *!*, et j'espérais qu'il me laisserait le rejouer quand je le connaîtrais mieux. " Quoi, " dit-il, " je dois vous faire un compliment encore plus grand, n'est-ce pas ? " Bien sûr, " dis-je. " *Il faut vouz gâter ?* " " Oui ", dis-je. Il rit.

CHAPITRE XVIII.

Le salon de Liszt. Une marche d'artistes. L'Enseignement de Liszt

.

WEIMAR, le 29 mai 1873 .

Je passe un moment paradisiaque à Weimar, j'étudie avec Liszt, et parfois j'ai peine à réaliser que je suis au sommet de mon ambition : être *son* élève ! C'est la lettre de la baronne von S. qui me l'a assuré, j'en suis sûr. Il est tellement envahi par les gens que je pense que c'est étonnant qu'il soit courtois envers qui que ce soit, mais c'est l'homme le plus aimable que j'aie jamais connu, même s'il *peut* aussi être terrible, quand il le souhaite, et il sait comment mettre les gens en danger. devant sa porte dans le plus court laps de temps possible. Je vais chez lui trois fois par semaine. À la maison, Liszt ne porte pas son long manteau d'abbé , mais un manteau court, dans lequel il a l'air beaucoup plus artistique. Sa taille est remarquablement fine, mais sa tête est des plus imposantes. — C'est *si* délicieux dans sa chambre ! Tout fut meublé et mis en ordre pour lui par la Grande-Duchesse elle-même. Les murs sont gris pâle, avec une bordure dorée qui fait le tour de la pièce, ou plutôt de deux pièces divisées, mais non séparées, par des rideaux cramoisis. Les meubles sont pourpres et tout est si *confortable* – un tel contraste avec la nudité et la raideur allemandes en général. Un splendide piano à queue trône dans une fenêtre (il en reçoit un nouveau chaque année). L'autre fenêtre est toujours grande ouverte et donne sur le parc. Il y a un pigeonnier juste en face de la fenêtre, et les colombes se promènent de long en large sur le toit, volent et parfois vrombissent sur le rebord lui-même. Cela plaît à Liszt. Sa table à écrire est joliment aménagée avec des objets qui s'accordent tous. Tout est en bronze : l'encrier, le presse-papier, la boîte d'allumettes, etc., et il y a toujours une bougie allumée dessus, grâce à laquelle lui et les messieurs peuvent allumer leurs cigares. Il y a un tapis sur le sol, ce qui est rare en Allemagne, et Liszt se promène généralement, fume et marmonne (on ne peut jamais dire qu'il *parle*) et appelle l'un ou l'autre d'entre nous à jouer. De temps en temps, il s'assoit et joue lui-même là où un passage ne lui convient pas, et quand il est de bonne humeur, il fait tout le temps de petites plaisanteries. Son jeu a été pour moi une révélation complète et m'a donné une toute nouvelle vision de la musique. On ne peut concevoir, sans l'entendre, combien il est poétique, ni les mille *nuances* qu'il peut mettre dans les choses les plus simples, et il est également grand de tous côtés. Du zéphyr à la tempête, toute la gamme est également à sa disposition.

Mais Liszt n'est pas du tout un maître et ne peut être traité comme tel. C'est un monarque, et lorsqu'il étend son sceptre royal , vous pouvez vous asseoir et jouer avec lui. Vous ne pouvez jamais lui demander de jouer quelque chose pour vous, même si vous mourez d'envie de l'entendre. S'il est d'humeur, il jouera, sinon il faudra se contenter de quelques remarques. Vous ne pouvez même pas proposer de jouer vous-même. Vous posez vos notes sur la table pour qu'il puisse voir que vous *voulez* jouer et vous asseyez. Il parcourt la pièce, regarde la musique et si le morceau l'intéresse, il fera appel à vous. Nous ne lui apportons la même pièce qu'une seule fois, et nous ne la jouons qu'une seule fois.

Hier, je lui avais préparé son *Au Bord d'une Source* . J'étais nerveux et j'ai mal joué. Il ne devait cependant pas être contrarié, mais il a agi comme s'il pensait que j'avais joué avec charme, puis il s'est assis et a joué lui-même toute la pièce, oh, *si* délicieusement ! J'avais l'impression d'être un bûcheron. Les notes semblaient onduler sur le bout de ses doigts avec à peine aucun mouvement perceptible. Alors qu'il approchait de la fin, j'ai remarqué que cette drôle de petite expression lui apparut sur le visage, qu'il a toujours quand il veut vous surprendre, et il prit soudain un accord inattendu et improvisa une petite fin poétique, tout à fait différente de celle écrite . tu t'étonnes que les gens soient distraits par lui ?

Weimar est un petit endroit charmant et il y a de très belles promenades tout autour. L'Ascension étant un jour férié ici, nous tous, pianistes, avons constitué une promenade à Tiefurt , distante d'environ trois kilomètres. Nous y sommes allés l'après-midi et sommes revenus le soir. La promenade se déroulait à travers les bois et était parfaitement exquise tout au long du trajet. En rentrant le soir, les rossignols chantaient et je ne pouvais m'empêcher de souhaiter que P. soit là pour les entendre, tant il a une telle passion pour les oiseaux. Il y a aussi des coucous ici, et vous les entendez crier « coucou, coucou ». Metzdorf et moi avons dansé sur la route difficile, à l'édification de tous les autres. À Tiefurt, nous avons participé à une magnifique collation composée d'une chope de bière, de pain brun et de saucisses ! Certains préféraient le café, parmi lesquels Metzdorf, qui nous faisait rire en mettant la cafetière dans la poche intérieure de son manteau dès qu'il avait versé sa première tasse, pour être sûr que les autres n'en prenaient pas. plus que leur part ; il le retirait tranquillement, se servait et le remettait en place. Le domestique qui attendait a eu peur et a cru qu'il allait le voler. Ensuite, alors que nous jouions à des jeux et que nous voulions fermer la porte, l'hôte est venu et l'a ouverte, et ne nous a pas permis de la fermer, car il a dit que nous pourrions emporter quelque chose ! Comment ça !

WEIMAR, le 6 juin 1873 .

Quand je suis arrivé, nous n'étions que cinq à étudier avec Liszt, mais dernièrement, beaucoup d'autres y sont allés. Avant-hier est arrivée une jeune dame qui était élève de Henselt à Saint-Pétersbourg. Elle est extrêmement talentueuse, n'a que dix-sept ans et s'appelle Laura Kahrer. C'est une chose très rare de voir un élève d' Henselt , car il est très difficile d'obtenir de lui des leçons. Il se tient à côté de Liszt. Cette Laura Kahrer joue tout ce dont on a jamais entendu parler, et elle a joué l'autre jour une fugue de sa propre composition qui était vraiment vigoureuse et bonne. J'ai été assez étonné d'entendre comment elle avait réussi. Elle a fait une grande tournée de concerts en Russie. Je n'ai jamais vu une telle main qu'elle. Elle pouvait le plier vers l'envers jusqu'à ce que la paume de sa main soit retournée. C'était une petite créature intéressante, avec des yeux et des cheveux noirs, et on pouvait voir à son collier turc et à ses nombreux bracelets qu'elle gagnait de l'argent. Elle jouait avec le plus grand *aplomb* , même si son toucher avait une certaine rudesse à mon oreille. Elle ne m'a pas emporté, mais je n'ai pas entendu beaucoup de morceaux d'elle.

Cependant, tout jeu semble stérile aux côtés de Liszt, car *il* est l'incarnation vivante et respirante de la poésie, de la passion, de la grâce, de l'esprit, de la coquetterie, de l'audace, de la tendresse et de tous les autres attributs fascinants auxquels vous pouvez penser ! Je suis prête à me pendre la moitié du temps quand je vais chez lui. Oh, c'est l'être le plus phénoménal à tous égards ! Tout ce que vous avez entendu sur lui ne vous donnera jamais une idée de lui. Bref, il représente toute l'échelle de l'émotion humaine. C'est un prisme aux multiples facettes qui reflète la lumière dans toutes les couleurs , peu importe la façon dont vous le regardez. Ses élèves l' *adorent* , comme d'ailleurs tout le monde, mais il est impossible de faire autrement avec un homme dont le génie jaillit toujours autant et dont le caractère est si séduisant.

Un jour de cette semaine, alors que nous étions avec Liszt, il était de si bonne humeur que c'était comme s'il avait soudainement rajeuni de vingt ans. Un étudiant du conservatoire de Stuttgardt a joué un concerto de Liszt. Il s'appelle V. et il est terriblement nerveux. Liszt entretenait un petit feu de satire tout le temps qu'il jouait, mais d'une manière bon enfant. Cela ne m'aurait pas dérangé si cela avait été moi. En fait, je pense que cela m'aurait inspiré ; mais le pauvre V. savait à peine s'il était sur la tête ou debout. C'était trop drôle. Tout ce que dit Liszt est si frappant. Par exemple, à un endroit où V. jouait la mélodie assez faiblement, Liszt s'assit soudain au piano et dit : « Quand *je* joue, je joue toujours pour les gens de la galerie [par galerie, il voulait dire le coq- loft, où la populace s'assoit toujours et où les places ne coûtent presque rien], de sorte que ceux qui ne paient que cinq groschens pour leur siège entendent aussi quelque chose. Puis il a commencé, et j'aurais aimé que vous puissiez l'entendre ! Le son ne semblait pas très *fort* , mais il était pénétrant et d'une grande portée. Quand il eut fini, il leva une main en l'air, et on eût l'impression de voir tous les gens de la tribune s'abreuver du son. C'est ainsi que Liszt vous l'enseigne. Il vous présente une *idée* , et elle s'empare rapidement de votre esprit et y reste. La musique est pour lui une chose tellement réelle et visible qu'il a toujours un symbole, instantanément, dans le monde matériel pour exprimer son idée. Un jour, alors que je jouais, je faisais trop de mouvements de la main dans un passage sorte de rotation où il était difficile de l'éviter. « Gardez votre main immobile, Fräulein, » dit Liszt ; " *ne fais pas d'omelette* ." Je n'ai pas pu m'empêcher de rire, ça m'a si bien frappé à la tête. Il est malheureusement beaucoup trop économe dans son jeu et, comme Tausig, ne s'assoit et ne joue généralement que quelques mesures à la fois. C'est affreux quand il s'arrête, au moment où vous êtes au comble de votre jouissance, mais il est si *blasé* qu'il ne se soucie pas de se montrer et n'aime pas qu'on lui fasse un compliment. Même à la cour, cela l'ennuyait au point que la Grande-Duchesse disait aux gens de ne pas faire attention lorsqu'il se levait du piano.

Le jour même où Liszt était de si bonne humeur , il y avait là une étrange dame et son mari qui avaient fait un long voyage jusqu'à Weimar, dans l'espoir de l'entendre jouer. Elle attendit patiemment pendant un long moment pendant la leçon, et finalement Liszt prit pitié d'elle et s'assit avec sa remarque favorite : « Les jeunes filles jouaient bien mieux que lui, mais il ferait de son mieux pour les imiter. ", puis il joua si merveilleusement quelque chose qui lui était propre, que lorsqu'il eut fini, nous restâmes tous là comme des poteaux, sentant qu'il n'y avait *rien* à dire. Mais lui, comme s'il craignait que nous puissions faire un éloge funèbre, se leva aussitôt et s'approcha d'un de ses amis qui se tenait là et qui habite dans un domaine près de Weimar, et lui dit, sur le ton le plus banal qu'on puisse imaginer : " Au fait, et ces œufs, tu vas m'en envoyer ? Cela semble être non seulement un profond ennui pour lui, mais en réalité une sorte de sensibilité de sa part. Comment peut-il supporter de *nous entendre* jouer, je ne peux pas l'imaginer. Cela doit lui irriter terriblement l'oreille, je pense, car tout *doit* lui sembler inexpressif en comparaison de sa propre conception merveilleuse . Je vous assure que peu importe à quel point nous jouons n'importe quel morceau, dès que Liszt le joue, vous le reconnaîtrez à peine ! Son toucher et son usage particulier de la pédale sont deux secrets de son jeu, puis il semble plonger dans les pensées les plus cachées du compositeur, et les faire remonter à la surface, pour qu'elles resplendissent vers vous une à une. , comme des étoiles !

Plus je vois et j'entends Liszt, plus je suis perdu d'étonnement ! Je ne peux ni manger ni dormir les jours où je vais chez lui. Toutes mes études musicales jusqu'à présent n'ont été qu'une simple scolarité, une préparation pour lui. Je pense souvent à ce que Tausig a dit un jour : « Oh, comparés à Liszt, nous, les autres artistes, sommes tous des imbéciles. » Je n'y croyais pas à l'époque, mais j'en ai vu la vérité, et en étudiant le jeu de Liszt, je peux voir d'où Tausig tirait bon nombre de ses merveilleuses particularités. Je pense qu'il ressemblait le plus à Liszt de toutes les armées qui ont eu le privilège de son instruction. — J'ai commencé cette lettre dimanche, et nous sommes maintenant mardi. Hier, je suis allé chez Liszt et j'ai découvert que Bülow venait d'arriver. Par surprise, aucun des autres savants n'était venu et j'étais sur le point de m'en aller lorsque Liszt est sorti, m'a demandé de venir dans un instant et m'a présenté à Bülow. J'étais là, tout seul avec ces deux grands artistes dans *le salon de Liszt* ! N'était *-ce pas* une situation ? Je ne restai bien sûr que quelques minutes, même si j'aurais aimé y passer des heures, mais notre conversation fut extrêmement amusante pendant mon *séjour*. Bülow revenait tout juste de sa grande tournée de concerts et se rendait à Londres pour la première fois. En quelques mois, il avait donné cent vingt concerts ! C'est aussi une créature fascinante, comme tous ces maîtres artistes, mais entièrement différente de Liszt, étant petite, rapide et aérienne dans ses mouvements, et ayant l'un des fronts les plus audacieux et les plus fiers que j'aie jamais vu. Il ressemble à la force de la volonté personnifiée . Liszt regardait « son Hans », comme il l'appelle, avec la plus tendre fierté, et semblait parfaitement heureux de son arrivée. C'était comme sa belle courtoisie de m'appeler et de me présenter Bülow au lieu de me laisser partir. Il pensait que j'étais venu pour jouer avec lui et il ne voulait pas que je prenne cette peine pour rien, bien qu'il ait dû me souhaiter à Jéricho. On pourrait penser que je lui ai payé cent dollars par leçon, au lieu qu'il *condescende à me* sacrifier son temps précieux pour rien.

CHAPITRE XIX.

**L'expression de Liszt en jouant. Liszt sur les conservatoires.
L'épreuve des leçons de Liszt. La gentillesse de Liszt.**

WEIMAR, le 19 juin 1873 .

Avec Liszt, je peux enfin dire que mon idéal dans *quelque chose* s'est réalisé. Il va bien au-delà de tout ce à quoi je m'attendais. Je n'ai jamais vu quelque chose d'aussi parfaitement beau qu'il paraît lorsqu'il est assis au piano, et pourtant il est presque un vieil homme maintenant. [E] Je l'apprécie comme j'apprécierais une œuvre d'art exquise. Son magnétisme personnel est immense et j'ai peine à le supporter lorsqu'il joue. Il peut me faire pleurer autant qu'il veut, et c'est beaucoup dire, car j'ai entendu tellement de musique et je n'en ai *jamais* été affecté. Même Joachim, que je trouve divin, ne m'a jamais ému. Quand Liszt joue quelque chose de pathétique, cela donne l'impression qu'il a tout vécu et rouvre toutes les blessures. Tout ce que l'on a jamais souffert revient devant nous. Qui ai-je entendu dire un jour qu'il avait vu, il y a des années, Clara Schumann assise en larmes près de l'estrade, pendant une représentation de Liszt ? — Liszt connaît bien l'influence qu'il exerce sur les gens, car il fixe toujours ses yeux sur quelqu'un d'entre eux. nous quand il joue, et je crois qu'il essaie de nous tordre le cœur. Lorsqu'il joue un passage et joue *sur* le clavier, il me regarde souvent et sourit pour voir si je l'apprécie.

Mais je doute qu'il ressente lui-même une émotion particulière lorsqu'il vous transperce de part en part avec son rendu. Il entend simplement chaque son, sachant exactement quel effet il souhaite produire et comment le faire. En fait, il est pratiquement deux personnes en une : l'auditeur et l'interprète. Mais quelle immense maîtrise de soi cela implique ! Peu importe la vitesse à laquelle il joue, vous avez toujours l'impression qu'il vous reste « beaucoup de temps » : inutile de vous inquiéter ! Autant tenter de déplacer l'une des pyramides que de *l' énerver* . Tausig possédait ce repos d'une manière technique, et son toucher était merveilleux ; mais il ne vous a jamais fait monter les larmes aux yeux. Il ne pouvait pas se faufiler dans tous les labyrinthes subtils du cœur comme le fait Liszt.

Liszt fait des petites choses tellement envoûtantes ! L'autre jour, par exemple, Fräulein Gaul lui jouait quelque chose qui contenait deux passages, et après chaque passage deux accords staccato. Elle les a magnifiquement interprétés et a touché les cordes immédiatement après. "Non, non", dit Liszt, "après avoir fait une course, vous devez attendre une minute avant de jouer les accords, comme pour admirer votre propre performance. Vous devez faire une pause, comme pour dire : " Comme j'ai bien fait ça. " Puis il s'assit et courut lui-même, attendit une seconde, puis frappa les deux accords dans les aigus en disant " Bravo ", puis il rejoua, frappa l'autre accord et dit encore « Bravo », et positivement, c'était comme si le piano avait doucement applaudi ! C'est ainsi qu'il joue tout. C'est comme si le piano parlait avec une langue *humaine* .

Notre classe compte désormais une douzaine de personnes, et un bon nombre d'autres viennent jouer avec lui une ou deux fois, puis s'en vont. Comme je l'ai écrit à L. l'autre jour, cette chère petite écolière de Henselt , Fräulein Kahrer, en était une, mais elle n'est restée que trois jours. C'était une petite créature très intéressante et racontait des histoires amusantes sur Henselt , qui, dit-elle, a un caractère très violent et très sévère. Elle a dit qu'un jour, il donnait une leçon à la princesse Katherina (quelle qu'elle soit), et qu'il était tellement en colère contre son jeu qu'il a arraché la musique et l'a jetée au sol. La princesse, cependant, ne perdit pas son calme, mais croisa les bras et dit : « Qui le ramassera ? Et il a dû le plier et le remettre à sa place.

Je n'ai jamais vu Liszt paraître en colère, mais une fois, il était formidable. Comme un lion! C'est un jour qu'un étudiant du conservatoire de Stuttgardt tenta de jouer la Sonate Appassionata . Il avait beaucoup de technique et une conception assez bonne de celle-ci, mais il était néanmoins totalement inadapté à l'œuvre – et en effet, seul un artiste *puissant* comme Tausig ou Bülow devrait tenter de la jouer. C'était un après-midi chaud et les nuages s'étaient rassemblés pour laisser place à une tempête. Alors que le Stuttgardter jouait les notes d'ouverture de la sonate, les cimes des arbres s'agitèrent soudainement de manière extravagante et un grognement sourd de tonnerre se fit entendre au loin. "Ah," dit Liszt, qui se tenait à la fenêtre, avec sa délicate rapidité de perception, "un accompagnement approprié." (Vous savez que Beethoven a écrit l' Appassionata une nuit alors qu'il était pris dans un orage.) Si Liszt l'avait joué lui-même, l'ensemble aurait été comme un poème. Mais il arpentait la pièce et se forçait à écouter, même s'il pouvait à peine le supporter, je le voyais. À quelques reprises, il a poussé l'élève à l'écart et a joué lui-même quelques mesures, et nous avons vu la passion lui monter au visage comme un éclair. Quelque chose d'aussi magnifique que cela puisse être, le peu qu'il *a* joué et l'individualité surprenante de sa conception, je n'ai jamais entendu ni imaginé. J'avais l'impression de ne pas savoir si j'étais « dans le corps ou hors du corps ». — ÊTRE GLORIEUX ! C'est une épée à deux tranchants qui coupe tout.

Le Stuttgardter a commis des erreurs si flagrantes, non pas dans les notes, mais dans le rythme, etc., que Liszt a fini par s'exclamer : « Vous venez de Stuttgardt et vous jouez comme *ça* ! puis il s'est lancé dans une tirade contre les conservatoires et les enseignants en général. Lui-même était comme un orage. Il fronça les sourcils et baissa la tête, et ses longs cheveux tombèrent sur son visage, tandis que le pauvre Stuttgardter était assis là comme un chien battu. Oh, c'était horrible ! Si c'était moi, je crois que j'aurais complètement

dépéri, car Liszt est toujours si aimable que le contraste n'en est que plus fort.
— « *Aber das geht Sie nichts an* (Mais cela ne vous regarde pas) », dit-il, d'un ton
conciliant, s'arrêtant brusquement et souriant. « *Spielen Sie weiter* (Jouer). » —
Il voulait dire que ce n'était pas contre les étudiants mais contre les
conservatoires qu'il était en colère.

Liszt n'a pas l'irritabilité nerveuse commune aux artistes, mais au contraire
son caractère est le plus exquis et le plus tranquille du monde. Nous avons
été là sans cesse, et je ne l'ai jamais vu énervé, sauf deux ou trois fois, et puis
il était fatigué et pas lui-même, et c'était une chose très passagère. Quand je
pense à quel point Tausig était souvent un peu sauvage et à quel point Kullak
pouvait parfois être sarcastique, je m'étonne que Liszt se mette si rarement
en colère. Il a le pouvoir de tourner le meilleur côté de chacun vers l'extérieur,
et aussi l'appréciation la plus merveilleuse et la plus instantanée de ce qu'est
ce côté. S'il y a *quelque chose* en vous, soyez sûr que Liszt le saura. Qu'il
choisisse de vous laisser penser qu'il le fait peut cependant être une autre
affaire.

WEIMAR, le 15 juillet 1873.

Liszt est une force si immense et si inspirante qu'il faut essayer d'avancer avec
lui à un rythme double, même si en plus il faut doubler les dépenses !
Aujourd'hui, je suis plus mort que vivant, car nous avons eu hier avec lui une
leçon qui a duré quatre heures. Il y avait vingt artistes présents, tous
impatients de jouer, et comme il était de très bonne humeur, il jouait toujours
lui-même entre les deux. C'était parfaitement magnifique, mais épuisant et
excitant au dernier degré. Quand je rentre des cours, je me jette sur le canapé
et j'ai l'impression de ne plus jamais vouloir me lever. C'est une journée de
travail épouvantable chaque fois que je vais chez lui. Tout d'abord, quatre
heures de pratique le matin. Puis une sensation de nervosité, d'anxiété qui me
coupe l'appétit et m'empêche de dîner. Et puis plusieurs heures chez Liszt,
où se succèdent des concertos, des fantaisies et toutes sortes de choses
formidables. On ne sait jamais devant qui on doit y jouer, car c'est le siège
musical du monde. Directeurs de conservatoires, compositeurs, artistes,
aristocrates, tous entrent en jeu, et il faut en supporter le poids du mieux
qu'on peut. Le premier mois où j'étais ici, alors que nous n'étions que cinq,
c'était une tout autre affaire, mais maintenant la salle est à chaque fois bondée.

Liszt a donné l'autre jour une matinée au cours de laquelle j'ai joué une «
Soirée de Vienne » de Tausig, terriblement dure, mais très brillante et
particulière. Je ne sais pas comment j'ai pu m'en sortir, car je ne l'étudiais que
depuis quelques jours, je ne le connaissais même pas par cœur et je ne l'avais
pas non plus joué à Liszt. Il ne m'a dit que la veille aussi, vers huit heures : «
Demain, je donne une matinée ; apportez votre Soirée de Vienne. Je me suis

précipité chez moi et j'ai pratiqué jusqu'à dix heures, puis je me suis levé tôt le lendemain matin et j'ai pratiqué quelques heures. La matinée était à onze heures. D'abord, Liszt a joué lui-même, puis une jeune femme a chanté plusieurs chansons, puis il y a eu un morceau pour piano et flûte joué par Liszt et un flûtiste, et puis je suis venu. J'avais aussi peur que possible ! Metzdorf (mon ami russe) et Urspruch se sont assis à côté de moi pour me donner du courage et tourner les feuilles, mais Liszt a insisté pour se tourner lui-même et s'est tenu derrière moi et l'a fait avec sa manière adroite. Il dit que c'est tout un art de bien retourner les feuilles ! Il était *si* gentil, et chaque fois que je faisais quelque chose de bien, il criait " *charmant !* " pour m'encourager. C'est considéré comme un grand compliment que d'être invité à jouer lors d'une matinée, et je ne sais pas pourquoi Liszt me l'a fait aux dépens d'autres personnes présentes qui jouent bien mieux que moi, parmi lesquelles une jeune dame norvégienne. , venu dernièrement, qui est un pianiste des plus *superbes* . Elle fut aussi l'élève de Kullak, mais cela fait quatre ans qu'elle l'a quitté et elle donne beaucoup de concerts. Hier, elle a magnifiquement interprété le concerto en la mineur de Schumann. J'ai été surpris que Liszt ne l'ait pas choisie, mais on ne sait jamais à quoi s'attendre de Liszt. Chez lui, « il n'y a rien à présumer ni à désespérer », comme dit le proverbe. Il est tellement plein d'humeurs et de phases qu'il faut avoir une perception très fine même pour commencer à le comprendre, et il peut tous vous couper en morceaux sans que vous ne vous en rendiez compte. Il mortifie rarement qui que ce soit par un affront ouvert, mais ce qui est peut-être pire, il parvient à faire savoir au reste de la classe ce qu'il pense tandis que la pauvre victime reste dans l'obscurité ! — Oui, il peut faire des choses très cruelles. .

Mais après tout, les gens doivent généralement leur propre assurance ou leur propre manque de tact lorsqu'ils ne s'entendent pas avec Liszt. S'ils vont vers lui pleins d'eux-mêmes, ou dans l'espoir de *lui* faire une impression , ou simplement pour lui dire qu'ils ont été avec lui, au lieu de se présenter pour s'asseoir à ses pieds avec humilité, comme ils le devraient, et apprendre tout ce qu'ils peuvent faire. il est prêt à partager - il le découvre bientôt et les traite en conséquence. Quelqu'un a demandé un jour à Liszt ce qu'il aurait été s'il n'avait pas été musicien. "Le premier diplomate d'Europe", fut la réponse. Avec ce penchant machiavélique, il n'est pas surprenant qu'il se permette parfois de jouer avec les vaniteux ou les obtus au profit des spectateurs. Mais le véritable *fondement* de sa nature est la compassion. *Il ne brise pas le roseau meurtri, ni ne méprise le cœur humble et docile !*

Fräulein Gaul raconte une histoire caractéristique sur le « Meister », comme nous appelons Liszt. Lorsqu'elle est venue le voir pour la première fois il y a un an ou deux, elle lui a apporté un jour le Scherzo en si bémol mineur de Chopin, une de ces pièces classiques que tout artiste *doit* apprendre, et qui a également été rythmée à mort par d'innombrables amateurs. Liszt le regarda et, à sa grande effroi et consternation, s'écria dans un accès d'impatience : « Non, je *ne* l'entendrai pas ! et je l'ai jeté avec colère dans le coin. Le lendemain, il alla la voir, s'excusa de son accès de colère et lui dit qu'en guise de pénitence il s'obligerait à lui donner non pas une, mais deux ou trois leçons de Scherzo, et ce, dans les plus minuties et les plus minutieuses. manière – ce qu'il fit en conséquence ! Imaginez n'importe quel professeur de musique dont vous avez entendu parler, s'humiliant à ce point devant une petite fille de quinze ans, et rappelez-vous que Tausig, le plus grand des virtuoses modernes, a dit de Liszt : « Aucun mortel ne peut se mesurer à Liszt. Il habite sur une hauteur solitaire. ".

Mais ne craignez pas que je « renonce aux normes américaines » parce que je vénère Liszt sans limites. Tout est sens dessus dessous en Europe selon *nos* idées morales, et il n'y a pas ici ce qu'on appelle des « hommes ». Mais ils *ont* des artistes qu'on ne peut pas approcher ! C'est en tant que maître en art que je regarde et écris sur Liszt, et sa simple présence est pour ses élèves un tel stimulant et une telle joie que lorsque je *le quitterai*, j'aurai le sentiment d'avoir laissé derrière moi la meilleure partie de ma vie !

CHAPITRE XX.

Compositions de Liszt. Son jeu et son enseignement de Beethoven. Ses "effets" au piano. Excursion à Iéna. Un nouveau maître de la musique.

WEIMAR, le 24 juillet 1873 .

Liszt s'en va aujourd'hui. Il devait partir depuis quelques jours, mais l'empereur d'Autriche ou de Russie (je ne sais lequel) est venu rendre visite au grand-duc, et bien sûr Liszt a été obligé d'être sur place et de passer une journée avec eux. Il est lui-même un tel grand que les rois et les empereurs sont pour lui une évidence. Jamais homme n'a été aussi courtisé et gâté que lui ! La Grande-Duchesse elle-même lui rend fréquemment visite. Mais il ne permet jamais à personne de lui demander de jouer, et même elle ne s'y risque pas. C'est le seul point où l'on perçoit le sentiment qu'a Liszt de sa propre grandeur ; sinon, ses manières sont remarquablement modestes.

Liszt sera absent jusqu'à la mi-août, et je serai reconnaissant d'avoir quelques semaines de repos et de pouvoir étudier plus tranquillement. Avec lui, on est tout le temps sous haute pression et j'ai acquis grâce à lui bien plus d'idées que je ne peux en élaborer à la hâte. En fait, Liszt m'a révélé une idée entièrement nouvelle du jeu du piano. C'est d'ailleurs un merveilleux *compositeur , et c'est pour cela que je n'étais pas préparé chez lui.* Son oratorio sur *Christus* a été joué ici cet été, et de nombreux étrangers et célébrités sont venus l'entendre, Wagner entre autres. C'était magnifique, et l'un des plus nobles, et décidément le plus grand oratorio que j'aie jamais entendu. Je n'ai jamais eu le temps d'écrire à ce sujet, car je sentais qu'il fallait une thèse en soi pour lui rendre justice. J'aimerais qu'elle puisse être jouée à Boston, car ses œuvres orchestrales et chorales, je suis désolé de le dire, font leur chemin très lentement en Allemagne. « Liszt a aidé Wagner, me dit-il tristement, mais qui aidera Liszt ? Cependant, comparé à l'Opéra, il est autant plus difficile à un Oratorio de conquérir une place qu'à un pianiste de réussir qu'à un chanteur. ". Il se sent donc comme si les choses étaient contre lui, bien que son cœur et son âme soient tellement liés à la musique sacrée, qu'il m'a dit que c'était devenu pour lui « la seule chose pour laquelle il valait la peine de vivre ». Il semble vraiment ne se soucier presque pas de son jeu de piano ou de ses compositions pour piano.

Et pourtant, quelle beauté dans ces compositions ! À Berlin, on m'avait toujours appris que Liszt était un compositeur en herbe, qu'il ne pouvait pas écrire de mélodie, qu'il n'avait aucune originalité et que ses compositions n'étaient que des paillettes destinées à éblouir les yeux du public. Comme j'ai trouvé injuste et fausse toutes ces affirmations ! Ici, j'ai l'occasion d'entendre ses œuvres pour piano *en masse* et jour après jour (puisque tous les jeunes artistes les jouent), et mes idées antérieures ont été entièrement inversées. Si Liszt est *quelque chose*, il est *original*. On peut le constater d'un seul coup d'œil, simplement en imaginant sa musique retirée. Où y a-t-il quelque chose qui pourrait remplir sa place ? Quand les artistes veulent faire « de l'effet » et remuer le public, « faire fondre des milliers de personnes », comme disait Chopin, que jouent-ils ? LISZT! — Non seulement sa musique est brillante, non seulement il déverse toute cette richesse de perles et de diamants sur le clavier, mais ses pièces atteignent de grands sommets, sont de style grandiose, dépassent toutes les frontières et vous entraînent avec la véhémence du passion. Puis quelle légèreté de toucher dans les petits *morceaux*, où il est souvent le summum de la tendresse, de la grâce et de la fééerie sportive, tandis que dans les mélancoliques, quel subtil sentiment après les émotions recroquevillées dans les recoins les plus reculés du cœur ! Ils sont si riches en harmonie, si étranges, si sauvages, que lorsque vous les entendez, vous êtes comme une algue jetée au sein de l'océan. Et puis quoi de plus profond et de plus poétique que les transcriptions par Liszt des chansons de Schubert et de Wagner ? Ils sont tout à fait exquis. Enfin, les compositions de Liszt résistent à l'épreuve de mérite la plus sévère. Ils *portent* bien. On peut y jouer longtemps sans jamais s'en lasser. Bref, ils embrassent tous les éléments *sauf* le classique, et la question est de savoir si ces idées aériennes ou intenses qui vous séduisent à travers leurs voiles de reflets et d'éclat ne sont pas une sorte de classiques à leur manière !

Le Christus de Liszt est arrangé pour piano à quatre mains, et j'aurais aimé l'avoir, ainsi que la superbe édition des sonates de Beethoven de Bülow — Oh ! vous ne pouvez rien *concevoir* qui ressemble à la façon dont Liszt joue Beethoven. Lorsqu'il *joue* une sonate, c'est comme si la composition ressuscitait d'entre les morts et se transfigurait devant vous. Vous vous demandez : « Est-ce que *j'ai* déjà joué à ça ? Mais cela l'ennuie tellement d'entendre les sonates, que bien que je l'en ai entendu enseigner beaucoup, je n'ai pas eu le courage de lui en apporter une. Je suppose qu'il en a assez de leur son, ou peut-être est-ce parce qu'il se sent obligé d'être consciencieux dans l'enseignement de Beethoven !

Lorsqu'un des jeunes pianistes apporte une sonate à Liszt, il prend une expression de résignation et entame généralement une demi-protestation à laquelle il se ravise ensuite . strict. Il enseigne toujours Beethoven avec des notes, ce qui montre à quel point il est scrupuleux à son égard, car, bien entendu, il connaît toutes les sonates par cœur. Il possède l'édition de Bülow, qu'il ouvre et dépose au bout du piano à queue. Ensuite, pendant qu'il marche de long en large, il peut s'arrêter, s'y référer et montrer des passages, au fur et à mesure qu'ils sont joués, au reste de la classe. Bülow tient probablement bon nombre de ses idées de Liszt. Un jour, alors que M. Orth jouait l'Allegro de la Sonate op. 110, Liszt a insisté pour que cela soit fait d'une manière particulière et l'a obligé à revenir en arrière et à le répéter encore et encore. Une ligne est particulièrement difficile. Liszt a demandé à tous les élèves de la classe de s'asseoir et de l'essayer. La plupart échouèrent, ce qui l' amusait . — « Ah ! oui, dit-il en riant, quand je commence à jouer au pédagogue, je ne suis pas en reste ! puis il raconta, pour illustrer son « pédagogisme », une petite anecdote d'un de ses anciens élèves, aujourd'hui artiste éminent. "J'ai beaucoup aimé le jeune M.", dit-il. "Il jouait magnifiquement, mais il avait tendance à être paresseux et à prendre les choses facilement. Un matin, il m'a apporté le concerto en mi mineur de Chopin, et il a plutôt survolé ce passage difficile au milieu du premier mouvement comme s'il n'avait pas pris les choses en main. J'ai donc pensé que je lui donnerais une leçon, et je l'ai fait jouer ces deux pages encore et encore pendant une heure ou deux jusqu'à ce qu'il les maîtrise. prêt à casser quand il a fini ! Au cours suivant, il n'y avait pas de M. J'ai envoyé savoir pourquoi il n'était pas venu. Il a répondu qu'il était parti à la chasse et qu'il s'était blessé au bras pour ne pas pouvoir jouer. Ensuite, il s'est présenté avec le bras en écharpe. Mais j'ai toujours soupçonné que c'était un stratagème de sa part pour éviter de jouer, et que rien ne lui faisait vraiment mal, ajouta Liszt avec un sourire malicieux. .

Lundi, j'ai eu un tête-à-tête des plus délicieux avec Liszt, tout à fait par hasard. J'ai eu l'occasion de lui rendre visite pour quelque chose et, chose étrange, il était seul, assis près de sa table et en train d'écrire. En général, il y a toutes sortes de gens là-haut. Il a insisté pour que je reste un moment, et nous avons eu la conversation la plus amusante et la plus divertissante qu'on puisse imaginer. C'était la première fois que j'entendais vraiment Liszt parler, car il se contente surtout de faire de petites plaisanteries. Il est plein d' *esprit* . Nous parlions de la faculté de mimétisme, et il m'a raconté une petite anecdote tellement drôle sur Chopin. Il a raconté que lorsque lui et Chopin étaient jeunes ensemble, quelqu'un lui avait dit que Chopin avait un talent remarquable pour le mimétisme, et il a donc dit à Chopin : "Viens chez moi ce soir et montre ton talent." Alors Chopin est venu. Il avait acheté une perruque blonde ("J'étais très blonde à cette époque", dit Liszt), qu'il enfila et s'enfila dans l'un des costumes de Liszt. Bientôt une connaissance de Liszt entra, Chopin alla à sa rencontre à la place de Liszt, et ôta sa voix et ses manières si parfaitement que l'homme le prit pour Liszt et prit rendez-vous avec lui pour le lendemain - "et là J'étais dans la pièce", a déclaré Liszt. N'était-ce pas remarquable ?

Un autre soir, j'étais là vers le crépuscule et Liszt était assis au piano et regardait un nouvel oratorio qui venait de paraître à Paris sur "Christus", le même sujet que son propre oratorio. Il m'a demandé de me tourner vers lui et n'était visiblement pas intéressé, car il sautait des pages entières et recommençait, ici et là. Il n'y avait qu'une seule lampe, et *elle* était plutôt faible, de sorte que la pièce était toute dans l'ombre, et Liszt avait son aspect de

Merlin. Je lui ai demandé de me dire comment il produisait un certain effet qu'il produit dans son arrangement de la ballade du *Hollandais volant de Wagner*. Il avait l'air très « *fin* », comme disent les Français, mais ne répondit pas. Il ne donne jamais de réponse directe à une question directe. "Ah," dis-je, "vous ne le direz pas." Il sourit, puis joua immédiatement le passage. C'était un long arpège, et l'effet qu'il produisait était, comme je l'avais supposé, un effet de pédale. Il a maintenu la pédale enfoncée tout au long et a joué le début du passage d'une manière grandiose , puis tout le reste avec une touche très pianissimo et si légère que la continuité des arpèges a été détruite, et le les notes semblaient simplement *éparpillées* , comme si vous cassiez une couronne de fleurs et les dispersiez selon votre fantaisie. C'est un effet des plus frappants et des plus beaux, et je lui ai dit que je ne voyais pas comment il y avait jamais pensé. « Oh ! j'ai inventé beaucoup de choses », dit-il indifféremment, « *ceci* , par exemple », et il se mit à jouer un double roulement d'octaves en chromatique dans la basse du piano. C'était très grandiose et faisait résonner la pièce. "Magnifique", dis-je. "M'as-tu déjà entendu faire une tempête ?" a-t-il dit. "Non." "Ah, tu devrais m'entendre faire une tempête ! Les tempêtes, c'est mon *fort* !" Puis entre ses dents, tandis qu'un regard étrange lui montait aux yeux comme s'il pouvait effectivement contrôler l'explosion, " *Da* KRACHEN *die Bäume* (Alors *écrase* les arbres !)"

Avec quelle ardeur j'aurais souhaité qu'il « joue une tempête », mais bien sûr il *ne l'a pas fait* , et il a immédiatement commencé à jouer sur les touches avec son style *blasé* . Je suppose qu'il n'était pas tout à fait à la hauteur de cet effort, mais ce regard et ce ton indiquaient comment Liszt *s'y* prendrait . — Hélas , que nous, pauvres mortels ici-bas, devions partager si souvent le sort de Moïse et n'avoir qu'un aperçu de la Terre Promise, et cela sans la consolation d'être Moïse ! Mais peut-être qu'après tout, la vision est meilleure que la réalité. Nous voyons la *terre entière* , même si ce n'est qu'à distance, au lieu de nous limiter simplement à l'endroit où marche notre pied.

Une fois de plus, je vis Liszt dans la même humeur, même si son expression était cette fois *confortable* plutôt que *follement* destructrice. C'était à l'époque où Fräulein Remmertz lui jouait son concerto en mi bémol. Il y avait deux pianos à queue dans la pièce, et elle était assise sur l'un, et lui sur l'autre, accompagnant et interpolant selon ses envies. Finalement, ils arrivèrent à un endroit où il y avait une série de passages commençant avec les deux mains au milieu du piano, et allant dans des directions opposées jusqu'aux extrémités du clavier, se terminant chaque fois par un accord court et aigu. " *Tout pour Fenster Hinaus werfen* (Jetez tout par la fenêtre)", dit-il d'une manière confortable et facile, et il commença à jouer ces passages et à donner un coup à chaque accord comme s'il *divisant* tout et le jetant dehors, et cela avec un tel plaisir qu'on avait envie de participer, à son tour, aux travaux de démolition générale ! Mais je n'oublierai jamais le regard de Liszt lorsqu'il proposait si paresseusement de « tout jeter par la fenêtre ». moi l'expression d'un gros chat tigré assis et ronronnant, clignant des yeux et semblant à moitié endormi, quand soudain —!— ! il frappe avec ses deux griffes, et malheur à tout ce qui est à sa portée ! Après tout, le secret de la fascination de Liszt réside dans ce pouvoir d'émotion intense et sauvage qu'on sent qu'il possède, ainsi que dans la maîtrise la plus parfaite de celle-ci.

Liszt donne parfois des fausses notes lorsqu'il joue, mais cela ne le dérange pas le moins du monde. Au contraire, il apprécie plutôt cela. Il me rappelle un des ministres de Berlin, dont on dit qu'il a un talent étonnant pour commettre des erreurs, mais un talent plus étonnant encore pour s'en sortir et les dissimuler. Concernant Liszt, la première partie de cette affirmation n'est pas vraie, car s'il donne une fausse note , c'est simplement parce qu'il choisit d'être négligent. Mais la dernière partie s'applique éminemment à lui. Cela l'amuse toujours au lieu de le déconcerter lorsqu'il se trompe complètement , car cela lui donne l'occasion de déployer son ingéniosité et de donner aux choses une telle tournure que la fausse note n'apparaîtra qu'une clé menant à des beautés nouvelles et inattendues. Un accident de ce genre lui arriva dans une des matinées du dimanche, alors que la salle était pleine de gens distingués et de ses élèves. Il enroulait le piano en arpèges d'une manière très grandiose, en effet, lorsqu'il frappa un demi-ton en deçà de la note aiguë sur laquelle il avait l'intention de terminer. Je reprenais mon souffle et me demandais s'il allait nous laisser comme ça, en l'air, pour ainsi dire, et l'harmonie non résolue, ou s'il serait réduit à l'humiliation de se corriger comme le commun des mortels et de prendre le bon chemin. accord. Un demi-sourire apparut sur son visage, comme pour dire : « Ne croyez pas que *cette* petite chose me dérange », et il se dirigea aussitôt vers le piano en serpentant en harmonie avec la fausse note qu'il avait frappée, puis roula délibérément. dans un deuxième grand balayage, *cette* fois frappant vrai. Je n'ai jamais vu un morceau d'intelligence plus délicieux. C'était si vif d'esprit et si exactement caractéristique de Liszt. Au lieu de vous donner l'occasion de dire : « Il a commis une erreur », il vous a forcé à dire : « Il a montré comment se sortir d'une erreur ».

Un autre jour, je l'ai entendu passer d'un morceau à l'autre en faisant du finale du premier le rôle de prélude au second. Les deux étaient si délicieusement liés qu'on pouvait à peine dire où l'un s'arrêtait et où l'autre commençait. — Ah moi ! Une grâce *si* facile ! *Personne ne* l'égalera jamais, avec ces basses roulantes et ces aigus fleuris. Et puis ses Adagios ! Quand vous l'entendez dans l'un de *ceux-ci* , vous sentez que son jeu est arrivé à ce point où il est purifié de toutes les scories terrestres et est une exhalaison de l'âme qui monte droit au ciel.

———

L'autre jour, nous avons tous fait une excursion à Iéna, qui se trouve à environ trois heures de route d'ici. Nous sommes montés en calèche dans un long train et nous sommes arrêtés à un hôtel nommé The Bear. Là, nous prenons notre deuxième petit-déjeuner. Il devait y avoir un concert à cinq heures dans une église, où devait être jouée une partie de la musique de Liszt. Après le petit-déjeuner, nous sommes allés à l'église, où Liszt nous a accueillis, et la répétition a eu lieu. Après la répétition, nous sommes allés dîner. Nous avions trois longues tables que Liszt disposait à sa convenance, sa place étant au milieu. Il gère toujours chaque petit détail avec le plus grand tact, et a la particularité de ne jamais laisser s'asseoir ensemble deux dames ou deux messieurs, mais toujours alternativement une dame et un monsieur. " *Immerger une* " *Bunte Reihe machen* (Ayez toujours un peu de variété)", dit-il. Le dîner fut pour moi très amusant, car je pouvais converser avec Liszt et entendre tout ce qu'il disait, car il était presque en face de moi. J'étais de très bonne humeur Ce jour-là, et comme Kellerman, Bendix et Urspruch étaient également près de moi, nous nous amusâmes sans fin. Nous mangions des pommes de terre nouvelles pour le dîner, bouillies avec leur peau, et Liszt m'en lança une, et j'en attrapai une autre. un jeune artiste bruxellois nommé Gurickx , que je ne connaissais pas, car il ne parlait que français, et comme je ne le parle pas, nous n'avions jamais échangé de mots en classe, je ne lui prêtais donc aucune attention. quand soudain mon voisin de gauche m'a touché le bras, j'ai regardé autour de moi et il m'a tendu une fleur en pain "de Monsieur Gurickx ". Elle faisait l'effet d'une rose en tube et chaque petite feuille. Le pétale était aussi délicatement tourné que si la nature elle-même l'avait fait. Le pain était frais, et Gurickx l'avait travaillé entre ses doigts jusqu'à obtenir la consistance de l'argile, puis avait modelé ces petites fleurs qu'il avait collées sur une tige. C'était si artistiquement fait, et c'était une petite chose si délicate à faire, que je vis tout de suite qu'il était intéressant et qu'il possédait ce merveilleux goût français.

Depuis , nous sommes devenus de très bons amis et il m'apprend à parler français. Il joue magnifiquement et a été formé au célèbre conservatoire de Bruxelles , dont Dupont est le directeur. Servais y fit également sa formation musicale. Ils me conseillent tous les deux d'y aller pendant un an, car Dupont est en effet un très grand maître, et Bruxelles est le foyer même de l'art et des goûts de toutes sortes, un « petit Paris » mais plus sérieux, plus allemand. Gurickx a fréquenté l'école des beaux-arts de Bruxelles ainsi que le conservatoire, de sorte qu'il peint aussi bien que joue, et il a eu beaucoup de mal avec lui-même pour décider à quel art il devait se consacrer. Son style est grandiose et fougueux. Rubinstein est son modèle et il joue les Rhapsodies de Liszt comme je n'ai jamais entendu personne d' autre. Il fait ressortir toute leur puissance, leur éclat et leur sauvagerie de carrière, et en fait la plus grande sensation. Des accords tellement formidables! Liszt lui-même ne joue pas les accords aussi bien que Gurickx ; — peut-être parce qu'il ne se soucie pas maintenant d'exercer sa force.

Mais revenons à Iéna. Après le dîner, Liszt dit : « Maintenant, nous allons au Paradis. » Nous avons donc mis nos affaires et avons commencé à marcher le long de la rivière jusqu'à un endroit appelé Paradis, à cause de sa beauté. Nous sommes passés devant l'Université, sur un coin de laquelle se trouve une tablette avec "W. von Goethe" écrit contre le mur de la pièce qu'occupait Goethe. Cela me paraissait étrange de passer devant la chambre de mon bien-aimé Goethe, avec notre également bien-aimé Liszt ! — Cette promenade le long de la rivière était un enchantement. Le courant était très rapide et les saules soufflaient tous au gré de la brise. Il y a une étrange colline de forme triangulaire qui s'élève d'un côté de manière très audacieuse et abrupte, appelée la Tête du Renard. Le chemin passait sous une double rangée de grands arbres qui se rejoignaient au sommet et formaient une arche verte au-dessus de nos têtes. Il n'y avait que brise et fraîcheur, et la lumière du soleil frappait de façon pittoresque les flancs des collines. J'ai commencé à marcher avec Liszt, mais il était tellement entouré qu'il était difficile de l'approcher, alors j'ai marché avec un jeune artiste intéressant nommé O., qui était à la fois extraordinairement laid et extrêmement intelligent.

Après notre promenade, nous sommes allés au concert, qui était charmant, puis à sept heures, nous avons tous été invités à prendre le thé chez un ami de Liszt. C'était un homme très grand et il avait une fille très grande et hospitalière, presque aussi grande que lui, qui nous reçut très cordialement. Le thé était servi sur les tables du jardin et les saucisses cuisaient sur un feu allumé dans le jardin. Nous nous asseyions pêle-mêle, n'importe où, moi à côté de Liszt, qui ne cessait de mettre des choses dans mon assiette. Une fois le dîner terminé, il se retira dans une petite maison d'été avec quelques-uns de ses amis pour fumer. Nous avons flâné autour de l'herbe devant, jusqu'à ce que Liszt nous appelle pour venir nous asseoir à côté de lui, ce que nous avons fait jusqu'à ce qu'il soit prêt à partir.

J'ai entendu parler d'un nouveau maître de musique ces derniers temps. Quand mon amie Miss B. était ici, elle m'a dit qu'elle avait rencontré un "Herr Director Deppe" à Berlin, après mon départ, et qu'elle lui avait tout raconté sur moi et ma lutte pour conquérir le piano. Il semblait très intéressé et dit : « Oh, si seulement elle était venue vers moi ! *Je* l'aurais aidée », et d'après tout ce que j'entends, je pense qu'il doit être l'homme qu'il me faut. Il s'intéresse à Sherwood, qui me parlait de lui l'hiver dernier. Sherwood dit qu'il est totalement désintéressé et dévoué à l'art, qu'il vit entièrement dans la musique, et qu'il est un homme au cœur noble et « la personne la plus musicale qu'il ait jamais rencontrée ». Sherwood hésite souvent entre lui et Kullak, et Deppe aimerait enseigner Sherwood s'il le pouvait, simplement par intérêt pour lui. — Deppe a un élève qu'il a entièrement formé lui-même et qu'il va faire sortir l'hiver prochain. Sherwood dit qu'il n'a jamais rien entendu d'aussi beau que son jeu. Elle passe l'été près de Deppe, et il l'entend jouer tous les jours le programme qu'elle va donner à Berlin l'hiver prochain. Pensez quelle immense certitude cela doit donner !

CHAPITRE XXI.

Liszt joue. Tausig. Excursion à Sondershausen .

WEIMAR, *le 23 août 1873* .

Liszt est revenu de voyage, j'ai joué avec lui deux fois cette semaine et j'y retournerai lundi. Il m'a beaucoup félicité mardi et a dit que j'avais admirablement joué. Je savais qu'il était content, car chaque fois qu'il me corrigeait , il disait « *Nein, Kindchen* » d'une manière si douce ! " *Kind* " est l'allemand pour enfant, et " *Kindchen* " est un diminutif, et chaque fois qu'il vous appelle, vous pouvez dire qu'il a un penchant pour vous.

Cette semaine, c'est la première fois que je peux jouer avec lui sans être nerveux, ou que mes doigts sont chauds et naturels. Cela a vraiment été une épreuve effrayante de jouer là, car non seulement Liszt lui-même était présent, mais une telle foule d'artistes, tous prêts à relever les défauts de votre jeu et à dire : « Elle n'a pas beaucoup de talent. " Je suis si heureux d'être resté jusqu'au retour de Liszt, car maintenant le rush est terminé, il a beaucoup plus de temps pour ceux d'entre nous qui restent et joue beaucoup plus lui-même. Hier, il nous a joué une étude de Paganini arrangée par lui-même, ainsi que sa Campanella. J'avais envie de M., car elle aime tant la Campanella. Liszt l'a donné avec une douceur veloutée, une clarté, un éclat et un toucher nacré inimitables. Et oh, sa grâce ! *Personne ne* peut se comparer à lui ! Tout le monde à côté de lui a l'air lourd !

Cependant, j'ai ressenti un certain réconfort en sachant que ce n'est pas seulement le génie de Liszt qui fait de lui un tel joueur. Il a fait des études techniques comme personne d'autre, à l'exception peut-être de Tausig. Il joue tout ce qui existe sous le soleil à la manière d' *Etuden* – il les a joué, je veux dire. Mardi, je l'ai fait parler des compositeurs qui étaient à la mode quand il était jeune à Paris — Kalkbrenner, Herz, etc. — et je lui ai demandé s'il ne pourrait pas nous jouer quelque chose de Kalkbrenner. "Oh oui ! Je dois encore avoir en tête quelques trucs de Kalkbrenner", puis il joua une partie d'un concerto. Ensuite, il a continué en parlant de Herz et a dit : « Je vais vous jouer une petite étude de Herz qui est tristement célèbre. C'est un petit thème stupide », puis il a joué le thème, « mais *maintenant* faites attention ». Puis il a joué au bureau lui-même. C'était une chose des plus hasardeuses, où les mains se croisaient continuellement avec une grande rapidité et frappaient des notes dans les positions les plus difficiles. Cela nous a tous fait rire ; et Liszt frappait les notes à chaque fois, même si c'était d'une dureté dégoûtante, et comme il le disait lui-même, "il avait l'habitude de se mettre en colère à ce sujet". Il l'avait évidemment si bien étudié qu'il ne pourrait jamais l'oublier. Il continue en parlant de Moscheles et de ses compositions. Il a dit que, entre trente et quarante ans, Moscheles jouait superbement, mais qu'en vieillissant, il est devenu trop vieux et figé dans ses habitudes - puis il a enlevé Moscheles et a joué son Etuden dans son style. C'était très drôle. Mais cela montre à quel point Liszt a *tout* étudié et l'universalité de son savoir, car il connaît aussi bien les études de Tausig et de Rubinstein que celles de Kalkbrenner et de Herz. Il ne peut y avoir beaucoup de personnes dans le monde qui suivent comme lui toute la gamme de la littérature musicale.

Liszt aimait Tausig comme son propre enfant et est toujours ravi lorsque nous jouons l'une de ses musiques. Sa mort fut un coup terrible pour Liszt, car il avait l'habitude de dire : « Il sera l'héritier de mon jeu ». Je suppose qu'il pensait pouvoir revivre en lui, car il dit toujours : « Jamais un tel talent ne m'est venu entre les mains ». Je donnerais n'importe quoi pour les voir ensemble, car Tausig était un homme merveilleusement intelligent et captivant, et j'imagine qu'il a dû fasciner Liszt. On dit qu'il était le garçon le plus vilain dont on ait jamais entendu parler et qu'il causa à Liszt des ennuis et des vexations sans fin ; mais il lui pardonnait toujours, et une fois la contrariété passée, Liszt lui tapotait la tête et lui disait : « *Carlchen , entre-temps. premièrement une grosse masse ou une grosse masse ein grosser Meister* (Vous deviendrez soit un grand imbécile, soit un grand maître). » C'est partout Liszt. Il est si indulgent qu'en considération du talent, il pardonne tout.

Le père de Tausig, qui était lui-même maître de musique, l'emmena chez Liszt quand il avait quatorze ans, dans l'espoir que Liszt recevrait la petite merveille comme élève et protégé.

Mais Liszt ne voulait même pas entendre le garçon jouer. « J'en ai assez, déclara-t-il positivement, des enfants prodiges. Ils n'arrivent jamais à grand-chose. Le père de Tausig a apparemment acquiescé à la réponse, mais pendant que lui et Liszt buvaient du vin et fumaient ensemble, il a réussi à emmener clandestinement l'enfant sur le tabouret du piano derrière Liszt et lui a fait signe de commencer à jouer. Le petit Tausig se plongea dans la Polonaise plate de Chopin avec une telle fougue et une telle audace que Liszt tourna sa tête d'aigle et, après quelques mesures, s'écria : « Je le prends ! J'ai entendu Liszt dire un jour qu'il ne pouvait pas supporter les enfants prodiges. "Je n'ai pas le temps", dit-il, "pour ces artistes *die* WERDEN *sollen* (qui *doivent* exister)!"

WEIMAR, le 9 septembre 1873 .

Cette semaine a été très animée à Weimar, à cause du mariage du fils du Grand-Duc. Il s'est passé toutes sortes de choses, et l'Empereur et l'Impératrice sont arrivés de Berlin. Il y a eu de nombreuses répétitions au théâtre des différentes choses jouées et, bien entendu, Liszt a joué un rôle important dans l'arrangement de la musique. Il dirigea la Neuvième

Symphonie et joua lui-même deux fois avec des accompagnements orchestraux. L'un des morceaux qu'il a joué était la Polonaise en mi majeur de Weber, et l'autre était l'une de ses propres Rhapsodies Hongroises . Parmi eux, j'étais à la répétition. Lorsqu'il est monté sur scène, les applaudissements ont été formidables et suffisants à eux seuls pour exciter et électriser chacun. J'ai été enchanté d'avoir l'occasion d'entendre Liszt comme concertiste. Le directeur de l'orchestre ici est lui-même un magnifique pianiste et compositeur, ainsi qu'un chef d'orchestre splendide, mais il était facile de voir qu'il a dû rassembler toutes ses forces pour suivre Liszt, qui a laissé libre cours à son imagination et a laissé le *tempo* fluctue selon son envie. Quant à Liszt, il *regardait à peine* les touches, et il était stupéfiant de voir ses mains courir de haut en bas du piano et exécuter des passages d'une rapidité et d'une difficulté extrêmes, tandis que sa tête était toujours tournée vers l'orchestre, et qu'il ils entretenaient continuellement un feu de remarques avec eux. " Vous les violons, frappez *fort* ici." "Espèces de trompettes , pas trop fort là", etc. Il faisait tout avec le plus immense *aplomb* , et sans paraître prêter aucune attention à ses mains, qui bougeaient d'elles-mêmes comme si elles étaient des êtres indépendants et avaient leur propre cerveau et tout ! Il n'a jamais fait deux fois la même chose. S'il s'agissait d'une balance la première fois, il la ferait en double ou en tiers cassés la seconde fois, et ainsi de suite, vous surprenant constamment avec un nouveau tour. Pendant que vous admiriez le long roulement de la vague, une brusque gerbe s'abattait sur vous et vous faisait reprendre votre souffle ! Non, il n'y a jamais eu un tel joueur ! L'intensité nerveuse de son contact vous saisit. Quand il eut fini, tout le monde criait et battait des mains comme des fous, et l'orchestre maintenait une telle *fanfare* d'applaudissements que le vacarme était tout à fait accablant. Liszt sourit et s'inclina, et quitta la scène avec indifférence, sans se donner la peine de revenir, et bientôt il s'assit tranquillement sur le parquet, et la répétition commença. Le concert lui-même a eu lieu à la cour, de sorte que je ne l'ai pas entendu. Metzdorf était là cependant et il dit que Liszt jouait fabuleusement, bien sûr, mais qu'il n'était pas aussi inspiré que le matin et ne produisait pas le même effet.

WEIMAR, le 15 septembre 1873 .

L'autre jour, une excursion a été organisée à Sondershausen , une ville située à environ trois heures de route de Weimar en voiture. Il devait y avoir un concert en l' honneur de Liszt et tout un programme de sa musique devait être interprété. Environ une demi-douzaine de « Lisztianer » — comme les Weimarais surnomment les élèves de Liszt — ont accepté d'y aller, j'en fais bien sûr partie. Liszt lui-même, la comtesse von X. et le comte S. devaient diriger le parti. La matinée où nous avons commencé était une de ces parfaites journées d'automne où il est tout simplement agréable de *vivre* .

Après le petit-déjeuner, je me suis précipité vers la gare, où j'ai rencontré les autres, tout le monde étant de très bonne humeur. Liszt et ses amis titrés voyageaient seuls dans une voiture de première classe . Le reste d'entre nous est allé en deuxième classe, dans la voiture suivante. Nous étions en effet très gais, et le temps ne nous parut pas long jusqu'à notre arrivée à Sondershausen , où nous échangeâmes nos places dans les voitures contre des places dans un omnibus et nous conduisîmes jusqu'à l'hôtel principal. Il n'y avait pas suffisamment de logement pour nous tous, en raison du nombre d'étrangers venus au festival, alors Mme S. et moi sommes allés dans un hôtel plus petit, dans une partie plus éloignée de la ville, pour réserver une chambre, avec l'intention de revenir et dînez avec Liszt et les autres. Au moment où notre bruyant véhicule arrivait à l'auberge et que quelques messieurs sautaient dehors pour arranger les choses, les accents solennels d'un choral retentirent d'une église voisine, avec son accompagnement d'orgue grandiose et roulant. D'une manière ou d'une autre, cela m'a rendu triste de l'entendre, et un sentiment de *caractère transitoire* des choses m'a envahi. Cela ressemblait à une de ces voix de l'autre monde qui nous appellent de temps en temps.

Après avoir réservé nos chambres, nous retournâmes à l'hôtel où logeait Liszt et où nous devions dîner immédiatement. C'était au centre de la ville et juste en face du palais, qui s'élevait hardiment sur une sorte d'éminence avec de grands escaliers de pierre descendant de chaque côté jusqu'à la route. Cela avait l'air assez imposant. Une avenue serpentait vers la droite de la colline. Dans la salle à manger de l'hôtel, une longue table était dressée et tous les couverts étaient soigneusement dressés. Ma place était à côté du comte S. et non loin de Liszt. J'étais donc très bien assis. Tout le monde se mit à parler aussitôt que le dîner fut servi, comme on fait toujours à table en Allemagne. Vers la fin, il y eut le nombre habituel de toasts en l' honneur de Liszt, auxquels il répondit d'une manière plutôt ennuyeuse. Je ne m'étonne pas qu'il s'en lasse, car c'est toujours la même chose. Il ne semblait pas dans son humeur habituelle et avait l'air fatigué.

Après le dîner, il dit : « Maintenant, allons voir Fräulein Fichtner. Fräulein Fichtner était la jeune femme qui allait jouer son concerto en la majeur lors du concert de ce soir-là. C'est une pianiste bien connue en Allemagne, à la fois jolie et brillante. Nous avons commencé en procession, comme on marche toujours avec Liszt. Cela me rappelle ces boules de neige que les garçons roulent à la maison : la foule se rassemble au fur et à mesure ! Quand nous sommes arrivés à la maison, nous sommes entrés dans un couloir obscur et avons commencé à monter un escalier sombre et étroit. Quelqu'un a frappé une allumette de cire. "Bien!" cria Liszt de sa voix sonore. " *Leuchten Sie voraus* (Éclairez-nous)." Arrivés au sommet , nous avons actionné la cloche et avons été accueillis par la mère de Fräulein Fichtner. Fräulein Fichtner elle-même ne semblait pas du tout consternée par le nombre de ses invités, même si nous avions l'air de venir prendre d'assaut la maison. Elle sortit gaiement toutes les chaises qu'il y avait, et ceux qui ne trouvaient pas de place devaient se lever ! Cet été, elle a passé quelques jours à Weimar. Nous l'avions donc tous déjà rencontrée et je l'avais entendue un jour jouer des duos de Schumann avec Liszt, qui aimait lire avec « Pauline », comme il l'appelle. C'est à elle que Raff a dédié son exquis « *Maerchen* (Conte de fées) ». C'est une brune pétillante, au visage plein d'intelligence. On dit qu'elle écrit de charmants petits poèmes et qu'elle est douée de diverses manières. Pour ne pas la fatiguer pour le concert nous ne sommes restés qu'une vingtaine de minutes.

En revenant, Liszt s'est livré à un petit *badinage gracieux* à propos du concerto. Vous savez qu'il a écrit deux concertos. Celui en mi bémol est beaucoup joué, mais celui en la très rarement. C'est extrêmement difficile et c'est l'une des rares de ses compositions qui intéresse Liszt de savoir que les gens jouent. «Je devrais l'écrire autrement si je l'écrivais maintenant», m'expliqua-t-il pendant que nous marchions. "Certains passages sont très difficiles (*haecklig*) à exécuter. J'étais plus jeune et moins expérimenté quand je les ai composés", a-t-il ajouté avec un de ces sourires lumineux "comme l'éclair d'un poignard au soleil", comme dit Lenz.

Quand nous arrivâmes à l' hôtel, tout le monde entra pour faire la sieste, ce « Mittags -Schlaf » qui fait loi en Allemagne. Je ne souhaitais pas dormir et j'avais envie d'explorer la vieille ville. Alors le comte S. et moi avons commencé une promenade. Sondershausen est un endroit rêveur et endormi, avec si peu de vie qu'on se rend à peine compte qu'il y a du monde là-bas. Elle est agréablement située, entourée de douces collines et d'ondulations de terrain, mais il semble que la ville soit morte depuis longtemps et que ce soit sa tombe sur laquelle on marche tranquillement. Nous avons pris la route qui serpentait devant le château. Il était entouré d'arbres et derrière le château se trouvaient des jardins et des vérandas. La route descendait de l'autre côté, et nous la suivions jusqu'à ce que nous arrivions à l'improviste à un petit parc circulaire. Un petit parc si désert et si veuf, semble-t-il ! Nous n'avons rencontré personne en parcourant ses sentiers. À leurs côtés se trouvaient de grandes quantités de buissons de baies des neiges chargés de baies, que j'aime beaucoup. Le parc avait une sorte d'aspect misérable et négligé, comme s'il était abandonné à lui-même. Le ruisseau même qui le traversait coulait lentement, et comme s'il n'avait pas d'objet particulier dans la vie. — Je l'aimais beaucoup, et c'était très reposant de s'y promener. On y sentait la vérité du dicton favori de R. : « Cela ne fait aucune différence. *Rien ne* fait aucune différence ».

Le comte S. a continué, mais je n'ai pas entendu plus de la moitié de ce qu'il a dit. C'est un homme du monde, jouisseur, amateur de musique, mais parfait matérialiste et indifférent au « *souffle vers le beau* » qui tourmente tant de gens. En même temps, il est reconnaissant et très amusant, et on n'a aucune chance de se livrer à la mélancolie avec *lui* . Nous flânâmes jusque tard dans l'après-midi, puis retournâmes à l'hôtel prendre un café avant d'aller au concert qui commençait à sept heures. La salle de concert se trouvait derrière le palais et semblait en faire partie. Liszt, la comtesse von X. et le comte S. étaient assis dans une loge aristocratique. Nous étions tous sur le parquet. J'ai été émerveillé par l'orchestre, qui était très grand et jouait glorieusement. Il m'a semblé aussi beau que celui du Gewandhaus de Leipzig, même si je suppose que cela ne peut pas l' être. — "Pourquoi personne ne m'a jamais parlé de cet orchestre ?" J'ai demandé à Kellermann, qui était assis à côté, "et comment se fait-il qu'on trouve un tel orchestre dans un tel endroit ?" "Oh," dit-il, "cet orchestre est très célèbre, et le prince de Sondershausen est un grand mécène de la musique." C'est comme ça en Allemagne. De temps en temps, on a ces surprises. On ne sait jamais quand on va tomber sur un bijou dans le coin le plus reculé.

Nous étions tous très enthousiasmés par le jeu de Fräulein Fichtner, et cela semblait très joyeux d'être pour ainsi dire dans les coulisses et d'avoir l'un de nos propres numéros sur scène. Nous avons énormément applaudi à sa sortie. Elle n'était pas du tout nerveuse, mais a commencé avec beaucoup d' *aplomb* et a joué à merveille. Le concerto m'a fait une impression généralement éblouissante et difficile, mais ne m'a pas particulièrement « saisi ». Je ne sais pas à quel point Liszt a été satisfait de sa façon de l'interpréter, car je n'ai pas eu l'occasion de le lui demander. Elle a également joué sa Quatorzième Rhapsodie avec un accompagnement orchestral dans le style le plus audacieux et le plus fringant. Fräulein Fichtner est plus dans la bravoure que dans la ligne sentimentale, et elle a une certaine ampleur, une certaine ampleur, une certaine fraîcheur. La dernière pièce au programme était la Symphonie chorale de Liszt, qui était magnifique. Le chœur venait à la fin, comme dans la Neuvième Symphonie. Mme S. a dit qu'elle le connaissait pour avoir entendu l'orchestre de Thomas le jouer à New York. — Cet orchestre, d'ailleurs, d'après ce que j'ai entendu, semble être devenu quelque chose de remarquable. C'est une grande chose pour l'éducation musicale du pays d'avoir une telle organisation voyageant chaque hiver. Et quelle révélation qu'un orchestre la première fois qu'on l'entend, même s'il est pauvre ! — Une musique descendue corporellement du Ciel ! Et ici, dans leur obscurité musicale, les Américains des provinces se font surprendre par un orchestre de la plus haute excellence, dans toute sa splendeur . Quoi *de* plus américain ? Ils ont toujours le meilleur ou rien !

A neuf heures du soir, le concert était terminé et nous retournâmes tous à l'hôtel pour le dîner. Nous avions tous désespérément faim après tant de musique et d'enthousiasme. Tout le monde voulait être aidé en même temps et les serveurs étaient presque distraits. Le comte S. était assis à côté de moi et était très drôle. Il n'arrêtait pas de frapper sur la table comme un fou, mais sans aucun succès. Finalement, il s'est exclamé : " *Jetzt geh ' ICH auf Jagd* (Maintenant *je* pars à la chasse)!" et sauta de sa chaise, se précipita à l'autre bout de la salle à manger, s'empara de quelques plats que les serveurs servaient et revint triomphant. Je pus Je n'ai pas pu m'empêcher de rire et il a fait beaucoup de plaisanteries aux dépens des serveurs et de tout le monde. Je n'ai pas pu entendre la conversation de Liszt, ce que j'ai regretté, mais il semblait d'humeur calme. de même quand il est avec des aristocrates. Il faut qu'il soit parmi *les artistes* pour dégainer son épée. Quand il est avec des « houles », il est tout en grâce et en élégance, il semble ne jouer avec son génie que pour les amuser, et il n'est jamais sérieux. C'est du moins ce que *je* l'ai observé les quelques fois où je l'ai vu dans le *beau monde* . La présence de la fière comtesse von X. à Sondershausen le tenait, pour ainsi dire, à distance de tout le monde. et il ne débordait pas de gaieté et de gaieté comme à Iéna. Bien entendu, elle n'est pas venue avec nous chez Mme Fichtner, ce qui était une chance. Après le dîner, tous se couchèrent de bonne heure, assez fatigués par l'excitation de la journée.

Cette comtesse hautaine a d'ailleurs toujours eu pour moi une grande fascination, car elle ressemble à une femme qui « a une histoire ». Je l'ai souvent vue aux matinées de Liszt, et d'après ce que j'entends d'elle, c'est un type de femme qui, je suppose, n'existe qu'en Europe et sur lequel s'inspirent les héroïnes des romans étrangers. Elle est veuve, et a environ trente-six ou huit ans, de taille moyenne, légère à maigre, mais extrêmement gracieuse. Elle est toujours vêtue de noir et est totalement négligente dans sa tenue vestimentaire, mais rien ne peut cacher l'élégance innée de sa silhouette. Son visage est pâle et ses cheveux foncés. Elle donne une impression de froid glacial et en même temps de chaleur tropicale. La fierté de Lucifer envers le monde en général : son abandon total à l'individu. Je la rencontre souvent dans le parc, alors qu'elle marche traînant ses « vêtements de zibeline comme la nuit », et entourée de ses quatre beaux garçons, — comme dit le comte S., « tous plus beaux les uns que les autres ». Ils ont des visages tellement romantiques ! Yeux foncés et cheveux foncés bouclés. L'aîné a environ quatorze ans et le plus jeune cinq ans.

Le petit est trop beau, avec ses boucles brunes qui pendaient sur ses épaules ! Je n'oublierai jamais la manière hautaine avec laquelle la comtesse a sorti ses lunettes et m'a regardé alors que je la croisais un jour dans le parc. Weimar étant un tel « *kleines Nest* » (petit nid), comme l'appelle Liszt, tout étranger est immédiatement remarqué. Elle a attendu que je sois tout près, puis a délibérément levé ce verre et m'a scruté de la tête aux pieds, puis l'a laissé tomber d'un air moitié dédaigneux, moitié indifférent, comme si l'examen ne récompensait pas la peine . tellement amusé. Son arrogance pique tout Weimar, et on ne cesse de parler d'elle. Je ne peux jamais m'empêcher de souhaiter la voir dans des toilettes à la mode. Si elle est si *distinguée* dans une tenue peu ordinaire, que *serait* -elle dans un costume parisien ? Je veux dire quant à la grâce, car elle n'est pas jolie. — Mais comme étude psychologique, elle est peut-être plus intéressante telle qu'elle est. Il me semble toujours qu'elle va peu à peu se détruire, un volcan éteint, ses propres cendres retombant sur elle et la recouvrant. Elle est très instruite et prépare elle-même son fils aîné à l'université. Quel sujet elle eût été pour un Balzac !

Nous sommes restés le lendemain à Sondershausen , car il devait y avoir un autre concert d'orchestre, cette fois avec un programme divers . Fräulein Fichtner était déjà partie, mais le premier violoniste joua le célèbre concerto pour violon de Mendelssohn. Pas dans le style magistral de Wilhelmj , mais extrêmement bien. Nous avons pris le train pour Weimar vers dix-sept heures. Au retour, j'étais dans la voiture avec Liszt. Il s'est assis en face de moi et a progressivement commencé à parler. La conversation tournait autour de Weitzmann, mon ancien professeur d'harmonie, qui, vous vous en souvenez, était si déterminé à me faire apprendre. Liszt remarqua l'étendue de ses connaissances et dit : « Si je n'étais pas si vieux , j'aimerais retourner à l'école de Weitzmann. » Il parlait un jour avec Weitzmann, dit-il, et Weitzmann lui proposa d'écrire un canon. "Je me suis assis et j'ai travaillé dessus un bon moment, mais j'ai finalement abandonné. Je ne sais pas pourquoi, mais je n'ai jamais réussi à écrire des canons. Weitzmann s'est alors assis et, en une demi-heure, il en avait produit deux excellents. " Il donne cela comme exemple de la préparation de Weitzmann . — Un canon, vous le savez, est une sorte de puzzle musical. La main droite joue le thème. La main gauche la reprend un peu plus tard et imite la droite. Les deux s'entrelacent, et le thème forme à la fois la mélodie et l'accompagnement, selon qu'il est joué par la main droite ou la main gauche, quelque chose sur le principe des rondes chantées. La difficulté consiste à éviter la monotonie de cette itération continuelle du thème, qui peut être repris à des intervalles différents, inversé, etc., à volonté. Il semble qu'il s'agisse d'un style de composition plus mathématique que musical. Je suppose que *Bach* pouvait tirer des canons sans fin ! Il l'a développé sous toutes les formes imaginables. — Mais Liszt est d'une autre école !

Nous sommes rentrés à Weimar vers huit heures du soir, et cette délicieuse excursion, comme toutes les autres, *devait se terminer* . Mais la vieille ville tranquille, avec son nom musical et son grand orchestre, restera longtemps dans ma mémoire.

Adieu, Sondershausen !

CHAPITRE XXII.

Adieu à Liszt ! Conservatoires allemands et leurs méthodes. Berlin encore. Liszt et Joachim.

WEIMAR, *le 24 septembre 1873* .

Nous avons eu notre dernière leçon avec Liszt il y a quelques jours et il quitte Weimar la semaine prochaine. Il était tellement pressé par ses engagements les deux dernières fois qu'il n'a pas pu nous prêter beaucoup d'attention. J'ai joué mon concerto de Rubinstein. Il m'a accompagné lui-même sur un deuxième piano. Nous y étions vers dix-huit heures. Liszt était sorti, mais il avait laissé entendre que si nous venions, nous devions attendre. Vers sept heures, il entra et les lampes étaient allumées. Il était d'une humeur épouvantable et je ne l'ai jamais vu aussi déprimé. "Comment ça se passe avec notre concerto ?" me dit-il, car il m'avait dit la fois précédente d'envoyer chercher le deuxième accompagnement au piano, et il le jouerait avec moi. Je lui ai dit que malheureusement il n'existait pas de deuxième partie de piano. "Alors, mon enfant, tu es tombé sur la tête, si tu ne le sais pas, tu dois au moins avoir un deuxième exemplaire du concerto !" Je lui ai dit que je le savais par cœur. "Oh!" dit-il d'un ton apaisé. Il a donc pris mon exemplaire et a joué la partie d'orchestre qui est indiquée au-dessus de la partie de piano, et j'ai joué sans notes. Je me suis senti inspiré, car le piano devant lequel je me trouvais était un magnifique piano à queue que Steinway a offert à Liszt l'autre jour. Liszt était assis devant un autre grand salon, en face de moi, et la pièce était faiblement éclairée par une ou deux lampes. Quelques artistes étaient assis dans l'ombre. C'était à l'heure du crépuscule, « *l'heure du mystère », comme* disait le poétique Gurickx , et en bref, l'occasion était parfaite et ne pouvait plus se reproduire. Vous voyez, nous avons toujours nos cours l'après-midi, et c'était un simple hasard qu'il soit si tard cette fois-ci. J'avais donc l'impression d'être dans un état électrique. J'avais tellement étudié la pièce que j'en étais parfaitement sûr, et puis avec le splendide accompagnement de Liszt et son beau visage à contempler, c'était suffisant pour faire ressortir tout ce qu'il y avait en un. S'il avait été lui-même, je n'aurais plus rien à désirer, mais il était dans une de ses humeurs amères et sarcastiques. Mais j'ai couru jusqu'au bout, comme un torrent qui s'engouffrait dans les ténèbres, pourrais-je dire, car c'était aussi la fin de mes leçons avec Liszt !

En réponse à vos questions musicales, je ne sais pas s'il y a grand chose à dire sur les conservatoires que vous ne connaissez pas. Celui de Stuttgardt est considéré comme le meilleur ; et là, les élèves sont soumis à une méthode graduelle régulière, commençant par l'apprentissage de la tenue de la main et par les exercices les plus simples à cinq doigts. Il y a certaines choses, études, etc., que *tous* les savants doivent apprendre. C'était également le cas au conservatoire de Tausig. Nous avons d'abord dû passer par Cramer, puis par le Gradus ad Parnassum , puis par Moscheles , puis Chopin, Henselt , Liszt et Rubinstein. Moi-même , je ne suis pas allé plus loin que Chopin, mais quand je suis allé à Kullak, j'ai étudié pendant une année entière l'École pour virtuoses de Czerny , qui est le livre par lequel il « ne jure que ». Je continue avec eux cet hiver. Il faut des années pour les parcourir tous, mais quand on les *a* terminés, on est un artiste.

Je pense moi-même que la "Schule des Virtuosen " est indispensable, même si je la déteste. Premièrement, il n'y a rien de tel pour vous donner une technique. Il se compose de passages, généralement longs d'environ deux vers, que Czerny a le visage de vous demander de jouer vingt à trente fois de suite. Vous pouvez imaginer à ce rythme combien de temps il vous faut pour parcourir une page ! Fastidieux jusqu'au *dernier* degré ! Mais il égalise et renforce grandement les doigts, et rend votre exécution douce et élégante. Il vous apprend à prendre votre temps, ou comme disent les Allemands, il vous donne le « *Ruhe* (repos) », la *grande sine qua non* ! Vous apprenez à « jouer » vos passages (« *aus-spielen* », comme dit toujours Kullak) ; c'est-à-dire que vous ne vous précipitez pas et ne brouillez pas les dernières notes, mais jouez clairement et dans un rythme strict jusqu'à la fin du passage. J'ai vu Lebert, le directeur du conservatoire de Stuttgardt , ici cet été, et j'ai eu plusieurs longues conversations avec lui, et il m'a dit qu'il considérait Bach comme la meilleure étude et qu'il plaçait le clavicorde bien tempéré à la base de tout. Les Stuttgarders étudient Bach tous les jours, et je pense moi-même que c'est un projet capital. J'ai commencé à le faire aussi. C'était une grande chose pour moi, ce quart de Bach que j'ai étudié avec M. Paine à Cambridge, et qui a été une de vos inspirations, lorsque vous « construisiez mieux que vous ne le pensiez ». Je n'ai jamais *vu* une personne avec un tel instinct de découvrez la bonne chose comme vous l'avez fait ! Sans cela, je n'aurais jamais pu me familiariser autant avec Bach ni me mettre à l'étudier moi-même, comme je l'ai fait beaucoup. C'est aussi bon pour les doigts que « bon pour l'âme ». Lenz, dans son esquisse de Chopin, dit que Chopin lui avait dit, lorsqu'il préparait un concert , qu'il n'étudiait jamais ses propres compositions, mais qu'il s'enfermait et pratiquait Bach !

Cependant, je suppose que cela revient finalement au même si l'on étudie Bach, Czerny ou Gradus, sauf qu'il faut *s'en tenir à* l'un d'eux tout le temps. Le plus important, c'est que chacun de vos cinq doigts fasse « dum , dum », un nombre égal de fois, ce qui est le principe des trois ! Tausig était pour Gradus, vous savez, et il le pratiquait lui-même tous les jours. Il transposait les études dans des tonalités différentes, jouait de la même manière à la main gauche et à la main droite, et augmentait leurs difficultés de toutes les manières, mais *je* les trouvais toujours assez dures telles qu'elles étaient écrites ! Bach renforce les doigts et les rend indépendants. Czerny les égalise et donne une exécution facile et élégante, et Gradus n'est pas seulement bon pour la technique des doigts, il entraîne également le bras et le poignet et donne une exécution beaucoup plus puissante.

Je pense que dans tous les conservatoires, ils ont au moins six cours par semaine, deux de solo, deux de lecture à vue et deux de composition. Ensuite, il y a souvent des conférences données sur des sujets musicaux par certains professeurs ou par quelqu'un d'autre. qui est engagé à cet effet. Tous les grands conservatoires ont un orchestre, composé généralement des chercheurs eux-mêmes, avec quelques professionnels embauchés pour combler les lacunes. Ainsi, les meilleurs pianistes jouent leurs concertos une fois par mois, ou une fois toutes les six semaines. Le nombre de représentations publiques varie dans chaque conservatoire. À la Hoch Schule de Berlin, ils ont deux cours par an à la Sing-Akademie. Kullak *prétend* en avoir *un*, mais il s'intéresse si peu à ses érudits qu'il l'omet quand cela lui convient. À Stuttgardt, je crois qu'il y en a quatre. Je ne sais pas grand-chose de l'aménagement intérieur du conservatoire de Kullak, car je n'allais que dans sa propre classe. J'habitais trop loin pour suivre le cours de théorie et de composition. Liszt dit que les élèves de Kullak sont toujours les mieux scolarisés, ce qui m'a plutôt surpris, car il y a une certaine intimité entre lui et Stuttgardt , et il recommande toujours les savants au conservatoire de Stuttgardt .

Les Stuttgardters ont une immense technique et je pense qu'ils apprennent mieux à étudier. Il me semble que Stuttgardt était l'endroit idéal pour remettre la machine en état de marche, mais je pense plutôt que Kullak entraîne davantage la tête. Il y a ici un jeune Américain nommé Orth, qui a étudié deux ans avec Kullak, puis il a passé un an à Stuttgardt , et maintenant il va retourner à Kullak. Il dit qu'il pense que ce n'est pas Lebert, mais Pruckner, qui est la véritable colonne vertébrale du conservatoire de Stuttgardt , mais que même avec *lui,* un an suffit. Fräulein Gaul, au contraire, avec qui Lebert a pris le plus grand soin possible, le considère comme un maître magnifique, et certainement il l'a admirablement développée. Il en est probablement de même pour eux tous. S'ils vous aiment, ils feront beaucoup pour vous ; sinon, *rien* ! Liszt ne fait pas exception à cette règle. Je l'ai vu bouder et négliger entièrement les jeunes artistes du talent et de la virtuosité les plus remarquables, simplement parce qu'ils ne lui plaisaient pas personnellement.

BERLIN, *le 8 octobre 1873* .

Voilà ! comme Liszt le dit toujours. Me voici de retour dans le vieux Berlin, et si jamais je me suis senti "comme un chat dans un étrange grenier", c'est bien maintenant. J'ai quitté notre cher petit Weimar il y a deux jours et je me suis séparé de notre adoré Liszt il y a huit jours aujourd'hui. Il est parti à

Rome. *Jamais* je n'ai eu autant l'impression de quitter quelqu'un ou un lieu, et Berlin me semble être un grand désert rugissant. Les distances sont tellement *infinies* ici. Soit il faut se tuer en marchant, soit dépenser une fortune en droschkies . Les maisons me semblent toutes avoir grandi. Il y en a un nombre immense de nouveaux qui montent de tous côtés, et le bruit, et la foule, et la confusion ont de quoi distraire, après la vie idyllique que j'ai menée. Et bien! *Es war eben* ZU *schön !* (C'était *trop* beau !)

Hier et aujourd'hui, j'ai cherché une nouvelle pension. J'ai reçu deux invitations à dîner depuis mon retour, mais tout le monde et tout me semble si ennuyeux et stupide, prosaïque et ennuyeux, que je les ai déclinées toutes les deux et n'ai donné mon adresse à aucun de mes amis avant d'avoir reçu une invitation à dîner. peu de temps pour m'abandonner progressivement aux délices de Weimar.

Liszt était la gentillesse même quand venait le temps de me dire au revoir, mais je pouvais à peine prononcer un mot, ni même le remercier pour tout ce qu'il avait fait pour moi. Je ne voulais pas m'effondrer et faire une scène, comme je pensais que je devrais le faire si j'essayais de dire quoi que ce soit. Je crains donc qu'il ne m'ait trouvé plutôt ingrat et naturel, car il ne pouvait pas savoir que j'éprouvais un excès d'émotion qui me faisait taire. Aller le voir me manque inexprimablement, et même si j'ai entendu hier soir mon Joachim préféré , *lui aussi* a pâli devant Liszt. Il est au violon ce que Liszt est au piano, et il est le seul artiste digne d'être mentionné au même titre que lui.

Comme Liszt, il dynamise tellement tout que je dois le reprendre à chaque fois que je l'entends. Je suis toujours à nouveau étonné, émerveillé et ravi, et même en écoutant, j'ai du mal à croire que cet homme *puisse* jouer ainsi ! Mais Liszt, en plus de son jeu merveilleux , a cette personnalité unique et imposante, alors qu'au premier abord Joachim n'est pas spécialement marquant. Le visage de Liszt est tout un jeu de traits, un éclat de fantaisie, un embrasement d'imagination, tandis que Joachim est absorbé par son violon, et son visage n'a qu'une expression de fine distinction et d'intense sollicitude pour produire ses effets artistiques. Liszt ne regarde jamais son instrument ; Joachim ne regarde jamais autre chose. Liszt est un acteur complet qui entend emporter le public, qui n'oublie jamais qu'il est devant lui et qui se comporte en conséquence. Joachim l'ignore totalement. Liszt soumet le peuple à lui par la manière même dont il entre en scène. Il secoue sa tête fière, jette un regard électrique de son œil d'aigle et s'assoit d'un air qui dirait : « Maintenant, je vais faire de vous ce que je veux, et vous n'êtes que des marionnettes. soumis à ma volonté. Un jour, il nous a dit en classe : « Quand vous montez sur scène, ayez l'air de ne pas vous soucier du public et comme si vous en saviez plus que n'importe lequel d'entre eux. faire.— Cela n'a-t-il pas provoqué les critiques !" ajouta-t-il avec un air ineffable de malice malveillante. Vous voyez donc son principe, et c'est précisément ainsi qu'il l'a fait lors de la répétition au théâtre de Weimar dont je vous ai parlé. Joachim, au contraire, est un gentleman-artiste discret. Il s'avance de la manière la plus simple, mais tout en ajustant son violon, il regarde son auditoire avec l'air calme d'un monarque musical, au point de dire : « Je me repose entièrement sur mon art et je n'ai besoin d'aucun « manières ou manières ». En réalité, j'admire le plus le principe de Joachim, mais il y a quelque chose d'indescriptiblement fascinant et subjuguant dans l'obstination de Liszt. Vous sentez tout de suite que c'est un grand génie, et que vous *n'êtes* que sa marionnette, et d'une manière ou d'une autre, vous prenez un vil plaisir à l'humiliation ! Les deux hommes sont extrêmement intéressants, chacun à sa manière, mais ils sont extrêmes.

[À côté de son jeu et de ses compositions, ce que Liszt a fait pour la musique et pour les musiciens, et pourquoi, par conséquent, il est si éminemment le plus grand et le plus aimé maître du monde musical, peut apparaître au lecteur général dans ce qui suit. extrait d'une traduction dans *le Dwight's Journal* , 23 octobre 1880, de "Franz Liszt, a Musical Character Portrait" de La Mara, au *Gartenlaube* : "Nous devons compter parmi les mérites exceptionnels de Liszt, qu'il a ouvert la voie une voie de reconnaissance pour d'innombrables aspirants, car il montre toujours un cœur ouvert et des mains ouvertes à tous les efforts artistiques. Il fut le premier et le plus actif promoteur de l'immense entreprise de Bayreuth et le principal fondateur des sociétés ou syndicats musicaux qui fleurissent dans toute l'Allemagne. Et pour combien d'objets nobles et philanthropiques n'a-t-il pas déployé ses ressources artistiques ! Si, au cours de sa première carrière de virtuose, il a mis son génie au service des autres bien plus que du sien, en économisant sur les millions qu'il n'avait gagnés qu'un seul million. modeste somme pour lui-même, alors qu'il a contribué à lui seul plusieurs milliers de dollars pour l'achèvement de la cathédrale de Cologne, pour le monument Beethoven à Bonn et pour les victimes de l'incendie de Hambourg - ainsi, depuis la fin de sa carrière de pianiste, son activité artistique publique a été exclusivement consacré au bénéfice d'autrui, à des entreprises artistiques ou à des objets charitables. Depuis la fin de 1847, pas un sou n'est rentré dans sa poche, ni pour le piano et la direction d'orchestre, ni pour l'enseignement. Tout cela, qui a rapporté des capitaux et des intérêts si riches à d'autres, ne lui a coûté que des sacrifices de temps et d'argent. "] - ED.

CHAPITRE XXIII.

**Kullak en tant qu'enseignant. Les Quatre Grands Virtuoses, Clara Schumann,
Rubinstein, Von Bülow et Tausig.**

BERLIN, *le 7 novembre 1873* .

Je suis dans une sorte d'apathie mentale depuis mon retour – le résultat, je suppose, de tant d'excitation artistique tout l'été. Bien sûr, je m'entraîne très dur et je reprends des cours particuliers de Kullak. Je lui ai joué mon concerto de Rubinstein il y a deux semaines et je lui ai dit que je voulais le jouer en concert. Il dit que j'ai besoin de plus de puissance dans de nombreux endroits, et qu'en le pratiquant tous les jours, j'espère pouvoir enfin y parvenir, car j'ai surmonté les difficultés techniques. Il contenait deux pages que je pensais ne jamais *pouvoir* maîtriser. Il en est de même pour tous les concertos. Ce sont des choses terriblement difficiles à jouer, et bien plus difficiles, *je* pense, que les solos, car l'effort est très soutenu. Ce sont pour moi les choses les plus intéressantes à écouter de toutes, et je ne peux pas imaginer comment on peut penser que le piano et l'orchestre ne sont "pas faits pour aller ensemble". Cependant, je n'ai jamais apprécié les concertos avant mon arrivée en Allemagne. Kullak est l'enseignant le plus décourageant qu'on puisse imaginer. Lorsque vous jouez avec lui, c'est comme regarder votre peau à travers une loupe. Tous vos défauts semblent commencer et vous regardent. Je ne pense cependant pas que je me rende jamais justice à moi-même quand je joue avec lui, parce qu'il a une sorte d'effet engourdissant sur moi, et je ressens pour lui quelque chose de la même manière qu'Owen a ressenti le vieux Peter dans l'histoire de Hawthorne. "L'Artiste du Beau." Je ne peux m'empêcher de reconnaître la véracité de ses observations, même lorsque j'en grimace, et j'ai pourtant l'impression en même temps qu'il ne saisit pas complètement l'âme de la chose. Kullak est *tellement* pédant ! Il ne néglige *jamais* une imperfection technique et il vous lie à la technique pour que vous ne puissiez jamais laisser libre cours à votre imagination. Il s'assoit à l'autre piano et, au moment où vous vous précipitez, il frappe en lui-même et dit : « Ne vous dépêchez pas, Fräulein », ou quelque chose comme ça, et alors vous commencez à penser à retenir vos doigts et à jouer chaque morceau. notez même, etc. Maintenant, je ne m'attends jamais à obtenir cette perfection de technique que possèdent tous ces artistes qui se sont entraînés tout au long de leur enfance pendant que leur main se formait. La technique de Kullak est magnifique, mais maintenant que j'ai obtenu mon diplôme, pour ainsi dire, il devrait me laisser jouer à ma manière et ne pas s'attendre à ce que je joue comme *lui* , et je pourrais alors produire mes propres effets. C'est justement la différence entre lui et Liszt. Le grand principe de Liszt est de vous laisser votre liberté, et quand vous jouez avec lui, vous vous sentez comme un

Pégase caracolant dans les airs. Lorsque vous jouez à Kullak, vous avez l'impression que vos ailes ont été soudainement coupées, et comme si vous étiez harnaché pour tirer un wagon express ! Cependant, je ne pense pas qu'il serait bien d'aller à Liszt sans avoir au préalable suivi une telle formation, car vous voulez savoir ce que vous faites lorsque vous étudiez avec *lui* . Vous devez disposer d'une bonne *base* solide sur laquelle élever ses superstructures aérées. Je considère Kullak comme la base.

Vous me demandez dans votre lettre de vous écrire une comparaison – une synthèse – entre Clara Schumann, Bülow, Tausig et Rubinstein, mais je ne trouve pas cela très facile à faire, car ils sont tous très différents. Clara Schumann est une joueuse tout à fait classique. Elle joue à merveille les sonates de Beethoven et de Bach aussi ; mais elle ne me semble pas avoir de *finesse* , ni beaucoup de poésie dans son jeu. Il n'y a rien de subtil dans sa conception. Elle a beaucoup de feu, et tout son style est grand, fini, parfaitement arrondi, solide et satisfaisant, ce que les Allemands appellent *gediegen* . C'est une artiste *saine* à écouter, mais il n'y a rien d'analytique, pas de Balzac ou de Hawthorne chez elle. Les Variations en do mineur de Beethoven sont peut-être la meilleure interprétation que j'aie jamais entendue d'elle, et elles sont aussi extrêmement difficiles ; Je pensais qu'elle les faisait mieux que Bülow, bien que Bülow soit un si grand Beethovenite . Je pense qu'elle répète beaucoup les mêmes morceaux, peut-être parce qu'elle trouve très éprouvante la mode moderne de tout jouer sans notes. J'ai même entendu dire qu'elle pleurait sur la nécessité de le faire ; et c'est certainement une chose insensée d'insister sur une si grande artiste que Clara Schumann. — Si *seulement* on pouvait permettre aux gens d'avoir leur propre individualité !

Le jeu de Bülow est plus diversifié et se distingue principalement par sa grande vigueur ; son énergie nerveuse n'a pas de limite, et plus il joue, plus l'intérêt augmente. C'est mon préféré des quatre. Mais il joue Chopin aussi bien que Beethoven, et Schumann aussi. Dans l'ensemble, c'est un pianiste exceptionnel, sans pour autant être infaillible dans son interprétation. Je l'ai entendu s'embrouiller terriblement. Je pense qu'il se fie *trop* à sa mémoire et qu'il ne se prépare pas suffisamment. Il joue tout par cœur, et quels programmes ! Il enfonce toujours le clou sur la tête, et avec une telle emprise ! Ses accords vous saisissent fermement. Par exemple, au début des deux derniers mouvements de la Sonate au Clair de Lune, vous devriez l'entendre exécuter cet arpège de la main droite si légèrement et pianissimo, chaque note si délicatement articulée, puis *s'écraser* sur ces deux accords de la main droite. haut! Et lorsqu'il joue les gavottes, les gigues, etc. de Bach dans les Suites anglaises, un air rieur et espiègle se dessine sur son visage, et il y met la drôlerie et l'originalité les plus indescriptibles. Vous voyez si bien « il voit l'essentiel », et cela *vous le fait* voir aussi. Oui, c'est très amusant d'entendre Bülow faire ces choses. — Peut-être que le meilleur résumé de sa grandeur particulière serait de dire qu'il vous impressionne par le fait qu'il utilise l'instrument uniquement pour exprimer des idées. Avec lui, on oublie tout le piano et on ne s'absorbe que dans la pensée ou la passion du morceau.

Rubinstein, vous avez entendu. La plupart des gens le placent à côté de Liszt. Le fait que vous le trouviez froid m'a surpris, car s'il y a une chose pour laquelle il est célébré ici, c'est le feu et la passion de son jeu, ainsi que son imagination et sa spontanéité. Je pense que Tausig, Bülow et Clara Schumann, toutes les trois, ont tout prévu à l'avance sur la façon dont elles vont jouer un morceau, mais Rubinstein crée sur le moment. Il joue sans *plan* . Probablement l'après-midi où vous l'avez entendu, il ne se sentait pas d'humeur et n'était donc pas au meilleur de sa forme. En tant que compositeur, il surpasse de loin les trois autres.

Tausig ressemblait davantage à Liszt dans cette subtilité que possède Liszt, et par conséquent il était un meilleur joueur de Chopin que quiconque sauf Liszt. Je n'oublierai jamais son interprétation de la grande Ballade en sol mineur de Chopin la toute première fois que je l'ai entendu en concert. C'est une composition divine, et son interprétation n'était pas seulement toute chaleur et ferveur ; c'était aussi si merveilleusement poétique qu'il envoûtait le public, et une minute ou deux s'écoulait avant qu'ils puissent commencer à applaudir. C'était comme un rêve de beauté suspendu dans l'air devant vous – flottant là – et vous ne vouliez pas le perturber. Tausig avait un amour intense pour Chopin et aurait toujours souhaité pouvoir le connaître. Je pense qu'il avait plus de virtuosité et pourtant plus de délicatesse de sentiment que Rubinstein ou que Bülow. Sa finition, sa perfection et surtout son toucher étaient au dessus de tout. Mais, sauf dans Chopin, il avait froid, du moins dans la salle de concert. Au conservatoire, il semblait être un joueur très passionné ; mais, d'une manière ou d'une autre, en public, ce n'était pas le cas. Malheureusement, j'avais si peu étudié à cette époque que je ne me sens pas compétent pour le juger. Il était le favori de Liszt , et Liszt disait : « Il sera l'héritier de mon jeu » ; mais je doute que cela ait été le cas, car l'hiver précédant la mort de Tausig, Kullak me fit remarquer que son jeu devenait de plus en plus « sec » chaque année, probablement à cause de son aversion morbide pour « Spectakel », comme il l'appelait ; alors que Liszt donne toujours les rênes aux émotions.

Quand j'étais à Weimar, j'ai beaucoup entendu parler des *escapades de Tausig* lorsqu'il y étudiait lorsqu'il était enfant. On dit qu'il était terriblement sauvage et imprudent à cette époque, et Liszt payait ses dettes encore et encore. Parfois, dans les fêtes aristocratiques, lorsque Liszt n'avait pas envie de jouer lui-même, il disait à Tausig de jouer, et peut-être que Tausig n'en aurait pas envie non plus. Il avait la force la plus énorme dans ses doigts, même si ses mains étaient petites, et il allait au piano et faisait semblant de jouer, et frappait les premiers accords avec un tel fracas que trois ou quatre cordes se brisaient presque immédiatement. et puis, bien sûr, le piano était épuisé pour la soirée !

Le père de Tausig lui a un jour acheté un splendide piano à queue de Leipzig, et peu de temps après, Tausig a coupé les coins de toutes les touches, afin de les rendre plus difficiles à frapper, et son père a dû payer une forte somme pour les faire réparer. Une autre fois, on lui présenta un jeu d'échecs, et le lendemain, quelqu'un en visite chez lui remarqua que les pièces gisaient toutes sur le sol. "Pourquoi, Tausig, qu'est-il arrivé à tes joueurs d'échecs ?" "Oh, je voulais voir s'ils se cassaient facilement, alors j'ai renversé la planche." Il semblait possédé par un esprit de destruction. Gottschal m'a raconté qu'un jour, alors que Tausig était « à court d'argent », il a vendu la partition du Faust de Liszt pour cinq thalers à un domestique, ainsi qu'une grande pile de ses propres notes. Le domestique les confia à un marchand de vieux papiers et Gottschal, en entendant parler par hasard, alla trouver cet homme et les acheta. Puis il alla voir Liszt pour lui dire qu'il avait la partition. Il se trouve que l'éditeur avait écrit pour cet ouvrage le jour même et Liszt bouleversait la maison, le cherchant partout.

A cette époque, il vivait dans une immense maison sur une colline ici, qu'on appelle l'Altenburg. Liszt occupait le premier étage, un ami princier le deuxième, et le dernier étage était une grande salle de bal dans laquelle se trouvaient généralement neuf pianos à queue. Ils donnaient les fêtes les plus magnifiques, et Liszt dépensait trente mille thalers par an. Il vivait alors comme un prince, très différent de sa simplicité actuelle. Eh bien, il était dans un état d'esprit épouvantable parce que sa partition était introuvable. "Une année entière de travail perdue !" » s'écria-t-il, et il était tellement en colère que, lorsque Gottschal lui demanda pour la troisième fois ce qu'il cherchait, il se retourna et lui frappa du pied et dit : « Espèce de connard, ne peux-tu pas me laisser en paix ? , et ne me tourmente pas avec tes questions stupides ? Gottschal savait parfaitement ce qui lui manquait, mais il souhaitait s'amuser un peu. Finalement , il eut pitié de Liszt et dit : « Herr Docteur, *je* sais ce que vous avez perdu. C'est la partition de votre Faust. "Oh," dit Liszt en changeant immédiatement de ton, "en savez-vous quelque chose ?" " Bien sûr que oui", a déclaré Gottschal, et il a ensuite dévoilé la performance de Maître Tausig et comment il avait sauvé la précieuse musique. Liszt fut transporté de joie qu'il ait été retrouvé et cria à l'étage : « Caroline, Caroline, nous sommes sauvés ! Gottschal nous a sauvés ; puis Gottschal dit que Liszt l'avait embrassé dans son transport et ne pouvait pas en dire ou en faire assez pour compenser sa grossièreté avec lui. Eh bien, on aurait pu croire que tout était désormais fini avec maître Tausig ; mais pas du tout. Quelques jours plus tard, c'était l'anniversaire de Tausig, et Carolina prit Gottschal à part et le pria d'abandonner le sujet du vol du billet, car Liszt aimait tellement son Carl qu'il souhaitait l'oublier. Effectivement, Liszt embrassa Carl et le félicita pour son anniversaire, et se consola avec sa vieille observation : « Tu deviendras soit un grand imbécile, mon petit Carl, soit un grand maître.

Tausig avait une grande ambition de devenir compositeur et, dans sa prime jeunesse, il publia un certain nombre de compositions. Plus tard , il se mit à critiquer intensément son propre travail et finit par acheter tous les exemplaires qui lui tombaient sous la main et les brûla ! Ceci est tout à fait caractéristique de son sens de la perfection, qui était extrême, et peut servir d'exemple aux jeunes compositeurs qui ont l'ambition de dire quelque chose en musique, alors que bien souvent ils n'ont rien à dire ! En effet, je suis souvent étonné de la témérité avec laquelle les hommes se précipitent dans l'impression, tout à fait inconscients du fait qu'il faut énormément de talent pour produire ne serait-ce qu'un court morceau de musique qui vaut quelque chose. Seul un génie peut le faire.

Tausig, à mon avis, *possédait* un génie de composition exceptionnel, même s'il n'a laissé derrière lui que peu d'œuvres pour l'attester. Parmi ceux-ci, on peut citer ses arrangements uniques de trois valses de Strauss. Il était passionné de philosophie et lisait profondément Kant et Hegel. Ces « arrangements » trahissent son tournant métaphysique et provisoire, et ne peuvent être que le produit de la plus haute force mentale et de la plus haute culture. Appelant la valse elle-même la chaîne de la composition, alors à travers ses fils simples nous trouvons aller et venir un esprit subtil, compliqué et tragique, un sentiment délicieusement raffiné et délicat, et une fantaisie piquante et aérienne, jusqu'à ce que finalement se forge un brillant et transcription déconcertante – transfiguration plutôt – d'une fascination sans fin et d'une beauté alléchante, que seul un virtuose peut jouer et que seul un connaisseur peut comprendre. D'une manière particulière, sa musique laisse une *empreinte* dans le cœur, et pour ceux qui savent l'apprécier, Tausig, en tant que compositeur, est une perte profonde et irréparable . S'il n'avait pas ses propres idées originales, il possédait certainement le pouvoir de donner un tout nouveau visage à celui des autres.

AVEC DEPPE.

CHAPITRE XXIV.

Abandonne Kullak pour Deppe. La méthode de Deppe en toucher et en jeu d'échelle. Madame Steiniger. Étude de pédale.

BERLIN, le 11 décembre 1873 .

Depuis que je vous ai écrit pour la dernière fois, j'ai franchi une étape très importante, qui est *la suivante* : après avoir pris trois ou quatre leçons de Kullak, J'AI ABANDONNÉ ! et j'étudie maintenant sous un nouveau maître. Son nom est Herr Capelmeister Deppe. Je suppose que vous me penserez tous fou, mais je pense que je sais de quoi je parle. Il me semble un homme très remarquable et c'est pour moi le professeur le plus satisfaisant que j'aie jamais eu. Bien sûr, je ne compte pas dans l'inapprochable Liszt lorsque je dis cela, car Liszt n'est pas un « *professeur du piano* », comme il le disait lui-même avec mépris.

J'ai fait la connaissance de M. Deppe tout à fait par hasard, lors d'une soirée musicale donnée pour Anna Mehlig par un gentleman américain habitant ici. J'avais souvent entendu parler de lui et j'avais très hâte de le connaître, mais je ne l'avais jamais compris. Il est d'abord chef d'orchestre et je l'ai souvent vu diriger des concerts d'orchestre. C'est d'ailleurs pour cela qu'il est venu à Berlin il y a quelques années : diriger les concerts orchestraux de Stern pendant l'absence de ce dernier en Italie. Deppe est un chef d'orchestre accompli, et je n'ai jamais entendu la deuxième Ouverture de Leonora de Beethoven sonner comme je l'ai entendu sous son bâton .

Mais c'est Sherwood qui a le premier attiré mon attention sur lui en tant que professeur. Un jour, il s'est précipité dans ma chambre et a dit : "Oh, je viens d'entendre le plus beau jeu que j'aie jamais entendu de ma vie !" Je lui ai demandé qui l'avait pris d'assaut à ce point, et il m'a répondu que c'était une jeune Anglaise nommée Fannie Warburg et qu'elle était une élève de Deppe. " Eh bien, qu'est-ce qu'elle a de si remarquable, dis-je. Oh ! *tout* ! l'exécution, l'expression, le style, le toucher, tout est *parfait* ! Je n'ai jamais rien entendu qui puisse l'égaler, et j'ai l'impression que je n'ai jamais rien entendu de comparable. " je voulais à nouveau toucher au piano."

C'était un langage si fort pour Sherwood, qui est généralement très critique et tout sauf enthousiaste, que mon intérêt a été immédiatement excité. Il me raconta ensuite que Deppe entraînait depuis six ans cette jeune Anglaise, aujourd'hui âgée de dix-huit ans seulement, avec le plus grand soin, et qu'il s'intéressait tellement à elle qu'il ne se contentait pas de lui donner seulement des leçons, mais il s'efforça de former tout son goût musical en l'emmenant aux meilleurs concerts et en écoutant les grands opéras, en attirant son attention sur chaque particularité de structure d'une composition et en lui donnant toutes sortes d'indices que seul un homme d'esprit une profonde culture musicale *pourrait* donner. Sherwood racontait d'ailleurs que l'été il la faisait aller à Pyrmont, qui est une station d'eau près de Hanovre, où il va lui-même chaque année, et que là il l'entendait jouer *tous les jours* les concertos de Mozart et toutes sortes de choses. Je me suis dit à l'époque que l'homme qui se donnerait tant de mal pour un élève comme celui-là aurait été celui qu'il me fallait, car il était facile de voir que Deppe enseignait plus par amour de l'Art que par amour. d'argent – une chose rare en ces temps matérialistes ! Après, vous savez, Miss B. m'a parlé de lui à Weimar, et je vous ai écrit ce qu'elle m'a dit.

Eh bien, comme je le disais, je suis allé à cette soirée musicale donnée à Anna Mehlig, où il y avait un certain nombre de musiciens et de critiques. J'écoutais Mehlig jouer, quand soudain Sherwood, qui était également présent, s'est approché de moi et m'a dit : "Viens dans la pièce voisine et sois présenté à Deppe." À ces mots magiques, je tressaillis et j'exécutai immédiatement ce qu'on me demandait. J'ai trouvé Deppe dans un coin, regardant autour de lui d'un air absent. C'était un homme de taille moyenne, doté d'un très gros cerveau, de yeux bleus perçants et d'une petite bouche délicate, et il avait une expression des plus joyeuses et ensoleillées. Il nous a serré la main, puis nous nous sommes assis et avons entamé une conversation des plus animées, entièrement consacrée à la musique. Je lui ai dit combien j'étais intéressé par tout ce que j'avais entendu de lui, comment j'étais revenu à Kullak pour une dernière épreuve, combien j'étais fatigué de son éternel pédagogisme et combien j'aimerais étudier avec *lui* .

Il m'a demandé quelle était ma principale difficulté, sur quoi j'ai répondu « la technique, bien sûr ». Il sourit et dit "c'était la plus petite difficulté, et que n'importe qui pouvait maîtriser l'exécution s'il savait comment l'attaquer, à moins qu'il n'y ait un manque de développement approprié de la main". J'ai dit que j'avais étudié très dur, mais que je ne l'avais pas maîtrisé et qu'il y avait toujours un endroit difficile dans chaque morceau dont je n'arrivais pas à vaincre. Il a dit qu'il était sûr de pouvoir remédier à cette lacune et que si je lui montrais ma main sans gant, il saurait directement de quoi j'étais capable. Cependant, je n'y arriverais pas parce que j'avais peur qu'il y trouve un défaut ou une faiblesse radicale, mais j'étais tellement charmé par la façon dont il traitait la technique à la légère, et avec la certitude absolue qu'il semblait l'avoir. J'ai pu surmonter ça, que je lui ai promis que j'irais jouer avec lui le mercredi suivant.

En conséquence, le mercredi suivant, je me présentai. Je m'attendais à rester environ une demi-heure, mais j'ai fini par rester *trois bonnes heures* , et nous avons parlé aussi vite que possible pendant tout ce temps ! Vous imaginez donc peut-être que nous avions beaucoup de choses à dire. Il habite dans deux petites chambres de la Königgrätzer Strasse, à seulement quatre portes du W. où j'ai logé si longtemps. Maintenant, si seulement j'avais su que j'étais proche d'un tel professeur ! Nous avons dû nous croiser souvent dans la rue, et où *était* mon bon ange pour qu'il ne me touche pas le bras et ne me dise : « Voilà l'homme qu'il vous faut ? » — Effrayant de penser à quel point on peut être près de son meilleur bonheur, ou même le salut, et je ne le sais pas !

La pièce de devant de Deppe était pratiquement remplie d'un piano à queue qui, ainsi que les chaises et la plupart des autres meubles, était couvert de musique. J'ai parcouru un peu les morceaux, et il me semblait qu'il y avait presque toutes les études sous le soleil, ainsi que des concertos et des pièces de tous les grands compositeurs, doigtés et marqués au crayon de la manière la plus minutieuse. Il suffisait simplement de tourner les feuilles pour voir quelle étude il avait dû faire de tout ce qu'il donnait à ses savants. Sa chambre intérieure avait des portes doubles pour empêcher le son de pénétrer. J'ai frappé sur celui de l'extérieur, et bientôt j'ai entendu un grand bruit de clés qui tournaient et claquaient, puis elles s'ouvrirent et Deppe était devant moi. Il m'a tendu la main de la manière la plus cordiale et la plus amicale et m'a accueilli avec le sourire le plus séduisant du monde. J'ai enlevé mes affaires et j'ai commencé à jouer avec lui. Il m'écoutait tranquillement et sans m'interrompre. Quand j'eus fini, il me dit que mes difficultés étaient principalement mécaniques - que j'avais une conception et un style, mais que mon exécution était inégale et précipitée, mon poignet raide, l'annulaire et l'annulaire très faibles, le ton pas plein. et assez rond, que je ne savais pas utiliser la pédale, et enfin, que j'étais trop nerveux et agité.

« Si possible, vous devez surmonter cette agitation », dit-il. " *Hören Sie Sich spielen* (Écoutez votre propre jeu). Vous avez assez de talent pour surmonter toutes vos difficultés si vous êtes patient et faites exactement ce que je vous dis. " "Je ferai n'importe quoi", dis-je. "Très bien. Mais je vous préviens que vous devrez renoncer pour le moment à tout jouer, sauf ce que je vous donne à étudier, et *ces* choses-là, vous devrez les jouer très lentement. »

C'était une perspective agréable, car je m'apprêtais à donner un concert à Berlin, sous les auspices de Kullak, et j'avais déjà à moitié appris mon programme ! Mais j'avais « invoqué le démon » et je me sentais obligé de donner l' engagement requis . — Me voici donc, après quatre années à l'étranger auprès des « plus grands maîtres », revenant aux principes premiers et commençant par les exercices à cinq doigts ! On ne m'avait jamais donné de règle particulière pour tenir ma main, autre que la règle générale consistant à courber les doigts et à les lever très haut. Deppe s'oppose à cette levée extrême des doigts. Il dit que cela fait une *coupure* dans le muscle, et qu'on tire toute la force simplement du doigt, tandis que, quand on lève le doigt modérément haut, le muscle de tout le bras vient s'appuyer sur lui. Le ton aussi est totalement différent. Lever le doigt si haut et frapper avec force raidit le poignet et produit un léger tremblement dans la main qui coupe la qualité chantante du ton, comme si on fermait brusquement la bouche en chantant. Cela produit l'effet d'un coup sur la touche, et le ton est plutôt un ton aigu et rapide ; tandis qu'en laissant retomber le doigt, il est plus ample, moins bruyant, mais plus pénétrant. Je suppose que le marteau retombe plus lentement de la corde, ce qui fait *chanter le ton* plus longtemps.

Vous ne vous souvenez pas que j'ai dit que Liszt avait une façon si extraordinaire de jouer une mélodie ? Que cela ne semblait pas aussi bruyant et coupé que la plupart des artistes le font, et pourtant c'était si pénétrant ? Eh bien, chérie, *voilà* le secret ! " *Spielen Sie mit dem Gewicht* (Jouer avec le poids)", dira Deppe. "Ne frappez pas, mais laissez *tomber les doigts* . Au début, le ton sera presque inaudible, mais avec de la pratique, il gagnera chaque jour en puissance." - Après que Deppe y ait attiré mon attention, je me suis rappelé que je n'avais jamais vu Liszt lève les doigts si haut que les autres écoles, et notamment celle de Stuttgardt , mettent un point d'honneur à le faire. [G] C'est là que Mehlig manque, et c'est ce qui la rend parfois si pointue et acculée. Lorsque vous levez les doigts si haut, vous ne pouvez pas lier les tons aussi parfaitement. Il y a toujours une pause. Deppe m'oblige à écouter chaque ton et à le transmettre au suivant, sans laisser aucun doigt prendre une importance excessive sur l'autre - chose extrêmement difficile à faire - j'ai donc abandonné tous les morceaux pour le moment. , et je me consacre simplement à bien jouer ces petits exercices.

Deppe non seulement insiste pour que les doigts soient aussi courbés que possible, afin que vous jouiez exactement sur le bout de ceux-ci, mais il tourne la main beaucoup plus vers l'extérieur, de manière à rendre les jointures des troisième et quatrième doigts plus hautes que celles du doigt. premier et deuxième, et comme il ne vous permet *pas* de jeter le coude en faisant cela, le *tour doit être fait à partir du poignet* . Le *pouce* doit également être légèrement courbé et bien dégagé de la main. De nombreuses personnes entravent leur exécution en ne gardant pas le pouce suffisamment indépendant du reste de la main. Dès qu'elle se contracte, la main s'affaiblit. Le but de tourner la main vers l'extérieur est de favoriser les troisième et quatrième doigts, et de leur donner une chute plus élevée lorsqu'ils sont levés. Cela les renforce beaucoup. Cela semble également beaucoup plus joli lorsque le bord extérieur de la main est haut, et l'une des grandes devises de Deppe est : "Quand c'est *joli* , c'est bien."

Après que Deppe m'ait fait faire des exercices à cinq doigts sur les principes précédents, et m'a appris à lever chaque doigt et à le laisser tomber avec un poignet parfaitement lâche (un point des plus trompeurs, d'ailleurs, car il m'a fallu beaucoup de temps pour le faire). distinguer quand je raidis le poignet involontairement et quand je ne le faisais pas), il se dirigea vers la balance. Il commence toujours par celui en mi majeur comme le plus utile à pratiquer.

Son principe pour jouer de la gamme est de *ne pas* tourner le pouce en dessous ! mais tourner un peu l'extrémité de chaque doigt, en l'appuyant fermement sur la clé, et en le vissant, pour ainsi dire, sur un pivot, jusqu'à ce que le doigt suivant soit amené sur sa propre clé. Il prépare ainsi le pouce, qui reste libre de la main et légèrement courbé. — Il m'a dit de jouer lentement la gamme de mi majeur avec la main droite, ce que j'ai fait. Il a enroulé sa main autour de la mienne et m'a dit que tant que je jouerais correctement, sa main n'interférerait pas avec la mienne. J'ai joué une octave, puis j'ai voulu continuer en plaçant mon index sur fa dièse. Pour ce faire, j'ai naturellement tourné ma main vers l'extérieur, de manière à rendre le pas de mon pouce de mi à fa dièse avec le premier, mais il est venu heurter la main de Deppe comme une sorte de blocus. "Continuez", a déclaré Deppe. "Je ne peux pas, quand vous gardez votre main dans le chemin", dis-je. "Ma main ne vous gêne pas", dit-il, "mais *votre* main n'est pas dans sa position."

Alors j'ai recommencé. Cette fois j'ai réfléchi, et quand j'ai mis mon majeur sur Ré dièse, j'ai gardé ma main inclinée de gauche à droite, mais je me suis préparé au retournement sous le pouce, et à mettre mon index sur Fa dièse, en tournant mon poignet brusquement sorti. Cela m'a fait baisser le pouce sur la note et m'a préparé instantanément à l'étape suivante. En effet, mon poignet portait mon doigt jusqu'au dièse sans aucun changement dans la position de la main, donnant ainsi le legato le plus parfait du monde, et je continuais toute la gamme de la même manière. Essayez-le une fois, et vous verrez comme c'est ingénieux : il suffit d'avoir garde de ne pas jeter le coude en dévissant le poignet. Comme dans la gamme ascendante, il faut tourner le pouce deux fois en dessous à chaque octave, la manière de jouer de Deppe évite de déplacer deux fois la main comme on le faisait avec l'ancienne façon de jouer tout droit, et la douceur et la rapidité de la gamme doivent être bien plus grand. La direction de la main dans les passages de course est toujours un peu oblique.

Ne vous souvenez-vous pas que je vous ai dit que Liszt avait une légèreté, une rapidité et une douceur d'exécution inconcevables ? Lorsque Deppe m'expliquait cela, je me suis soudain rappelé que lorsqu'il jouait des gammes ou des passages, ses doigts semblaient se poser sur les touches de manière inclinée et exécuter ces passages rapides presque sans aucun mouvement perceptible. Eh bien, chérie, c'était encore *là !* Comme Liszt est un grand expérimentateur, il fait probablement toutes ces choses par instinct et sans raisonner, mais c'est pourquoi le jeu de personne d'autre ne ressemble au sien. Certains de ses érudits possédaient des techniques très éblouissantes, et je me creusais la tête pour découvrir comment c'était, que peu importe à quel point quelqu'un d'autre jouait parfaitement, à l'instant où Liszt s'asseyait et jouait la même chose, le jeu précédent semblait rude en comparaison. . Je suis sûr que

Deppe est le seul maître au monde à avoir réfléchi à cela ; mais, comme il le dit lui-même, c'est l'œuf de Colomb — « quand on le sait !

Deppe commence toujours la gamme au milieu du piano et joue trois octaves vers le haut avec la main droite et vers le bas de trois octaves avec la main gauche. Il dit que toute la difficulté est de monter, et que le retour est tout à fait facile puisqu'il suffit de laisser courir les doigts ! Il me fait toujours jouer chaque main séparément d'abord, et très lentement, puis les deux mains ensemble dans des sens contraires, accélérant progressivement le tempo. Ensuite en tierces, sixtes, octaves, etc.

———

BERLIN, le 25 décembre 1873 .

Comme vous pouvez l'imaginer, c'est tout sauf un "Joyeux Noël" pour moi, car je suis tout simplement le mortel le plus complètement *bouleversé* de ce monde ! Il y a un mois, j'étais en train de me préparer à donner mon propre concert. Ensuite, j'ai la chance ou la malchance de faire la connaissance de M. Deppe et de découvrir comment j'aurais « dû » étudier ces quatre dernières années. J'abandonne Kullak et mon projet de concert, pensant étudier avec Deppe et sortir sous ses auspices. Après deux leçons avec lui, arrive votre lettre avec la nouvelle de cette terrible panique nationale. — Peut - il y avoir pire pour une personne qui a vraiment *consciencieusement* essayé d'atteindre son but ? Je suis comme le professeur qui donnait quelques cours pour prouver une certaine théorie, et quand il arrivait à la quatorzième, il décidait qu'elle était fausse et consacrait les cours restants à tout démonter !

Cependant, après avoir pratiqué la gamme selon les principes de Deppe, je trouve qu'ils ouvrent la voie à une facilité, une rapidité, une sûreté et une élégance d'exécution que, avec ma main raide, je n'avais pas pu voir auparavant, même dans la pénombre ! L'un de ses grands passe-temps est *le son* , et il ne me laisse jamais jouer une note sans l'écouter de la manière la plus attentive et sans la faire sonner ce qu'il appelle « *bewüsst* (conscient). » - Fini « l'égarement mécanique des mains sur le son ». touches (comme les romanciers disent toujours de leurs héroïnes) pensant à toutes sortes de choses en même temps", mais au lieu de fixer de près toute l'attention pour savoir si un doigt prédomine sur l'autre et constater l'effet produit. J'étais parfaitement étonné de voir combien de petites habitudes laides je devais corriger dont je n'avais pas le moins conscience. C'est comme si mes oreilles s'étaient ouvertes pour la première fois ! Une telle concentration est très épuisante et après deux ou trois heures de pratique, j'ai l'impression que je devrais tomber de ma chaise.

J'ai oublié de dire plus tôt que Deppe recommande de s'asseoir très bas, c'est-à-dire pas plus haut qu'une chaise ordinaire. Il dit que l'on peut avoir « l'âme d'un ange », et pourtant, si l'on est assis en hauteur, le ton ne semblera pas poétique. De plus, dans une position basse, les doigts doivent travailler beaucoup plus, car on ne peut pas les assister en faisant porter le poids de son bras. "Votre coude doit être *en plomb* et votre poignet en *plume* ." Bien entendu, le siège doit être modifié en fonction de la personne. Je préfère moi-même un siège bas et j'ai même fait couper mon fauteuil de piano de deux pouces.

Avant de décider définitivement d'abandonner Kullak et de venir vers *lui* , Deppe a insisté pour que j'entende jouer un de ses savants. Fannie Warburg est en visite en Angleterre, donc je n'ai pas pu *l' entendre* , mais il a une autre jeune élève dont il est très fier, nommée Fräulein Steiniger. Cette jeune femme avait été à l'origine une élève de Kullak et je l'avais entendue jouer une fois dans son conservatoire. C'était une fille très talentueuse, mais pas géniale. Deppe a dit que lorsqu'elle est venue le voir , elle avait tous mes défauts, mais en pire. Elle a étudié avec lui de la manière la plus formidable possible pendant quinze mois et il voulait que je voie ce qu'il avait fait d'elle pendant cette période. Elle allait jouer dans un concert à Lübeck et il devait répéter ses pièces avec elle samedi pour la dernière fois. Il m'a alors supplié de venir et j'y suis donc allé.

J'ai été très frappé par son jeu, qui était remarquable, non pas tant par le sentiment ou la poésie, dont elle avait peu, que par la *maîtrise* qu'elle avait de l'instrument et par la perfection avec laquelle elle faisait tout. Il y avait une clarté et une limpidité dans ses trilles et ses courses qui surprenaient et ravissaient. Sa main gauche était aussi habile que la droite, et avait une manière d'aborder une variation comme rien du tout et de courir avec elle dans les passages les plus compliqués, ce qui faisait presque rire de plaisir ! Il y avait une merveilleuse vitalité, une élasticité et une *vivacité* dans ses accords qui m'ont beaucoup impressionné, et une unité d'effet dans l'ensemble de son interprétation d'une composition que je ne me souviens pas avoir entendue de la part des élèves d'autres maîtres. La position de la main était exquise, et toutes les difficultés semblaient fondre comme neige ou être surmontées avec la plus grande facilité. J'ai vu d'un coup d'œil que Deppe est un professeur magnifique et je crois qu'il a créé sa propre école.

Fräulein Steiniger a joué un charmant Quintette de Hummel, une belle Suite de Raff, un Prélude et Fugue de Bach et deux Études, et tout cela, à ce qu'il me semblait, exactement comme ils *devraient* être joués. Après qu'elle eut fini, nous avons longuement parlé de Kullak. Elle a dit qu'elle était restée avec lui année après année, faisant de son mieux et n'arrivant jamais à rien. Finalement, comme il ne faisait rien pour elle, elle résolut de se lancer seule et se rendit chez Deppe, qui dirigeait alors les concerts d'orchestre de Stern, et lui demanda s'il ne lui permettrait pas de jouer dans l'un d'eux. Deppe l'a reçue avec sa gentillesse et sa cordialité caractéristiques, mais lui a dit qu'avant de pouvoir promettre, il devait d'abord l'entendre en privé, et il a fixé un moment à cet effet.

Elle avait préparé le grand Concerto en mi bémol de Beethoven, que tout le monde joue ici. Il est aussi difficile pour Deppe d'écouter ce concerto que pour Liszt d'entendre le Scherzo en si bémol mineur de Chopin. "Nous, pauvres conducteurs !" s'écriera-t-il, "les artistes continueront-ils *toujours* à nous apporter le Concerto en mi bémol de Beethoven ? Pourquoi pas, pour une fois, le si bémol, ou un concerto de Mozart ? *Alors* il faudrait dire ' *Ja, mit Vergnügen* (Oui, avec plaisir).' *Aber Jeder grossartig jeux heutzutage* (Mais tout le monde veut jouer à grande échelle de nos jours). Le puissant torrent impétueux est à la mode, mais qui peut faire le ruisseau pleurnichard et capitonné ? Personne n'a de doigts pour le *petit Passagen* (petits passages fins). Sie *haben* , Alle, *keine Finger* (*Aucun d' entre eux n'a de doigts).* » *Il* conclut ensuite en disant *qu'il* est le seul homme en Allemagne à savoir leur donner des « doigts ». *worauf es ankommt* (*je* sais de quoi ça dépend)!"

Néanmoins, il écouta patiemment pour la millième fois le concerto en mi bémol tel que Steiniger le jouait. Il a ensuite discrètement attiré son attention sur le fait qu'elle *n'avait* « pas de doigts » et qu'elle était complètement désespérée. Il vit qu'elle était énergique et disposée à travailler, et il la prit aussitôt en main et commença à la percer. Elle s'est entièrement retirée de la société et s'est consacrée à la pratique, suivant implicitement ses instructions. Elle est désormais une belle artiste et il décrit chaque étape de sa carrière. Je ne doute pas qu'elle finira par jouer au Gewandhaus de Leipzig, ce qui est le summum de l'ambition de tout artiste et qui vous marque comme "fini". Vous êtes alors reconnu dans le monde entier. Deppe n'a pas l'intention de la laisser jouer ici tant qu'elle n'a pas d'abord joué dans de nombreux petits endroits et réussi. Comme il me le disait l'autre jour : "Quand tu veux sauter par-dessus de hautes montagnes, tu dois d'abord sauter par-dessus de petits monticules (*kleine Graben* .)" Il me conseille de prendre une leçon de cette jeune femme tous les jours pendant un certain temps, ainsi afin de surmonter rapidement la partie technique.

Quant à la jeune protégée de Deppe, Fannie Warburg, qu'il a complètement formée, tout le monde dit qu'elle est formidable. Fräulein Steiniger dit que lorsqu'on l'entend jouer, on a presque l'impression que c'est quelque chose de sacré, c'est si parfait et si extraordinairement spirituel. Elle n'a que dix-huit ans. Deppe m'a montré la liste des compositions qu'elle a déjà jouées lors de concerts ailleurs, et j'ai été étonné par leur variété et leur ampleur. Tous les grands compositeurs étaient représentés.

Entre autres améliorations de son enseignement, Deppe m'a demandé si j'avais déjà fait des études de pédalage. J'ai répondu "Non, personne ne m'avait jamais rien dit à propos de la pédale en particulier, sauf pour éviter

de l'utiliser lors des courses, et j'ai supposé que c'était une question de goût."
Il a choisi cette simple petite étude de Cramer en ré majeur dans le premier
livre – vous la connaissez bien – et m'a demandé de la jouer. J'avais joué cette
étude à Tausig, et il n'avait trouvé aucun défaut dans mon utilisation de la
pédale ; alors je me suis assis en pensant que je pouvais le faire correctement.
Mais j'ai vite compris que je me trompais et que Deppe avait des idées très
différentes sur le sujet. Il s'est assis et l'a joué phrase par phrase, s'arrêtant
entre chaque mesure, pour la laisser « chanter ». Je vis bientôt qu'on peut
obtenir une aussi grande virtuosité avec la pédale qu'avec toute autre chose,
et qu'il faut en faire une étude aussi soignée. Vous vous souvenez que je vous
ai écrit qu'un des secrets des effets de Liszt était son utilisation de la pédale,
[H] et sa façon de désincarner un morceau du piano et de donner l'impression
de le faire flotter dans les airs ? Il en fait une forme spirituelle si parfaitement
visible à votre œil intérieur, qu'il semble que vous puissiez presque l'entendre
respirer ! Deppe semble avoir presque la même idée, même s'il n'a jamais
entendu Liszt jouer. « La pédale, disait-il, est le *poumon* du piano. » Il jouait
quelques mesures d'une sonate, et dans toute sa méthode de liaison des notes
et de gestion de la pédale, j'ai reconnu Liszt. La chose a flotté ! — À moins
que Deppe ne souhaite que l'accord soit très brillant, il prend la pédale *après*
l'accord au lieu de simultanément avec lui. Cela lui donne un son très idéal .
— Vous ne le croirez peut-être pas, mais il est *vrai* que même si Deppe n'est
pas lui-même pianiste et qu'il a les petites pattes rouges les plus drôles du
monde, ils n'ont pas l'air de pouvoir faire quoi que ce soit. , il a le même
toucher et la même qualité de ton que Liszt, ce *quelque chose d'indescriptible* qui,
lorsqu'il joue quelques accords, fait simplement monter les larmes aux yeux.
C'est trop paradisiaque pour quoi que ce soit.

CHAPITRE XXV.

**Jeu d'accords. Deppe n'est pas un « simple pédagogue ». Sherwood.
Les Concertos de Mozart. S'entraîner lentement. Le Bal de l'Opéra.**

BERLIN, *le 2 janvier 1874* .

Quand j'aurais bien compris le principe de la gamme, que devrait Deppe
fouiller sinon la " *Schule der Geläufigkeit* " (École de la vélocité) de Czerny, que
je n'avais pas regardée depuis mon enfance et que je me flattais
affectueusement. J'en avais fini avec pour toujours. (Nous ne savons pas ce
qui nous attend !) Après avoir étudié Cramer, Gradus et Chopin, vous
imaginez bien que c'était plutôt une déprime de devoir retourner à l'École de
la Vitesse ! Et de l'étudier *très* lentement et d'une seule main !! C'était ajouter
l'insulte à l'injure. Mais Deppe sait de quoi il parle. Il a commencé à relever
des passages ici et là tout au long du livre et à me les faire jouer, en étirant le
pouce et en tournant les doigts aussi souvent que possible. Après avoir
maîtrisé les passages, je dois apprendre toute une étude, d'abord avec chaque
main seule, puis avec les deux ensemble !

Deppe a ensuite commencé à m'apprendre à toucher des accords. J'ai dû
apprendre à lever mes mains bien haut au-dessus du clavier, et à les laisser
tomber sans aucune résistance sur l'accord, puis *à s'enfoncer avec le poignet* , et à
reprendre la main exactement au-dessus des notes, en gardant la main tendue.
Il y a un certain talent à laisser tomber la main ainsi, mais une fois qu'on l'a
compris, l'accord sonne beaucoup plus riche et plus ample. — Et ainsi de
suite, *à l'infini* . Deppe avait pensé à la meilleure façon de *tout faire* au piano :
la gamme, l'accord, le trille, les octaves, les octaves brisées, les tierces brisées,
les sixtes brisées, les arpèges, les chromatiques, l'accent, le rythme, tout ! Il
dit que le principe de la gamme et celui de l'accord sont directement opposés.
"En jouant la gamme, vous devez rassembler votre main dans une coquille
de noix, pour ainsi dire, et jouer sur le bout des doigts. En prenant l'accord,
au contraire, vous devez écarter les mains comme si vous alliez demander
une bénédiction. ". C'est particulièrement le cas avec un intervalle large. Il
m'a dit que si jamais j'entendais Rubinstein jouer à nouveau, j'observerais
comment il touchait ses cordes. " Rien d'étroit chez *lui* ! Il écarte les mains
comme s'il allait embrasser l'univers, et les prend avec la plus grande liberté
et le plus grand *abandon* ! " Deppe a la plus grande admiration pour *le ton* de
Rubinstein , qu'il considère comme inégalé, mais il place Tausig au-dessus de
lui en tant qu'artiste. Il a dit que Tausig avait l'habitude de venir dans sa
chambre et de jouer avec lui, et il a enlevé le petit demi-archet de Tausig et
sa façon de s'asseoir au piano et a commencé tout de suite, sans prélude ni
gaspillage de mots, très drôlement ! Il prenait à peine le temps de dire « *Guten
Abend* (Bonsoir). » Deppe pense que Tausig a joué certaines choses de façon

incomparable, mais que dans d'autres, il était sec et sans âme. Clara Schumann, dit-il, est la plus « musicale » de tous les grands artistes — et vous vous souvenez combien j'ai été extrêmement frappé par Natalie Janotha , qui est son élève et qui joue comme elle.

Après tant de détails techniques, vous ne devez pas considérer Deppe comme un simple pédagogue. Il est en réalité l'âme de la musique, et toutes ces choses ne sont que des « moyens pour parvenir à une fin ». Comme il le dit lui-même : « J'entends toujours la musique que les gens *ne* jouent pas ». Aucun pianiste ne lui a jamais tout à fait convenu, et c'est ce qui l'a poussé à examiner l'instrument pour voir ce qui n'allait pas. Il s'est lié d'amitié avec les grands virtuoses et a étudié leurs manières de jouer, et le résultat de toutes ses observations est que "Jouer du piano est la seule chose où il y a quelque chose à faire". Il déclare qu'il y a tellement de talents musicaux gaspillés dans le monde qu'ils « traînent partout dans les rues », et il a une manière très ingénieuse d'expliquer le fait qu'il y ait tant de grands pianistes malgré leur manque de talent. connaissant *son* méthode :— « Les gens doués », dit-il, « jouent par la grâce de Dieu ; mais *tout le monde* pouvait maîtriser la technique sur *mon* système ! »

Pour vous montrer que ce n'est pas seulement mon jugement sur Deppe — quatre des meilleurs élèves de Kullak, dont Sherwood ! je l'ai quitté pour Deppe, après moi. Ils furent tellement gênés par ce que je leur disais qu'ils allèrent voir Deppe, et dès qu'ils entendirent Mme Steiniger jouer, ils durent admettre qu'elle avait mis la main sur des secrets dont ils ignoraient tout. Sherwood, vous le savez, est un génie positif, mais il recommence aussi. Bref, nous sommes tous unanimes, tandis que Deppe, de son côté, est très heureux d'avoir quelques élèves américains . — Il se flatte que nous introduisions toutes ses idées chères dans notre « pays nouveau et progressiste ».

Ah, si seulement j'avais étudié avec Deppe avant d'aller à Weimar ! Quand j'étais là-bas, je ne jouais pas aussi souvent avec Liszt que j'aurais pu le faire, gentil et encourageant comme il l'a toujours été avec moi, car j'ai toujours senti que je n'étais pas *digne* d'être *son* élève ! Mais si j'avais connu Deppe il y a quatre ans, qu'est-ce que je n'aurais pas été aujourd'hui ? Après avoir suivi ma première leçon de Deppe, cette pensée m'a rendu parfaitement malheureux. Je me sentais si terriblement que j'ai pleuré et pleuré. Quand je me suis réveillé le matin, j'ai recommencé à pleurer. J'étais si affligé qu'à la fin, ma logeuse, qui est très gentille et sympathique, me demanda ce qui me tourmentait. Je lui ai dit que je me sentais si mal de penser que j'avais rencontré la personne que j'aurais dû rencontrer il y a quatre ans, à la dernière minute, alors. — Au contraire, tu devrais te réjouir de l'avoir rencontré , dit-il. elle. "Beaucoup de personnes traversent la vie sans jamais rencontrer la personne qu'elles souhaitent, ou bien elles ne la connaissent pas lorsqu'elles le rencontrent." - Femme sensée, Frau von H. ! - Après cela, j'ai cessé de m'inquiéter et j'ai essayé de croire qu'il *existe une* "une divinité qui façonne nos fins, les ébauche comme nous le pouvons."

————

BERLIN, le 12 février 1874 .

Je prends maintenant trois leçons par semaine de Fräulein Steiniger et une leçon de Deppe lui-même, et il dit que j'ai presque terminé la préparation technique, même si je ne m'entraîne toujours qu'avec une seule main et tout le temps *très lentement*. Fräulein Steiniger dit qu'elle a également pratiqué lentement tout le temps pendant six mois, comme je le fais maintenant. En fait, elle a complètement oublié comment jouer *vite*, et un jour, quand Deppe lui a finalement dit pendant la leçon : "Maintenant, joue vite pour une fois", elle n'a pas pu le faire et a dû tout réapprendre. Bien sûr, elle a très vite remis la main, et maintenant elle a la plus belle exécution et peut *tout jouer* parfaitement.

Deppe veut que je joue un concerto pour deux pianos de Mozart avec Fräulein Steiniger, la première chose que je joue en public. Saviez-vous que Mozart a écrit *vingt* concertos pour piano, et que neuf d'entre eux sont des chefs-d'œuvre ? Pourtant, personne n'y joue. Pourquoi? Parce qu'ils sont trop durs, dit Deppe, et Lebert, directeur du conservatoire de Stuttgardt , m'a dit la même chose à Weimar. Je me souviens que le critique musical de l' *Atlantic Monthly* avait fait remarquer que « nous devrions aujourd'hui considérer les passages et les cadences de Mozart comme un jeu d'enfant ». *Un jeu d'enfant* , en effet ! Ce critique, quel qu'il soit, « ferait mieux de retourner à l'école », comme le dit toujours C. !

Deppe est remarquable dans Mozart et l'a étudié plus que quiconque, j'imagine. En effet, feuilleter ses concertos, et voir comment il les a *doigtés* tout seul, a de quoi donner le vertige. Il dit toujours : « Vous devez entendre Fannie Warburg jouer un concerto de Mozart. *Elle* peut le faire ! » et, en effet, j'ai très hâte de l'entendre.

Il est ridicule d'entendre Deppe parler d'artistes que tout le monde trouve si géniaux. Directeur d'orchestre depuis des années, il n'a de cesse de diriger leurs concerts, et il les pèse dans une balance implacable ! L'autre jour, il m'a donné le Concerto en sol mineur de Mendelssohn, et juste à la fin du premier mouvement se trouve un passage effrayant et casse-cou pour les deux mains. "Là!" s'écria Deppe, "c'est un endroit sain. *Nehmen Sie* DAS *für Ihr mots-clés Gebet* (Prenez *cela* pour votre prière quotidienne). Quand on pourra le jouer huit fois de suite sans manquer une note, je serai satisfait. C'est l'un des endroits où, lorsque les pianistes viennent, ils mettent le pied fort sur la pédale et s'y accrochent... *Herr Gott !* comment ils s'y accrochent - et ainsi se *mentent* . en disant : " *Herr Gott !* " aussi. C'était comme si quelqu'un avait ramassé une poignée de grêle et l'avait lancée sur moi. Br-rr-zip ! comment ça s'est passé ! — Comme un paquet de fusées décollées les unes après les autres. Et pourtant ça Le concerto est l'une de ces choses que tout le monde vibre, et c'est l'un des morceaux réguliers que vous devez avoir dans votre répertoire. Deppe a été assez choqué de découvrir que je ne l'avais jamais appris.

Mon cours dure généralement trois heures ! Rien que Deppe déteste comme être pressé pour un cours. Il aime avoir tout le temps d'exprimer toutes ses idées et de vous raconter bon nombre d'anecdotes entre-temps ! Je prends habituellement mes cours de sept heures à dix heures du soir. Puis il enfile son manteau et déambule avec moi en direction de son « Kneipe » ou café en plein air, car il est bien trop sociable pour se coucher sans avoir pris un verre de bière amical avec quelqu'un . À chaque pâté de maisons environ, il reste immobile et imprime dans mon esprit un point musical, et me harangue souvent pendant cinq ou dix minutes avant de continuer. Il lui semble impossible de marcher et *de parler* en même temps ! De cette façon, vous pouvez imaginer qu'il me faut un bon moment pour rentrer à la maison.

Mardi, il y aura un grand bal à l'Opéra, auquel l' Empereur et toute la cour honoreront de leur présence et mèneront la première Polonaise. Il y a deux de ces grands bals publics chaque hiver. Les billets sont vendus, et c'est la seule occasion où le public peut avoir le bonheur de contempler la royauté de près. Je n'y suis jamais allé, même si tous mes amis allemands me répètent depuis quatre ans que je devrais aller le voir, car les décorations sont magnifiques. Cette année, il n'y en aura qu'un, car l' Empereur ne va pas très bien, et j'espère que ce sera autant que vaut sa vie d'entrer et d'en ressortir, tant il y a de précipitation !

Les officiers allemands valsent parfaitement, avec beaucoup d'entrain et d'élégance. La danse fait partie de leur formation militaire et ils sont obligés de l'apprendre. Mais ce ne sont pas des partenaires très confortables, car on se frotte le visage contre leurs épaulettes à moins qu'elles ne soient à la bonne hauteur, et on n'a pas de repos pour la main gauche. Ils ne font que deux tours dans la pièce, puis s'arrêtent un moment ou deux pour vous ventiler et se reposer, puis ils en font encore deux. La conséquence est qu'on ne démarre jamais vraiment avant de devoir s'arrêter. Au début, je trouvais l'effet de tant de gens tournant dans la même direction comme vertigineux et monotone. Mais quand je m'y suis habitué, le revirement continuel des Américains qui viennent à Berlin m'a semblé anguleux, contrastant avec les cercles gracieux des Allemands. Ici, ce n'est pas "le truc" que les filles aient l'air rouges et en désordre - jupes déchirées et cheveux frisés - comme le font nos belles à la fin d'une soirée. Ils se retirent du bal avec leurs robes en parfait état, si bien qu'aller aux fêtes en Allemagne doit coûter beaucoup moins cher au *pater familias* que chez nous ! La piste n'est jamais aussi remplie de danseurs à la fois, et comme ils vont dans la même direction, ils ne se croisent pas comme le font nos couples. En revanche, elles ne s'amusent pas aussi bien que nos filles, avec leurs longs tours de cinq ou dix minutes sur ces délicieuses valses ! Il est étrange que, bien que l'Allemagne soit le pays natal de la valse et que les valses de Vienne surpassent toutes les autres, le Schottisch ou Rhinelaender soit leur danse préférée . Ils le dansent avec beaucoup de grâce et de rythme .

BERLIN, *le 1er mars 1874* .

Je suis allée l'autre soir au bal de l'Opéra dont je vous ai parlé dans mon dernier. L'ensemble de l'opéra, scène et tout, était recouvert de parquet et magnifiquement décoré de conifères, de miroirs, de fontaines et de fleurs. Les billets sont vendus à des fins caritatives. Seules les personnes sympathiques peuvent entrer, car tout est systématiquement organisé et personne ne peut donner son billet à quelqu'un d'autre. J'ai obtenu le mien par l'intermédiaire de M. Bancroft et j'y suis allé avec deux autres dames et un monsieur.

Nous y sommes allés de très bonne heure, afin d'avoir une loge pour nous asseoir, et je n'oublierai *jamais le premier effet de la salle de bal !* Cet immense sol poli s'étendant comme un vaste miroir ou une plaque de glace, les fontaines scintillantes sur les côtés, les murs couronnés de verdure, un grand orchestre assis au balcon à chaque extrémité, et une centaine de couples de dames et de messieurs magnifiquement habillés. descendre les escaliers dans les chambres et se promener. La lumière, les diamants, la couleur , partout. Oh, c'était parfaitement féerique ! Le sol a été construit sur le dessus des chaises en parquet et l'entrée se faisait par la loge royale, qui se trouve juste au centre de l'opéra, face à la scène. Cette boîte ressemble bien sûr à une grande niche et ne ressemble pas aux boîtes ordinaires. Il y avait une entrée de chaque côté, venant du couloir, et on avait improvisé une volée de larges marches recouvertes de moquette qui descendaient jusqu'au sol. Il était parfaitement éblouissant de voir les couples entrer des deux côtés à la fois et descendre les marches, et les robes des dames étaient exposées à la perfection. De telles toilettes, je n'en ai jamais vu. Les femmes étaient couvertes de dentelles, de plumes et de diamants. Les robes les plus simples étaient en tarletane (la mienne incluse !) mais comme elles étaient assez fraîches elles donnaient un air très habillé. Nous avions une splendide loge, au premier rang, et la seconde des loges de l'avant-scène de gauche, dans laquelle siégeait la famille royale. Dans la loge entre nous et ce dernier étaient assises l'épouse de l'ambassadeur de France avec la comtesse von Seidlewitz et sa sœur, et derrière elles se trouvait un formidable ensemble d'officiers magnifiques en grand uniforme, la poitrine scintillante d'étoiles, d'ordres et de chaînes d'argent. .

La comtesse von Seidlewitz est une célèbre beauté de la cour et est la dame
d' honneur de la princesse Carl (sœur de l'impératrice). Elle était assise juste
à côté de moi, puisque seule la cloison de la boîte nous séparait, et c'était la
plus belle femme que j'ai vue, parfaitement impériale en fait, blanche et
magnifique comme un lys. Ses traits étaient parfaitement réguliers, et elle avait
une bouche fièrement taillée, et des petites dents si éblouissantes ! Ensuite,
ses bras, son cou et sa forme étaient exquis. Elle portait une tenue
vestimentaire des plus sévères, et que seule une telle beauté pouvait
supporter. C'était une soie blanche, avec une traîne immense, bien sûr, et sans
surjupe, simplement retenue par une grande bouffée derrière. La taille était
faite avec une petite basque , mais très basse, et avec des manches très
courtes. Autour du cou se trouvait une frange de clairon blanche, et il y avait
deux ou trois rangées de cette frange devant , allant jusqu'à la taille, de plus
en plus petites, et faisant le tour de la basque . Toute la largeur de devant de
la jupe était disposée en plis de satin, par groupes de trois, et sur le bord de
chaque troisième rangée se trouvait à nouveau la frange, de plus en plus large
vers le bas. Dans ses cheveux, elle portait une couronne de verveines
blanches ou (boules de neige) et de feuilles vertes. Son seul ornement était
un magnifique médaillon en diamant et des boucles d'oreilles d'un dessin
curieux, le médaillon dépendant d'une très fine chaîne en or, qui mettait tous
les observateurs au défi de remarquer la perfection de son cou. Une
coquetterie sournoise se voyait dans deux fleurs naturelles, des muguets, avec
leurs feuilles, qu'elle avait enfoncées dans son corsage pour qu'elles reposent
contre son cou et montrent qu'elles n'étaient pas plus blanches que sa peau.
— Vous voyez, il n'y avait aucun pli nulle part, car il n'y avait pas de jupe,
mais toute la robe pendait en longues lignes et montrait le contour de la
silhouette. Rien que ces franges (qui brillaient et s'agitaient à chaque
mouvement) ne le soulageaient, pas même un peu de velours noir nulle part,
car la dentelle autour du cou était tirée par un fil de soie blanche. Il y avait
une autre dame dans la même loge dont la robe était également très belle,
bien qu'elle ne l'était pas elle-même. C'était une soie verte avec une surrobe
de tulle vert gonflée et des épis de blé argentés éparpillés dessus. La tunique
était en crêpe d'argent, le bas coupé en coquilles Saint-Jacques et garni de blé
d'argent. Un brin de blé était noué autour de son cou pour en faire un collier,
et une gerbe parfaite dans ses cheveux. C'était une robe exquise.

A dix heures, tout le monde était arrivé, environ deux mille personnes.
L'orchestre entonna la Polonaise, et la cour descendit de la loge pour faire le
tour de la salle (*c'est -à-dire* uniquement les membres de la famille royale avec
leurs dames d' honneur). L' Empereur n'allait pas très bien, il resta donc dans
sa loge, mais l'Impératrice partit avec le duc d'Édimbourg, qui se trouvait ici.
Elle était vêtue de satin lavande, recouvert de la plus superbe dentelle
blanche. Ses cheveux étaient tressés sur le dessus de sa tête, très hauts, et
dessus était attachée une double couronne de diamants, incrustée d'étoiles,

etc., qui brillaient comme autant de petits soleils. Autour de son cou pendaient d'une bande de velours noir des rangs de diamants de grande taille et de grande magnificence. Cela vous a vraiment presque fait sursauter lorsque votre regard les a attirés de manière inattendue ! L'Impératrice est une femme très élégante et est une reine en tout point. Elle se déplaçait d'un pas majestueux, s'inclinant et s'inclinant gracieusement d'un côté à l'autre devant la foule qui se séparait et se courbait devant elle, et était suivie par le prince héritier et la princesse, la princesse Carl, la princesse Friedrich Carl (une beauté) et ses filles, et je ne sais qui tous, avec leurs dames d' honneur . Lorsque la comtesse de Seidlewitz arriva, avec ses franges ondulantes et brillantes devant elle, elle brillait parmi tous les autres, et même parmi les deux mille invités, comme la planète Vénus parmi les autres étoiles . !

L'orchestre a frappé le plus fort et c'était assez excitant. Les trois balcons étaient remplis de monde et de toutes les loges. La loge du corps diplomatique était juste en face de nous, et notre gaie petite Mme F. était assise dedans, vêtue de satin blanc. Certains de mes amis sont venus se placer sous ma loge et ont essayé de me faire descendre, mais je n'ai pas voulu, car je savais que je perdrais ma place si je le faisais et, en effet, je ne voudrais pas danser là à moins que ma robe ne soit étaient quelque chose de superlatif. Vous voyez, tous les grands étaient assis dans leurs loges et regardaient de haut les danseurs, qui avaient une place circulaire délimitée pour eux. De Rilvas , le ministre espagnol, était si beau pourtant, avec son large ruban bleu sur la poitrine et sa croix d'or qui pendait à son cou, que j'aurais bien aimé faire le tour de la salle avec lui.

CHAPITRE XXVI.

Un ensemble de variations de Beethoven. Fannie Warburg. Les inventions de Deppe
. Sa chambre. Son café de l'après-midi. Pyrmont.

BERLIN, *le 30 avril 1874* .

J'aimerais que vous soyez ici maintenant pour que je puisse vous jouer une série de petites variations de Beethoven intitulée "Je n'ai qu'une petite cabane". Ils sont *envoûtants* , et je pense pouvoir désormais les jouer de manière à exprimer (comme le dit Deppe) "qu'il n'avait effectivement que sa petite cabane, mais qu'il y était plutôt heureux". Dans la dernière variation, il danse une valse dans sa petite cabane ! J'ai beaucoup appris de ces minuscules variations, enseignées de la manière inimitable de Deppe. Lorsque je les lui ai apportés pour la première fois , j'ai commencé à jouer la seconde des variations — qui est plutôt plaintive et semble indiquer que le propriétaire de la petite cabane craignait qu'il *puisse y* avoir une meilleure demeure quelque part sur la terre — avec beaucoup d'« expression », comme je le pensais. Mais j'ai vite compris que j'en faisais trop et qu'il n'est pas toujours si facile de définir où s'arrête une bonne expression et où commence un mauvais style. "Pourquoi fais-tu que ces notes ressortent ainsi ?" » demanda Deppe, alors que j'exprimais mes « désirs d'âme » (comme dit P.). "Apprenez à peindre à *Grossen Flaechen* (superbes surfaces). » Il me l'a fait rejouer parfaitement legato, et sans qu'une note « ressorte » plus qu'une autre. J'ai tout de suite vu qu'il avait raison, et que l'effet était bien meilleur, alors qu'il Cela n'enlevait rien au sentiment réel de la pièce. C'était un de ces cas où une simple déclaration suffisait. Quelque chose de plus détourné plutôt que ajouté.

J'ai enfin entendu Fannie Warburg dans un concerto de Mozart, car elle revient d'Angleterre. Comme elle l'a joué ! Dire que les passages « perlaient », ce serait ne rien dire du tout. Eh bien, le piano les *faisait gazouiller* comme un rossignol ! Le dernier mouvement avait la gaieté contagieuse qu'ont souvent les choses de Mozart, avec une magnifique cadence de lui-même. Elle l'a rendu si parfaitement, et avec une légèreté si naïve, qu'aucun de nous n'a pu y résister, et nous avons tous fini par éclater de rire ! Il y avait un petit orchestre qui l'accompagnait, que Deppe avait réuni et dirigeait. Lorsqu'elle arriva à la cadence, il déposa son bâton et se retira pour s'appuyer contre la porte et en profiter. Elle l'a fait de la manière la plus magistrale, et oh, c'était *si* difficile ! J'ai pensé au critique de Boston, qui considérait les compositions de Mozart comme un « jeu d'enfant ». Ce *sont* des jeux d'enfants, c'est-à-dire qu'ils ne sont *rien du tout* s'ils ne sont pas joués parfaitement, et chaque défaut *se manifeste* , ce qui explique pourquoi si peu de personnes les tentent. Votre main doit être « en ordre », comme le dit Deppe, pour le faire.

Fannie Warburg est une adorable petite jeune fille de dix-huit ans. Une petite fille timide, sans aucune vanité ni gêne. Elle a une belle main pour le piano et la façon dont elle l'utilise est parfaitement exquise. Il est petit et dodu, mais fort, avec des petits doigts fermes. Chaque muscle est développé, et il ne pourrait en être autrement après six années d'entraînement. L'une des règles de Deppe est que lorsque vous levez le doigt, la jointure ne doit pas dépasser. Le doigt doit « rester fermement (*fest- sitzen*) dans l'articulation ». Les doigts de Fannie Warburg « *sitzen* » sont si « *festifs* » que lorsqu'elle joue, elle a positivement une petite rangée de fossettes à l'endroit où devraient se trouver ses jointures. C'est trop joli pour quoi que ce soit, tout comme la main d'un bébé. Elle ne semble cependant pas avoir la moindre ambition et je doute qu'elle fasse un jour quelque chose avec sa musique après avoir quitté Deppe. Sa mère était originaire de Hambourg et y avait suivi des leçons de Deppe quand ils étaient tous les deux très jeunes. Elle le considérait comme un professeur si remarquable qu'elle déclara que sa fille ne devrait pas avoir d'autre maître. Alors quand Fannie avait douze ans, elle l'a amenée chez lui, et depuis, il lui donne des leçons – un peu comme la mère de Samuel l'amenant au Temple, n'est-ce pas ? – et en effet, quand j'entre dans la petite chambre miteuse de Deppe, je j'ai toujours l'impression d'être dans un petit Temple de la Musique ! J'aime voir les meubles tout recouverts, et Deppe lui-même assis à sa table entouré de piles de manuscrits, la plume à la main, les parcourant et les arrangeant, mettant de l'ordre dans le chaos. D'autres chefs d'orchestre lui écrivent toujours et le supplient de leur prêter ses exemplaires d'Oratorios, etc.

Deppe a toutes sortes de petites idées pratiques qui lui sont propres. Par exemple, il a inventé un chandelier placé sur un piano à queue. Sa forme est courbée, comme celles des bougies fixées aux pianos droits, mais avec un pied lesté pour le maintenir fermement. C'est une invention capitale, car vous en mettez un de chaque côté du pupitre, et vous pouvez ensuite le tourner de manière à éclairer votre musique, comme vous pouvez faire tourner celles des pianos droits. C'est sur le même principe, seulement avec l'ajout du pied. C'est bien plus pratique qu'une lampe, parce qu'elle ne vibre pas, et on éclaire d'autant mieux la page . — Alors il insiste toujours pour que nos pièces soient reliées séparément, dans une couverture de gros papier bleu, tels que les cahiers sont reliés. Il désapprouve totalement la reliure de la musique dans les livres. "Qui transportera un gros livre lourd?" demandera-t-il, "et en plus, ils ne restent pas bien ouverts".

L'autre jour, Deppe m'a dit qu'il voulait que je vienne écouter Mme Steiniger donner sa leçon, car elle avait des morceaux intéressants à jouer. Je l'ai trouvée déjà là à mon arrivée. Deppe était d'une humeur inhabituellement bonne et n'arrêtait pas de faire de petites blagues. Elle a joué une série de choses et a finalement terminé avec l'arrangement par Liszt de la chanson tournante du Hollandais volant de Wagner. Deppe est terriblement pointilleux à propos de cette pièce et a fait des remarques si subtiles et si révélatrices concernant la *conception* de la composition qu'elles étaient dignes de Liszt lui-même. Je veux l'apprendre, et quand je rentrerai à la maison, je vous le jouerai comme Deppe l'a enseigné à Steiniger, et vous verrez à quel point c'est fascinant. Je sais que vous serez emporté par cela.

Vers la fin du cours, il se faisait assez tard, et c'était aussi l'heure du café de Deppe, boisson que, comme vous le savez, les Allemands boivent toujours tard dans l'après-midi, accompagné de gâteaux. Il venait de poser son violon, car lui et Mme Steiniger avaient joué une sonate ensemble, et s'était assis au piano pour lui montrer tel ou tel passage. Profondément absorbé, il la haranguait de toutes ses forces, lorsque la servante de tous les travaux entra tout à coup avec le café sur un plateau et s'apprêtait apparemment à le poser sur le piano, à proximité du violon. " *Herr Gott, nicht auf die Violin !* (Mon Dieu, pas au violon !) " s'exclama Deppe, se levant frénétiquement et sauvant l'instrument bien-aimé. "Où alors?" dit la jeune fille. "Oh, n'importe où, mais pas au violon." Elle l'a posé sur une chaise et a disparu. Il n'y avait que trois chaises dans la pièce et le canapé était recouvert de musique. Fräulein Steiniger occupait une chaise, moi la deuxième et le café la troisième. Deppe regarda autour de lui avec un moment de perplexité, puis s'assit sur le sol, prit son café, étendit les jambes et commença à le remuer imperturbablement. "Mais Herr Deppe !" protesta Steiniger. "Eh bien," dit-il avec son rire léger, "que puis-je faire d'autre quand je n'ai pas de chaise ?" Il n'y avait pas de tapis au sol, qui était un tapis peint ordinaire, et il avait l'air assez drôle, assis là, mais il appréciait tout aussi bien son café ! — Après qu'il eut fini de le boire, les ombres de la nuit tombèrent, et il il se dit qu'il serait bon d'éclairer son appartement. Il est l'heureux possesseur de lampes et de chandeliers de cinq minutes , dont aucun n'a la même hauteur. Les lampes sont au nombre de deux et sont à peu près aussi grandes que la plus petite lampe à fluide que nous utilisions autrefois pour nous coucher. Les trois chandeliers sont en porcelaine et ornés de dessins en décalcomanie - probablement l'œuvre d'élèves reconnaissants, car en Allemagne il n'y a pas de cadeau semblable à un " *Hand-Arbeit* (quelque chose fait par la main du donateur)." C'est la bonne chose à offrir à un gentleman. Lorsque Fräulein Steiniger et moi sommes seuls présents, Deppe considère généralement que les deux lampes sont suffisantes. Mais s'il y a d'autres personnes et qu'il veut faire de la musique le soir, il sortira les chandeliers de trois minutes , avec un bout de bougie dans chacun, les allumera et les disposera dans diverses parties de la pièce. Cependant, lorsque, comme dans les grandes occasions, les cinq lampes et chandeliers sont complétés par deux bougies *supplémentaires* sur le piano dans les chandeliers incurvés de l'invention de Deppe, l'éclat de la lumière est quelque chose d'extraordinaire pour nos yeux inhabituels ! Rien d'autre que les Tuileries ou la « Weisser Saal » au palais ici ne pourrait l'égaler !

———

BERLIN, le 31 mai 1874 .

Cette saison avec Deppe a été d'une telle importance pour moi que je ne sais pas *quelle* somme d'argent j'accepterais en échange. En pratiquant sa méthode , le son acquiert un son tout différent, rond, doux et pourtant pénétrant, tandis que l'exécution des passages est infiniment facilitée et perfectionnée. En fait, il me semble qu'avec le temps, on pourrait atteindre n'importe quoi grâce à cela, mais il *faudra du temps* . Il faut étudier pendant des mois très lentement et avec des choses très simples, pour se mettre à jouer ainsi et pour pouvoir penser à chaque doigt pendant qu'on l'utilise, pour « *sentir* la note et la rendre consciente ». Deppe ne me laisse pas terminer quoi que ce soit pour le moment, donc je ne peux pas dire moi-même où j'en suis. Son principe est de ne jamais apprendre complètement un morceau la première fois qu'on l'attaque, mais de le maîtriser aux trois quarts, et de le laisser ensuite reposer comme on ferait un fruit qu'on a mis sur une étagère pour mûrir ; — ensuite, de le reprendre. encore une fois et terminez-le. Le principe est *peut-* être bon, mais il m'empêche d'avoir jamais rien à jouer pour les gens, et par conséquent j'ai complètement cessé de jouer en compagnie. En fait, je trouve cela impossible, et je ne vois pas comment Sherwood s'y prend. *Il* a tout un répertoire, il s'assoit et joue délicieusement morceau après morceau. Mais c'est un génie parfait et il fera sensation à sa sortie. Il a ce calme naturel et cette imperturbabilité qui sont tout pour un artiste, mais que malheureusement peu d'entre nous possèdent. Ses compositions aussi sont exquises et tellement poétiques ! Mme Wrisley, [moi] de Boston, et Fräulein Estleben , de Suède, qui a quitté Kullak en même temps que moi, sont également des créatures douées, alors que je pense que je ne suis qu'un vieux fou qui *n'abandonnera pas* ! Sherwood, cependant, est au-dessus de nous tous de la tête et des épaules.

[L'extrait suivant, tiré du rapport du *Musical Review sur le* discours de M. Sherwood devant la Music Teachers' National Association à Buffalo, en juin 1880, semblerait montrer que si ce jeune virtuose distingué, aujourd'hui de loin le principal Américain, pianiste de concert, qui a reçu ou non ses idées sur l'étude du toucher et du son auprès de Herr Deppe, il les endosse certainement aussi bien dans son jeu que dans son enseignement : « Il y a une grande différence si un piano est frappé avec un bâton, avec des doigts mécaniques, ou avec des doigts pleins de vie et de magnétisme, j'ai examiné la main et le bras de Rubinstein et j'ai découvert qu'ils sont non seulement pleins de vie et de magnétisme, mais qu'ils sont extrêmement élastiques et que les doigts sont si doux qu'ils sont si doux qu'ils sont extrêmement élastiques. les os sont à peine ressentis. La pratique peut-elle produire ces qualités ? Je le crois, et je me fais un devoir, avec mes élèves et moi-même, de pratiquer des mouvements lents. Il est beaucoup plus facile de frapper rapidement que lentement, mais la pratique du mouvement lent le fera. développer la puissance musculaire et nerveuse. Et le ton obtenu par ce mouvement est bien meilleur que celui obtenu en frappant. La pratique mécanique en vogue à Leipzig et dans d'autres conservatoires européens échoue souvent parce que le sujet de l'esthétique et de la beauté sonore est négligé. " Voir pp. 288, 302-3, 334.] - ED.

Mes cours avec Deppe sont toujours pour moi une véritable excitation musicale. Il y a en chacun quelque chose de si nouveau et d'inattendu – quelque chose dont je n'avais jamais rêvé auparavant – que je suis perdu dans l'étonnement et l'admiration. Les semaines passent comme des jours avant que je m'en rende compte. Deppe me donne la plus belle musique, et ne perd jamais de temps sur des choses qui ne me serviront à rien par la suite. Chaque pièce a un *but* et est également agréable à jouer aux gens. Or, dans les conservatoires de Tausig et de Kullak, j'ai perdu beaucoup de temps sur des choses qui sont assez belles et qui sont faites pour soi-même, mais qui ne sont pas du tout efficaces pour jouer devant d'autres personnes, ni dans le salon , ni dans la salle de concert. -comme la Toccata en do de Bach, par exemple. De telles choses prennent un certain temps à apprendre et ne présentent aucun avantage pratique par la suite. Mais Deppe a un *plan organisé* dans tout ce qu'il fait.

Dans mon étude avec Kullak, lorsque j'avais des difficultés particulières, il me disait seulement : « Entraînez-vous toujours, Fräulein. *Le temps* le fera pour vous un jour. Tenez votre main de la manière qui vous semble la plus facile. Vous pouvez le faire de *cette* façon : ou de *cette* façon » — en me montrant différentes positions de la main en jouant le passage gênant — « ou vous pouvez le jouer avec le *dos* de la main si cela peut vous aider ! Mais Deppe, au lieu de dire : « Oh, tu comprendras ça après des années de pratique », me montre comment surmonter la difficulté *maintenant* . Il prend un morceau, et pendant qu'il le joue avec la plus merveilleuse *finesse* de conception, il en dissèque froidement les éléments mécaniques, les sépare et vous indique comment utiliser votre main pour les saisir l'un après l'autre. Bref, il rend la technique et la conception *identiques* , comme il se doit bien sûr, mais je n'ai jamais eu d'autre maître qui ait entraîné ses élèves à s'y essayer.

Deppe m'entend aussi jouer, je pense, de la vraie manière, et comme le faisait Liszt : c'est-à-dire qu'il ne m'interrompt jamais dans un morceau, mais me laisse le parcourir du début à la fin, puis *il* choisit les endroits il a noté, et corrige ou suggère. Ces suggestions sont toujours quelque chose qui ne concerne pas simplement cette pièce en particulier, mais qui ajoute à l'ensemble de votre expérience artistique – un *principe* , pour ainsi dire. Ainsi, sans vouloir dénigrer les splendides maîtres auxquels je dois toute ma culture musicale antérieure, je ne peux m'empêcher de sentir que je me trouve enfin entre les mains non pas d'un simple virtuose du piano, si grand soit-il, mais plutôt d'un profond *savant* musical — un homme qui a été violoniste et directeur d'orchestre et qui, sans être lui-même musicien, a fait une telle étude du piano que probablement tous les pianistes, à l'exception de Liszt, pourraient apprendre quelque chose de lui. Vous pouvez tous me penser « enthousiaste », ou même *sauvage*, autant que vous le souhaitez ; mais que je conquière ou non mon propre bloc de main, qui présente tous les défauts qu'une main *peut* avoir ! — quand je rentrerai à la maison et commencerai à vous enseigner la méthode de Deppe, vous succomberez à son génie et à sa beauté tout aussi complètement que moi. Vous admettrez *alors* tous que j'avais raison !

22 juillet . — Je me suis enfin décidé à aller à Pyrmont avec Deppe et à y passer plusieurs semaines, continuant mes leçons et peut-être y donnant un petit concert. J'ai toujours eu envie de visiter les points d'eau allemands, car on me dit qu'ils sont extrêmement agréables.

———

PYRMONT, le 1er août 1874 .

Me voici à Pyrmont, et on ne sait pas où je vais me retrouver ensuite ! Fräulein Steiniger est arrivée avant moi, mais Deppe n'est pas encore arrivé de Bruxelles, où il est allé assister à l'exposition annuelle du Conservatoire. Il a été nommé l'un des juges pour le piano. Pyrmont est un charmant petit endroit. Elle se trouve dans une vallée entourée de collines, très boisée et possède un magnifique parc, comme toutes les villes allemandes, aussi petites soient elles. Les allées d'arbres surpassent tout ce que j'ai jamais vu. Le sol a quelque chose de particulier et est particulièrement adapté aux arbres. Ils atteignent une hauteur immense, et leurs tiges semblent si fortes, et leur feuillage est si incroyablement luxuriant, qu'il semble qu'ils soient prêts à éclater pour vivre !

Fräulein Steiniger m'a accompagné pour rechercher quelques chambres. Chaque famille de Pyrmont prend des locataires, de sorte qu'il n'est pas difficile de trouver un bon logement. Les femmes sont réputées pour être de bonnes ménagères et leurs chambres sont joliment aménagées, mais les prix sont très élevés, car elles vivent toute l'année de ce qu'elles gagnent l'été. On vient ici pour boire l'eau des sources, et prendre des bains, réputés très revigorants. Mes chambres sont à proximité de la principale « *Allée* » ou Avenue qui mène des Sources. À peu près à mi-chemin se trouve une estrade où l'orchestre s'assoit et joue trois fois par jour, à sept heures du matin (qui est l'heure avant le petit-déjeuner, quand il s'agit de prendre un verre ou deux d'eau et de se promener un peu).), à quatre heures de l'après-midi, quand tout le monde prend son café en plein air, et à sept heures du soir. Comme je ne bois pas d'eau, je ne me lève pas tôt et je suis généralement réveillé par les sons de l'orchestre. Il y a une petite place devant ma fenêtre où je prends mon petit-déjeuner et mon dîner. Pour le dîner, je vais en table d'hôte dans un hôtel voisin. — C'est un grand soulagement de sortir de Berlin et de revoir quelque chose de vert. Mais je trouve le temps très frais et il faut ici des vêtements chauds.

Il y a les plus belles promenades que vous puissiez imaginer autour de Pyrmont, et de beaux sentiers forestiers sont tracés le long des collines. Mon préféré se situe autour du cône d'une petite colline à droite de la ville. Le chemin le ceinture entièrement et vous pouvez commencer et faire le tour de la colline pour revenir au point de départ. C'est comme une galerie verdoyante, et devant et derrière vous se trouve toujours cette vue courbe. Chaque fois que je fais une promenade , cela me rappelle...

"La ligne de la beauté est courbée,

La ligne du devoir est droite ;

Suis le dernier et tu verras

L'autre te suit toujours.

C'est la première fois que je réussis à combiner à la fois la ligne sculptée et la ligne droite, car bien sûr, c'est mon *devoir* de faire de l'exercice !

CHAPITRE XXVII.

Le Conservatoire de Bruxelles. Steiniger. Excursion à Kleinberg. Donner un concert. Fräulein Timm.

PYRMONT, le 15 août 1874 .

Deppe est revenu de Bruxelles et, comme vous pouvez l'imaginer, il avait beaucoup à raconter sur sa fuite vers le monde, d'autant plus qu'il s'était également rendu à Londres. Il passe de délicieux moments avec les professeurs du Conservatoire de Bruxelles, qui se montrent tous extrêmement polis avec lui, et il entend de jeunes élèves talentueux. Il y avait une jeune fille d'environ dix-sept ans, qu'il donnerait beaucoup pour qu'elle soit *son* élève, tant elle est douée, même si son jeu ne lui convenait pas à bien des égards. Il dit qu'il aurait pu formuler quelques critiques sévères, mais il s'abstint, en partie parce qu'il en sentait l'inutilité, en partie parce qu'il dit : « C'est *extraordinaire* comme on est aimable quand il s'agit *de jeunes filles* ! Il était très enthousiasmé par les cours de violon. "Quel arc les jeunes tirent !" il s'est excalmé. Dupont, le grand professeur de piano de Bruxelles, doit être un homme d'un « *esprit* » considérable, à en juger par ses deux compositions que je connais : la « Toccata » et le « Staccato ». J'entendais beaucoup parler de lui par son élève Gurickx , que j'avais rencontré à Weimar. Certainement Gurickx a joué magnifiquement, et avec un *brio* que j'ai rarement entendu égalé . Il est comme une batterie électrique. Mais c'est une autre école que celle de Deppe : la sévère, la chaste et la classique ! L'extrême *pureté du style* est la caractéristique de Deppe, et non la passion ou l'émotion. Par exemple, il ne m'a pratiquement pas donné de Chopin, mais il me maintient parmi les classiques, car de ce côté-là, dit-il, ma culture musicale a été déficiente. Il dit que Chopin a été « tellement joué à mort qu'il devrait être mis de côté pendant vingt ans ! » — Mais si Chopin avait vraiment de la sympathie pour lui, il ne pourrait jamais dire *cela* ! La vérité est que la « problématique » moderne Natur " n'a aucun charme pour un tempérament transparent et simple comme le sien.

Steiniger a joué à merveille ces derniers temps. Elle a donné ici deux concerts et joué dans un autre. Puis elle a répété avec orchestre le concerto en si bémol majeur de Mozart, le concerto le plus difficile au monde et oh *combien* exquis ! Même si j'avais longtemps souhaité le faire, je ne l'avais jamais entendu auparavant, et en l' écoutant, j'avais l'impression que je ne pourrais jamais quitter Deppe avant de pouvoir jouer *ça* ! J'aurais aimé que tu puisses l'entendre. Il est semé de difficultés, à faire dresser les cheveux sur la tête ! Steiniger l'a joué avec une aisance et une perfection vraiment étonnantes. Les notes semblaient lui sortir des doigts pour s'amuser. Le dernier mouvement était entièrement Mozart, aussi joyeux qu'un grillon ! — Je doute que quiconque puisse jouer correctement ce concerto s'il n'a pas étudié avec Deppe. La beauté de sa méthode est que les plus grandes difficultés deviennent pour vous un jeu.

J'adore voir Deppe diriger l'orchestre lorsque Steiniger joue un concerto de Mozart. Ses yeux bleu clair dansent dans sa tête et semblent si ensoleillés, et il se tient si léger sur ses pieds qu'on a l'impression qu'il danse sur la pointe des pieds, avec son bâton à la main ! Il est l'incarnation de Mozart, tout comme Liszt et Joachim le sont de Beethoven, et Tausig celui de Chopin. Il a une organisation musicale merveilleusement délicate et un instinct sur la façon de jouer qui équivaut à une seconde vue. Fräulein Steiniger lui dit un jour : « Monsieur Deppe, je ne sais pas pourquoi, mais je n'arrive pas à faire sonner correctement les premières mesures de ce morceau. Cela ne produit pas l'impression qu'il devrait avoir. » "Je sais pourquoi", a déclaré Deppe. «C'est parce que vous ne touchez pas l'accord de sol mineur avant de commencer», et c'était ainsi. Lorsqu'elle a touché l'accord de sol mineur, c'était la bonne préparation et vous a immédiatement mis dans l'ambiance pour ce qui a suivi. Il *a réparé* la clé.

En dehors de la musique, Deppe, comme tous les artistes, a la nature la plus enfantine, et je pense que Mozart lui témoigne une sympathie particulière parce qu'il a lui-même un tempérament simple et ensoleillé. Nous avons fait l'autre jour une belle excursion en calèche, à travers les collines, jusqu'à un petit village éloigné, où nous avons bu du café en plein air. Deppe, qui connaît chaque pied du terrain de Pyrmont, qu'il fréquente depuis sa jeunesse, ne cessait de nous rappeler tous les points du paysage avec le plus grand plaisir, oubliant même qu'il répétait la même chose il y a cinquante ans. fois. « Ce petit village là-bas s'appelle Kleinberg. Il a une école et une église, et le nom du pasteur est Koehler », me disait-il d'abord. Puis il le répétait à tout le monde dans notre voiture. Ensuite, il se levait et l'appelait à la voiture derrière nous. Puis, quand il fut sorti, il le dit à la foule rassemblée, et alors que j'avançais en avant avec Fräulein Estleben , la dernière chose que j'entendis flotter au-dessus de la colline fut : « Le nom du pasteur est Koehler », donc je savais il était encore en train d'instruire quelqu'un de ce fait. "Je me demande combien de fois Deppe a répété ça ?" J'ai dit à Fräulein Estleben . "Au moins cinquante fois", dit-elle en riant. "Je retourne vers lui et lui demande encore une fois quel est le nom du pasteur." Alors je suis revenu et j'ai dit : « Au fait, Herr Deppe, quel est, selon vous, le nom du pasteur de ce village ? " *Koehler* ", dit le cher vieux Deppe avec une grande netteté et une si simple bonne foi que je me sentis reproché de l'avoir interrogé, bien que les autres parvinssent à peine à garder leur contenance, car ils savaient ce que je cherchais.

Je me prépare depuis quelque temps à donner ici un concert de musique de chambre dans le salon de l'hôtel, et je compte que cela aura lieu dans une semaine aujourd'hui. J'ai l'impression d'avoir la tête *boiteuse* à cause de tant de pratique, conséquence, je suppose, de tant d'écoute. Je dois jouer un Quintette, op. 87, en mi majeur, de Hummel, pour piano et cordes, et une Sonate de Beethoven, op. 12, en mi bémol, pour violon et piano, et les autres instruments joueront entre les deux un Quatuor de Haydn. C'est un beau petit programme , je pense, chaque pièce étant parfaite en son genre. Si je réussis ce concert comme je l'espère, j'écouterai probablement les supplications de Deppe et resterai sous sa direction une autre saison. Deppe estime qu'il *faut* passer par des étapes successives de préparation avant d'être prêt à attaquer les grandes œuvres de concert. J'ai découvert (ce qu'il s'était bien gardé de me dire au début !) que son "cours" est de trois ans !! et vous ne pouvez pas presser ni lui ni sa méthode. Il faut que vos doigts y grandissent. — Je ne regrette pas du tout, avec vous, de ne pas avoir joué jusqu'ici de concert ; au contraire, je pense qu'il est providentiel que je ne l'ai pas fait. Vous voyez, vous et moi avons commencé avec des idées totalement impraticables et ridicules. Nous pensions que les choses pouvaient se faire rapidement. Eh bien, cela *ne peut pas* être fait rapidement et ne vaut rien. Il faut garder un but en vue pendant des années et y parvenir progressivement. Le temps consacré à la préparation doit être le même, que vous commenciez enfant (ce qui est la meilleure, et même la seule bonne) ou que vous commenciez après avoir grandi. C'est un travail de dix ans , prends-le comme tu veux.

———

PYRMONT, le 15 août 1874

Mon concert a eu lieu hier soir et Deppe dit que ce fut un succès total. Après tout, je n'ai joué aucun solo, même si j'en avais préparé de beaux, car Deppe disait que le programme serait trop long et il n'était pas tout à fait sûr de mon courage. "Tu aurais peur, si tu étais un *Herr Gott* !" a-t-il dit; mais, contrairement à mon habitude, je n'ai pas eu peur du tout, et je pense que j'ai fait aussi bien qu'une inquiétude aussi tremblante et tremblante aurait pu m'attendre, d'autant plus que mes mains sont deux petits démons qui *ne veulent pas* jouer s'ils n'en ont pas envie, fais ce que je veux pour les faire ! — Mon programme était *à la* Joachim (!) — seulement trois morceaux de Musique de Chambre : —

1. Quintette, op. 87, mi majeur,   Hummel.

2. Quatuor , sol majeur,   Haydn.

3. Sonate pour piano et violon, op. 12, mi bémol. Beethoven.

Deppe a tout arrangé de manière très pratique. Nous avions à l'hôtel de Brême une grande *salle* admirablement proportionnée et un piano à queue neuf venu de Berlin. Deppe n'avait placé qu'un nombre de chaises limité au nombre d'invitations, et la conséquence était que chaque chaise était occupée et qu'il n'y avait pas de rangées de sièges vides. Mon « public » était très musical et critique, et il y avait tellement de bons juges que je me demande si je n'étais pas nerveux ; mais une sorte d'inspiration me vint à ce moment-là.

Les musiciens qui m'accompagnaient étaient extrêmement bons pour un lieu comme Pyrmont, et mes sélections strictement *classiques ont été accueillies avec beaucoup* de faveur par le public ! Ce quintette de Hummel est une composition des plus charmantes, si fluide et si élégante, et on peut déployer beaucoup de virtuosité dans la dernière partie. J'ai joué en premier et en dernier, et le quatuor intermédiaire était interprété uniquement par les instruments à cordes. Après avoir terminé le quintette, Deppe, qui était au fond de la salle, m'a fait dire que je « faisais un travail remarquable et qu'il était ravi », ce qui m'a encouragé à ce que ma sonate se déroule également à merveille. Une fois l'opération terminée, de très nombreuses personnes sont venues me féliciter, et Mme Timm, la directrice de Deppe à Hambourg, m'a même félicitée pour mon "extraordinaire facilité d'exécution". Je n'ai pu m'empêcher d'en rire, avec ma main têtue qui ne fera jamais rien et que seules les études les plus intenses ont instruite — mais en vérité j'étais moi-même assez surpris de la manière plausible avec laquelle elle surmontait toutes les difficultés ! De nombreux érudits de Deppe étaient présents, tous critiques et plusieurs d'entre eux de magnifiques pianistes. Deux jolies sœurs américaines, venues de l'Ouest, sont venues exprès de Berlin pour mon concert. Ils m'ont aidé à m'habiller et m'ont offert un bouquet exquis. L'un d'eux suit des cours de Deppe, et l'autre a un grand talent pour le dessin et étudie depuis deux ans à Berlin. Elle dit qu'elle n'a fait qu'un « début » maintenant, et qu'elle souhaite encore étudier « indéfiniment » . — Ainsi en est-il en Art ! Je pense que ses têtes sont déjà excellentes.

Une fois le concert terminé, Deppe m'a offert un petit dîner au champagne, en compagnie de Fräuleins Timm, Steiniger et de ces deux jeunes dames. En versant le vin, il dit qu'il allait porter un toast à deux dames ; l'une d'elles, bien sûr, c'était moi, « et l'autre, dit-il, est en Amérique, à savoir l'amie de Fräulein Fay, que je considère comme une femme de génie, tant elle se sent vraiment et justement à l'égard de art (je lui ai traduit les lettres de H), et elle a si noblement sympathisé et soutenu Fräulein Fay. — À Mme A., dont je désire faire la connaissance ! » — Vous pouvez être sûr que j'ai bu à *ce* toast. avec enthousiasme. Ah ! c'était une agréable soirée, après tant d'années de labeur inutile ! Le gros et joyeux vieux propriétaire est venu lui-même me faire monter dans la voiture et me dire que tout le monde dans le public avait exprimé son plaisir et sa satisfaction de ma prestation. Je regrette un peu maintenant de ne pas avoir joué mes solos, mais peut-être vaut-il mieux les remettre à une autre fois. J'ai « sauté par-dessus un petit monticule » – pour reprendre la comparaison de Deppe – et j'ai eu une idée de l'élan qui sera nécessaire pour « me porter au-dessus de la montagne ».

—————

PYRMONT, le 4 septembre 1874 .

Après l'exaltation inhabituelle du succès de mon petit concert, j'ai subi une réaction correspondante, en partie parce que Fräulein Timm, l'assistante de Deppe à Hambourg, avec laquelle j'étudie actuellement, a commencé ses cours, comme le font toujours les professeurs, en me jetant dans un un découragement plus profond que d'habitude. Du coup, je n'ai pas été très brillant, même si je remonte peu à peu à la surface, car je suis assez difficile à noyer !

Fräulein Timm appartient à la confrérie célibataire, mais elle est du genre frais et placide, et aussi soigné que de la cire. Elle a un très gros cerveau et un don remarquable pour l'enseignement, pour lequel elle a une *passion* . Je l'adore quand elle met ses lunettes, car elle ressemble alors à la personnification de la Sagacité ! Elle est associée à Deppe depuis des années dans l'enseignement et "garde toutes ses paroles et y réfléchit dans son cœur". En effet, elle connaît ses idées presque mieux que lui et perpétue tout le cercle d'élèves qu'il a laissé à Hambourg lors de son arrivée à Berlin. De temps en temps, il court voir comment ils vont, leur donne toutes les leçons, passe en revue ce qu'ils ont fait et apporte à Fräulein Timm toutes les nouvelles pièces qu'il a découvertes et touchées. Elle vient aussi de temps en temps le voir à Berlin, prend chaque jour un cours, se nourrit d'un maximum d'idées nouvelles, puis retourne à son poste. Ensemble, ils forment un couple très fort, et je pense que c'est une illustration capitale de votre théorie selon laquelle les hommes devraient associer les femmes à eux dans leur travail, et que « les hommes devraient *créer* et les femmes *perfectionner* ».

Deppe fait de Fräulein Timm et de Fräulein Steiniger ses partenaires et associés dans ses idées, et la conséquence est qu'elles ajoutent toute leur ingéniosité pour les transmettre aux autres. Cela lui épargne une grande partie du travail technique fastidieux et lui laisse toute liberté pour les sphères supérieures de l'art, car elles prennent les débutants et les préparent pour lui. *Il en* a fait de magnifiques professeurs, et ils emploient leurs dons pour *le faire progresser* . Je ne doute pas que grâce à eux, sa méthode se perpétuera, et même s'il devait mourir, le monde ne le perdrait pas. D'un autre côté, il leur a donné de quoi vivre. — Curieux que le *caractère pratique* de cette association avec les femmes ne frappe pas plus souvent l'esprit masculin !

Je vais donc à Hambourg étudier pendant un certain temps avec cette Fräulein Timm, car je pense qu'elle développera ma main même plus vite que Deppe. Deppe m'a toujours poussé à le faire, mais je ne le ferais jamais, car je ne la connaissais pas personnellement et je ne souhaitais pas le quitter. Maintenant que je l'ai essayée, je trouve qu'il avait raison, comme il l'a *toujours* ! En ce moment, elle s'appuie de tout son poids sur mon poignet qui, je l'espère, s'assouplira ! Elle a une obstination et une persévérance à vous coller qui vous rendent presque fou, mais qui vous font finalement apprendre "beaucoup". Je pense que mon plus grand problème toutes ces années a été un poignet raide et un bras lourd. J'ai appuyé trop lourdement sur le poignet et le bras, alors que tout le poids et la puissance doivent être juste dans le bout des doigts, et que le poignet et le bras doivent être tout à fait légers et libres, la main tournant sur le poignet comme s'il s'agissait d'un bras. pivot.

Pyrmont est un petit endroit exquis et je regrette de le quitter. Au début, j'ai failli mourir de solitude, mais maintenant que j'ai quelques connaissances ici, j'en profite. C'est une station balnéaire à la mode, mais surtout fréquentée par les dames. Il y a environ une centaine de femmes pour un homme ! La première semaine de mon séjour ici, j'ai vécu chez Herr S., mais trouvant cela trop cher, j'ai cherché un autre logement et je vis maintenant avec une vieille fille joyeuse. J'aime vivre avec des vieilles filles. Je pense qu'elles sont beaucoup plus soignées que les femmes mariées et qu'elles vous mettent plus à l'aise. La saison étant désormais terminée, la maison de celui-ci est presque vide et elle est superbement entretenue. J'ai pris deux chambres au troisième étage, petites mais très cosy et avec une jolie vue sur les collines.

Nous venons d'avoir la plus belle illumination que j'aie jamais vue. C'était un dimanche soir – « le dimanche d'or », comme on l'appelle ici, mais je ne sais pas pourquoi ils *devraient* l'appeler ainsi. J'acceptai cependant l'information sans enquête sur les causes premières, et sortis le soir me promener dans l'Allée avec les autres. L'Allée n'est pas toute de plain-pied, mais descend progressivement depuis les sources jusqu'à une fontaine qui se trouve à l'extrémité opposée. Des rangées et des rangées de lanternes japonaises étaient décorées en feston sur les arbres. En parcourant le chemin, vous avez vu les festons les uns en dessous des autres. La fontaine était éclairée par des jets de gaz derrière l'eau. On ne pouvait voir l'eau qu'en s'approchant, et de loin, seules les rangées de becs de gaz étaient visibles. Cependant, à mesure qu'on s'en approchait, le voile d'eau semblait jeté sur eux, comme le tulle mousseux sur une mariée. C'était très fascinant à regarder, et je reculais de quelques pas puis revenais. À mesure que je m'éloignais, le voile d'eau disparaissait et, à mesure que je m'approchais, il reprenait forme. Cela m'a rappelé les personnages de certaines personnes, dont on voit les points forts dès le premier, et pense les connaître si bien, mais quand on se rapproche, même dans les moments de plus grande intimité, on sent toujours un voile entre soi et eux. — quelque chose de mince et d'impalpable que vous ne pouvez pas annihiler, même si vous pouvez voir *à travers* .

Nous avons longuement parcouru l'Allée en écoutant l'orchestre qui jouait. Les magnifiques grands arbres étaient plus beaux que jamais, avec leurs branches inférieures éclairées par les lanternes et leurs branches supérieures disparaissant mystérieusement dans l'ombre. Enfin les cierges des lanternes s'éteignirent les uns après les autres, l'avenue s'enveloppa de pénombre, et nous terminâmes cette soirée poétique de la manière prosaïque habituelle en rentrant chez nous et en nous couchant !

CHAPITRE XXVIII.

Musique à Hambourg. Étudier la musique de chambre. Absence de religion en Allemagne. Sud-Américains. Deppe encore une fois. Un concertDébut. Post-scriptum.

HAMBOURG, le 1er février 1875.

Hambourg est une ville charmante, même si je *vis* ici des moments terriblement mornes et stupides — en partie parce que mon lieu d'hébergement est si intensément désagréable, et en partie parce que j'ai décidé, en arrivant, de ne faire aucune connaissance et de ne rien faire d'autre que étude. Je suis resté fidèle à ma résolution, même si je ne suis pas sûr que ce ne soit pas une erreur, car il existe une société des plus élégantes et des plus luxueuses dans notre ville ancestrale. [J]

Cependant, la vie est ici solide et matérielle, et la musique est au plus bas. Les concerts de la Philharmonie sont misérables et personne ne va même aux rares concerts de piano. Cette petite Laura Kahrer, aujourd'hui Frau Rappoldi , que j'ai entendue à Weimar chez Liszt, voulait venir ici avec son mari, qui est un éminent violoniste, mais elle n'a pas osé le faire, parce que tous les musiciens lui disent qu'elle le ferait. pas faire ses dépenses. Elle a également joué à la Philharmonie, mais depuis, il n'y a plus de piano à la Philharmonie. Personne ne s'en soucie, à moins que Bülow, Rubinstein ou Clara Schumann n'en soient les interprètes. Je pensais que Frau Rappoldi jouait magnifiquement, mais j'étais la seule à le *penser* . Elle a fait un échec cuisant ici. Tout le monde lui en voulait. Quant aux critiques, elles étaient à peu près comme ceci : « Frau Rappoldi jouait assez joliment et d'une manière féminine, mais elle n'avait pas de ton, etc. » Pauvre chose! Le lendemain, lorsque Schubert alla la voir , elle pleura amèrement, et c'était bien possible. Schubert est l'un des directeurs de la Philharmonie et c'est grâce à lui qu'elle a eu la chance de jouer. Lui aussi se sentait terriblement déchiré par son manque de succès. « C'est ce qu'on obtient, me dit-il, en recommandant des gens. S'ils ne réussissent pas, c'est *vous* qui en êtes responsable. Il avait l'impression de s'être brûlé les doigts ! Je crois que le secret de l'échec de Mme Rappoldi réside dans le fait qu'elle n'était pas *jolie* . Elle était habillée de manière très délabrée et ses cheveux ressemblaient à ceux d'un insulaire Feejee . Les gens se moquaient d'elle avant qu'elle ne commence. Trop vrai ! que « la robe fait la femme ». [K]

Fannie Warburg, la chérie de Deppe, a donné un concert ici le mois dernier, et elle aussi a reçu de très mauvaises critiques, et pour la même raison, à savoir : les gens n'ont pas le sens musical pour l'apprécier — du moins à mon avis. L'action de ses mains sur le piano est la grâce même, et l'élasticité de son poignet est merveilleuse. Son toucher réalise parfaitement l'idéal de Deppe de « laisser les notes tomber du bout des doigts comme des gouttes d'eau », et elle s'exécute mieux avec la main gauche, si cela est possible, qu'avec la droite ! En tout cas, il n'y a *pas* différence. C'est le plaisir le plus céleste de l'entendre, et vous avez l'impression que vous aimeriez qu'elle continue pour toujours. Et pourtant, je ne crois pas qu'elle fera une grande carrière. Elle n'a pas assez de feu pour faire apprécier au public l'immensité de sa prestation. Pas de précipitation, pas *d'abandon* ! Elle n'a pas non plus *de prestance* , mais c'est une petite fille timide, douce et enfantine, la docilité même, mais une joueuse *accomplie* , pour ainsi dire, non spontanée. C'est la vie! Pour moi, son jeu est la musique la plus pure – « *die reine Musik* » – et plus la salle est grande, plus son *ton* se déploie et la remplit !

HAMBOURG, *le 1er mars 1875* .

J'aimerais pouvoir rédiger le système de Deppe en vue de sa publication, mais c'est une chose très difficile à donner une idée adéquate. Fräulein Timm me dit que ce n'est que relativement récemment qu'il l'a lui-même perfectionné jusqu'à son point actuel (bien qu'il en ait la conception depuis longtemps), et cela explique qu'il ne soit pas connu. Il a été entièrement enterré à Hambourg, où il n'y a aucune place pour l'art. Je crois que son ambition est de fonder une école de ce jeu de piano délicieusement pur, parfait et presque idéalisé, qui puisse servir de contrepoids à celui qui prévaut, plus chaleureux et plus sensuel : *la sculpture* par opposition à *la peinture* !

j'ai étudié principalement *la Kammer-Musik* (musique de chambre), c'est-à-dire les trios, quatuors, etc. Madame Timm me donne une formation comme je n'en ai jamais eue auparavant. Elle a le talent le plus étonnant pour l'enseignement et l'a réduit à une science. Je ne joue rien au rythme d'elle – toujours lentement, lentement, *lentement* . Elle décortique vraiment chaque ton et me montre quand et pourquoi ça ne sonne pas bien. Toute mon attention est maintenant concentrée sur *le ton* . Ah, M., *c'est ça* le truc de jouer ! — Faire ressortir l' *âme* qu'il y a dans le ton simplement en le touchant, comme font les grands maîtres. — C'est l'art le plus élevé du pianiste, bien qu'au milieu de l'éblouissement des pièces pyrotechniques du piano le public on l'oublie souvent.

Je viens de terminer le troisième trio de Beethoven, op. 1. Le dernier mouvement est la plus belle chose ! Cela me fait penser à un bois au printemps rempli d'oiseaux. Une minute, vous entendez beaucoup de petits moineaux bavards gazouiller et gazouiller, puis arrive un oiseau sauvage rare avec une sorte de cadence, puis d'autres viennent siffler et appeler. C'est envoûtant et l'imitation la plus parfaite de la nature qu'on puisse imaginer ; gay, *tellement* gay ! comme seul Beethoven peut l'être lorsqu'il commence à jouer. Tout est sur l'aile. C'est bien sûr extrêmement difficile, car, comme toute cette musique pure et classique, pour produire un effet, elle doit être exécutée avec la plus grande perfection. J'en suis tellement amoureux que lorsque j'ai fini de le pratiquer, j'ai l'impression d'être ivre !

Ces trios de Beethoven sont une mine parfaite en eux-mêmes. Chacun semble entièrement différent de tous les autres. Il y en a douze en tout, et Deppe veut que je les apprenne tous. Pensez quel travail ! Cette énorme quantité de littérature qu'il faut avoir pour former un répertoire, les trios, quatuors, quintettes, concertos, etc., c'est ce qui fait qu'il faut tant de temps avant qu'on soit un artiste fini. Et puis il faut considérer les heures et les heures perdues en *études*, histoire de mettre la main en état de jouer ces chefs-d'œuvre. Oh, la pénibilité est incalculable ! Je me demande souvent : « Quel démon m'a tenté ici ? pendant que je m'assois et travaille au piano. Je joue toute la journée, je me promène avec L. l'après-midi, et la nuit, je me couche et je dors comme une bûche, c'est-à-dire lorsque mon lit le plus dur et ma chambre grelottante me *permettent* de dormir. C'est ma vie, jour après jour. Je ne vois les gens de la maison qu'aux repas.

Je suis la seule femme de cette famille. Tous les autres pensionnaires sont de très jeunes hommes, presque des garçons, qui viennent ici pour apprendre l'allemand ou le commerce. Il y a trois Sud-Américains, un Portugais , un Brésilien, un Russe et un Français. J'entends tout le temps espagnol et français, mais pas d'anglais, et avec l'allemand, c'est très confus. — Je suis vraiment désolé pour tous ces jeunes gens, leur vie est si nue et désagréable, et si complètement dépourvue de toute influence qui puisse les rendre meilleurs ou plus heureux. Quant à notre logeuse, il faudrait un Balzac pour rendre justice à une telle combinaison. C'est une bonne femme de ménage. La cuisine est excellente et ma chambre (quand elle est chaude) est agréable. En effet, le niveau de ménage à Hambourg est bien plus élevé qu'à Berlin. Les choses sont *bien plus* délicates. Mais son pouvoir de vous mettre physiquement et mentalement mal à l'aise par d'autres moyens est inégalé. Si mon séjour n'était pas indéfini et si j'avais déjà déménagé une fois, je ne resterais pas ici. Dans l'état actuel des choses, je préfère supporter les ennuis et les dépenses du changement ; en outre, j'ai constaté qu'une fois que vous avez quitté votre propre cercle familial, vous devez généralement supporter au moins une personne extrêmement désagréable dans chaque maison.

Mon opinion sur la nature humaine ne s'est pas améliorée depuis mon arrivée à l'étranger, et je pense que cet hiver m'a complètement guéri de ma tendance naturelle au scepticisme. — Je me rends trop bien compte maintenant de ce que peuvent devenir les caractères des hommes et des femmes sans religion. en eux-mêmes ou chez ceux qui les entourent. Je suppose qu'il y *a de* la religion en Allemagne, mais *j'en* ai très peu vu, que ce soit chez les protestants ou chez les catholiques, et les résultats me paraissent tout simplement épouvantables ! Vous voyez, il n'existe *aucun* motif suffisant pour réprimer l'indulgence d'*une quelconque* impulsion : j'en suis arrivé à la conclusion que la jalousie est le vice national des Allemands. Tout le monde est jaloux de tout le monde, aussi absurdement ou sans cause soit-il. Les vieilles femmes sont jalouses des jeunes, et même les sœurs d'une même famille sont jalouses les unes des autres à un degré que je n'aurais pas pu croire si je ne l'avais pas vu.

HAMBOURG, *dimanche de Pâques 1875*.

En ce qui concerne le jeu de concert, je me demande s'il est préférable, en termes généraux, de confier toute sa formation musicale à un seul maître, comme l'a fait par exemple Fannie Warburg ; car mon expérience m'enseigne que si presque tous les maîtres peuvent vous donner quelque chose, aucun ne peut tout vous donner. Si, avec ma lumière actuelle, je pouvais recommencer mes études, je devrais d'abord rester trois ans avec Deppe, afin de donner à l'esprit musical que j'espère être en moi, la forme extérieure et la perfection d'un artiste. Ensuite, j'étudierais une année avec Kullak, pour donner à mon jeu une brillante *robe de concert*, et enfin, je passerais deux saisons avec Liszt, afin d'y ajouter les dernières grâces ineffables — (car jamais, *au grand jamais* un artiste ne devrait achever une comédie musicale bien sûr sans aller à LISZT, tant qu'il est sur cette terre !) — Le problème, cependant, c'est qu'un maître se sent toujours blessé si on le quitte pour un autre ! Personne ne peut supporter l'accusation de *ne pas pouvoir* « tout vous donner ».

Mais en vérité, je commence à être très impatient d'être chez moi où je pourrai étudier seul et prendre autant de temps que je jugerai nécessaire pour mettre au point mes pièces. Deppe et Fräulein Timm ressemblent à Kullak sur un point. On ne me laisse jamais assez de temps, mais ils me pressent tellement d'une chose à l'autre qu'il m'est impossible de préparer un programme . J'ai donc abandonné mon projet d'un concert à Berlin ce printemps. Ils ont une série d'idées et moi une autre, et je vois que je ne pourrai jamais jouer en public tant que je n'abandonnerai pas mes maîtres et que je ne commencerai pas ma propre voie. Deux personnes ne pensent jamais exactement de la même manière. Les Maîtres peuvent vous mettre sur la route, mais ils ne peuvent pas vous y faire partir. Vous devez le faire vous-même. Comme le dit le Dr V. : « Si vous voulez faire quelque chose, vous devez *continuer* à le faire. Vous ne devez pas vous arrêter, certainement pas ! Le jeu de concert, comme tout le reste, est *une routine* et doit être appris petit à petit, et peut-être avec de nombreux demi-échecs. Mais si le « grand public » se contente de tolérer un élève assez longtemps, il faudra finalement réussir. En tout cas, l'informatique est probablement le meilleur et le seul "maître" pour moi actuellement !

Mercredi, je retourne quelque temps à Berlin, à la pension américaine, n° 15 de la Tauben Strasse, où vous pourrez tous vous diriger comme autrefois. Cet hiver a été plutôt différent du précédent. Ensuite, j'ai vécu entièrement parmi les Nord-Américains, alors qu'ici, je vis presque exclusivement parmi les Sud-Américains. Il y en a un grand nombre à Hambourg, et vous ne pouvez pas imaginer à quel point nombre d'entre eux sont fascinants, si beaux et si brillants. Ils ont tous un talent pour la musique et la danse. Leur musique est entièrement d'un caractère léger, mais ils ont *un rythme* et une grâce à un degré remarquable. Quand je les entends jouer, je pense toujours à la description que George Sands fait dans son roman *Malgré-tout* de l'artiste Abel, le héros du livre et un grand violoniste. Elle dit : « *Il racla un air sur son violon avec entraînement .* » — C'est exactement ce que font ces Sud-Américains : « *racla !* » Ils jouent tous du piano comme chez nous le nègre joue du violon, sans instruction, apparemment, et simplement parce que « c'est dans leur nature de le faire ». J'ai tout de suite compris d'où Gottschalk tirait son "Banjo" et son " Baninier ", ainsi que le style particulier de ses compositions en général, et comme j'ai rencontré tant de Sud- Américains, je peux facilement imaginer pourquoi il a passé autant de temps en Amérique du Sud. . J'ai hâte d'y aller moi-même. Je pense que ça doit être un endroit fascinant pour un artiste.

L'un des Sud-Américains ici présents est un garçon de quinze ans, nommé Juan di Livramento, ou, devrais-je dire, Juan Moreiro Aranjo di Livramento ! (Ils ont tous une douzaine de noms dans le style grandiloquent des Espagnols.) Ce garçon est un jeune curieux. Il est grand et souple, avec les yeux noirs les plus magnifiques que j'aie jamais vus ou conçus, d'épais cheveux noirs et soyeux, le tout en désordre autour de sa tête, un visage délicat et très expressif et un teint olive clair - un type parfait d'Espagnol. . Il semble né pour danser le Boléro, comme Belinda, dans le roman de Mme Edwards. C'est la chose la plus jolie de le voir faire cela — et en fait, il le fait en toutes occasions, sans aucune considération de convenance, étant un individu totalement sans foi ni loi. Souvent il se lève de table, jette sa serviette sur ses épaules, claque des pouces et commence une danse dans un coin de la salle, entre les plats. Cela doit être une chose tellement quotidienne que personne n'ait l'air surpris ou ne lui prête aucune attention. Nous dînons tard, et comme il y a beaucoup de pensionnaires, il faut toujours du temps pour changer les assiettes. Juan, qui est comme beaucoup de mercure, ne peut jamais rester assis pendant ces intervalles. Lorsqu'on lui demandera de sonner la cloche du domestique, il se jettera comme un coup de feu, tirera violemment, puis profitera d'être debout pour danser dans un coin, ou du moins pour faire quelques pitreries, en jetant sa jambe par-dessus. le dossier de sa chaise et descendez à califourchon sur celle-ci. C'est sa manière habituelle de reprendre sa place.

Les jours où il ne danse pas, il continue de parler. Il continue à parler en espagnol jusqu'à ce que Herr S. se désespère et essaie de le ramener à l'ordre. C'est une règle qu'il faut parler allemand à table, mais Juan pense qu'il suffit d'appliquer la règle seulement dans la mesure où il ne parle pas espagnol, sa langue maternelle. Il va à l'école où, bien sûr, il apprend l'anglais et le français, et il essaie toujours de faire quelques remarques dans ces langues. Il parle tout faux, mais cela ne l' embarrasse pas le moins du monde. Le dimanche surtout, Juan est parfaitement irrépressible, car alors Mme S. va dîner et passe la soirée chez ses parents, et M. S. doit maintenir l'ordre. C'est un vieillard indulgent et très amoureux de Juan, si bien que celui-ci n'a pas la moindre crainte de lui, et je manque de mourir en essayant de garder la face droite quand ils ont une de leurs scènes.

"Tu ne parleras PAS espagnol à table", disait l'autre jour le pauvre vieux S. avec rage. Pour lui, l'espagnol est un jargon, et Juan le parlait depuis un certain temps à haute voix à travers Herr S., à son ami Candido, qui était assis en face. Juan savait très bien que cela signifiait qu'il devait parler allemand, mais au lieu de cela, il commença par des langues étrangères et dit à Herr S., en anglais : « Parlez-vous russe (Parlez-vous russe) ?

Herr S., pour qui l'anglais est aussi inintelligible que l'espagnol, ne répondant naturellement pas à cette brillante remarque, Juan continua : « Le printemps arrive », poème de James K. Blake », puis il se mit à réciter avec beaucoup de gesticulations :

"Le printemps arrive, le printemps arrive,

Les oiseaux chantent, les insectes bourdonnent ;

Les fleurs jaillissent de leur sommeil,

Les ruisseaux s'échappent de la garde hivernale, etc.

Je ne prétendrai pas dire le reste, car sa prononciation était totalement inintelligible. M. S. leva les yeux au ciel et ne protesta plus, car il se rendit compte qu'il était seulement « sorti de la poêle dans le feu », Juan ayant une anecdote historique intitulée « La Garde morte », qu'il substitue parfois au poème. .

Après le dîner, il se montre généralement affectueux et fait le tour de la table en serrant la main de ceux qui sont encore assis ou en passant son bras autour de leur cou, et alors il ressemble à un doux animal sauvage qui vient se frotter la tête contre vous, et il il est impossible de s'empêcher de l'aimer. Mais dès que T. ou quelqu'un d'autre joue une valse au piano, il se met immédiatement en position de danser. Il est si léger sur ses pieds qu'on ne l'entend pas, et souvent je suis surpris, en levant les yeux, sans réfléchir, de voir Juan posé sur un orteil comme un danseur de ballet, et ses grands yeux brillant doucement sur moi comme deux soleils. C'est très particulier. Il n'y a *pas* d'yeux comme les yeux espagnols. Non seulement ils ont beaucoup *de feu* , mais lorsque leurs propriétaires sont d'humeur sentimentale, ils peuvent leur jeter une langueur et une sorte d'affaissement irrésistible. C'est ainsi que fait Juan, et bien qu'il soit trop jeune pour être sentimental, il en a *l'air* . Une minute il est tout en feu, et la suivante complètement fondant.— L'autre jour, Mme S. lui a reproché son animation extrême.—" *Junge* " (en allemand pour "Garçon"), "il ne faut pas crier pour que tout dans la maison. Tu es vraiment une nuisance. Juan en fut offensé et commença à se défendre. "Pourquoi me grondes-tu," dit-il. "Je suis toujours de bonne humeur . Je ne boude jamais et ne trouve jamais à redire à quoi que ce soit. *Ja, immer vergnügt* (Oui, toujours de bonne humeur), et prêt à amuser tout le monde, et je ne me mets jamais en colère." Frau S. a admis que c'était vrai, mais a en même temps suggéré qu'il serait bien qu'il se souvienne que nous n'étions pas tous sourd. Juan se retira en colère . — Eh bien, je suppose que vous êtes fatigué d'entendre parler de lui, mais ces Sud-Américains sont un type à eux seuls, et j'ai senti que je devais en éliminer un pour le bien de la famille.

BERLIN, *le 18 avril 1875* .

Depuis mon retour, j'ai extrêmement apprécié ce que je suppose que je dois considérer comme mes dernières leçons avec Deppe. Après avoir étudié avec Fräulein Timm, je sais beaucoup mieux où il veut en venir. La technique me semble se dérouler comme un ruban. Donc toutes ses *attaques* avaient un but précis ! Hier, je lui ai joué une sonate de Beethoven et il m'a dit : "Dieu veuille que tu me restes encore quelque temps ! Maintenant tu commences vraiment à être mon érudit." - Et en effet, après avoir étudié sa technique si longtemps avec Fräuleins Timm et Steiniger, ça me semble dur de devoir le quitter ! Comme j'aimerais pouvoir rester indéfiniment et m'abandonner à son côté purement *musical* et profiter de toutes ses idées profondes et belles. Il n'y a jamais *eu* un tel professeur ! Si seulement je pouvais être à la hauteur de ses standards , je serais parfaitement heureux. Fille chanceuse, ce Steiniger ! Penses-y! Elle a *neuf* concertos qu'elle pourrait préparer pour un concert à tout moment. C'est le genre de répertoire écrasant qu'il propose à ses élèves, si exhaustif et complet dans chaque département. Il connaît toute la littérature pianistique et cherche continuellement une perle nouvelle ou ancienne pour surprendre.

Je trouve que Deppe est de plus en plus reconnu à Berlin cette année qu'avant. Il vient de diriger ici un nouvel opéra qui a fait sensation, et il se livre continuellement à de grandes œuvres. Heureusement que je l'ai découvert à ce moment-là ! car il prend moins d'élèves que jamais. Il dit qu'il ne peut pas enseigner à des gens qui ne lui sympathisent pas. L'autre jour, il a présenté une belle ouverture de sa propre composition au duc de Mecklembourg, qui l'a acceptée en personne et a envoyé à Deppe une épinglette exquise en signe de reconnaissance. Quand le simple petit Deppe aura *ça* coincé dans son écharpe, il sera une sacrée houle !

Et maintenant une nouvelle ! J'ai rendu visite à ma professeure de français, Mademoiselle D., un soir de la semaine dernière, et j'ai joué pour elle et pour une de ses amies qui est très musicale et qui donne elle-même des cours. Elle dit aussitôt, très décidément, que je « devrais être entendu de concert ». Son frère est directeur de la Société Philharmonique à Francfort-sur-l'Oder, une petite ville non loin d'ici. Que devrait-elle faire sinon écrire à son frère à mon sujet, et que devrait *-il* faire sinon écrire immédiatement pour que je vienne jouer dans un concert de la Philharmonie là-bas la première semaine de mai. Comme j'avais tellement hâte de jouer dans un concert avant de quitter l'Allemagne, et que je n'ai pourtant vu aucun moyen de le faire, j'y vais, bien sûr, et je suis très reconnaissant à sa sœur d'y avoir pensé. Mais c'est toujours l'Inattendu qui vous aide !

BERLIN, le 13 mai 1875 .

Eh bien, ma chère, mon petit début a été un succès certain, et j'ai eu un rappel, en plus d' être chaleureusement applaudi après chaque morceau. Je suis allé à Francfort lundi matin, et quand j'y suis arrivé, Herr Oertling , le directeur de la Philharmonie, était à la gare pour me rencontrer avec un droschkie . Nous nous sommes rendus au Deutsches Haus, un excellent hôtel, où on m'a conduit dans une chambre grande et confortable. Ici, je me reposai jusqu'à l'heure du dîner, et après le dîner, vers cinq heures, Herr Oertling revint. Il m'emmena chez un de ses amis musiciens qui devait me prêter son piano à queue, et là nous essayâmes notre sonate. Dès qu'Oertling a touché son violon, j'ai vu qu'il était un artiste supérieur et cela m'a immédiatement inspiré. Son jeu m'a porté tout de suite et je pense que j'ai bien joué. En tout cas, il parut entièrement satisfait et dit : « Nous aurions pu jouer cette sonate sans la répéter. Après avoir terminé la sonate, j'ai joué pendant environ une heure, toutes sortes de choses. Il y avait pas mal de personnes présentes pour juger de mes pouvoirs. Herr W., le propriétaire du piano, était un remarquable juge de musique et fit d'excellentes critiques et suggestions. Nous sommes restés là pour dîner, mais je suis rentré tôt à l'hôtel et je me suis couché vers neuf heures et demie, où j'ai dormi comme une bûche jusqu'à huit heures du matin le lendemain.

Après le petit déjeuner, Oertling vint m'emmener essayer les pianos d'un célèbre fabricant de pianos droits. J'y ai joué trois ou quatre heures. Le nom du facteur était Gruss, et ses pianos étaient les meilleurs pianos droits que j'aie jamais vus ; presque aussi puissant qu'un piano à queue, et avec un son et une action superbes. Au mur se trouvait un témoignage de Henselt , encadré. Il paraît qu'Henselt se rend chaque année à Francfort pour rendre visite à une dame russe, grande noble du lieu et grande patronne des artistes. Dans l'après-midi, Oertling est venu me chercher pour aller répéter dans la salle. Tout s'est bien passé et je suis rentré à l'hôtel de bonne humeur. Au moment où je m'habillais pour le concert, qui devait commencer à sept heures, Oertling réapparut, en costume de soirée, et m'offrit un bouquet. Nous sommes arrivés au hall sous une pluie battante. Il y avait pourtant foule, car il avait eu l'assurance d'imprimer que le concert « serait brillant grâce à l'interprétation d'une virtuose américaine , nommée Miss Amy Fay. Cette jeune dame a étudié avec les plus grands maîtres et a eu le plus un succès parfait partout dans ses tournées de concerts !" L'avez-vous déjà fait ! — Vous pouvez imaginer ce que j'ai ressenti en le lisant et en voyant que je devais jouer comme si j'avais été sur scène toute ma vie ! Oertling avait judicieusement organisé le programme . Notre sonate est venue *en premier* , de sorte que je me suis plongé dedans et que je n'ai pas eu à attendre et à trembler ! Puis vinrent deux morceaux de l'orchestre ; ensuite, mes trois solos d'affilée et une symphonie de Haydn clôturaient le programme . La sonate s'est très bien déroulée. Dans mon premier solo, il m'arrivait de manquer une note, mais mon deuxième ne glissait pas et mon troisième, L'Etude en sixièmes de Chopin, était bis, même si j'avais pris un tempo trop rapide. Cependant, Mme Excellence von X. a déclaré qu'elle l'avait souvent entendu de Henselt , mais que je l'avais joué « aussi bien que lui ». C'est absurde, bien sûr, mais pas mal considéré comme un *compliment* ! Ils dirent tous : « Quel dommage qu'Henselt ne soit pas là ! Je me suis dit : « Quelle bénédiction n'était pas Henselt ! » – même si je donnerais beaucoup pour le voir, car il est le plus grand virtuose du piano au monde après Liszt.

Après le concert, Oertling et quelques musiciens m'accompagnèrent à l'hôtel, où je dus rester à table et me faire boire du champagne jusqu'à deux heures du matin ! car vous savez, quand les Allemands commencent ce genre de choses, cela n'a pas de fin. Ils ont bu à ma santé, puis ils ont bu à ma future prestation au premier Philharmonique la saison prochaine, puis ils ont bu à nos fréquentes retrouvailles, etc., etc. Quand ils eurent fini , je dus répondre. Alors j'ai porté un toast au Herr Director et j'ai porté un toast au facteur de piano, et j'ai porté un toast à l'orchestre, et ainsi de suite. Finalement , j'ai été libéré et j'ai pu aller dans ma chambre. Le lendemain matin, je partis pour Berlin, où j'arrivai à l'heure pour le dîner, et dès que je parus à table, les pensionnaires me saluèrent avec une salve d' applaudissements ! — Je trouvai ce *final très agréable* .

Je vous traduis la critique du *Frankfurter Zeitung und Allgemeiner Anzeiger* du 11 mai. Herr Oertling me l'a envoyée hier :

"Le concert philharmonique qui a eu lieu vendredi soir dernier doit être
considéré comme une excellente recommandation des membres actifs de
cette association au public. Car non seulement le jeu de la pianiste Fräulein
Amy Fay a fait grand plaisir à tous ceux qui J'aime et je comprends la musique,
mais il n'y avait également aucun défaut à trouver dans les interprétations de
l'orchestre. En ce qui concerne l'interprétation de Fräulein Fay, nous avons
été également charmés par son toucher clair et sûr et par sa conception des
différentes musiques. pièces solo qu'elle a jouées. Le concert s'est ouvert avec
la Sonate en mi bémol majeur pour violon et piano de Beethoven. L'ensemble
de l'œuvre a été très sympathique et satisfaisant, et a montré une
interprétation réfléchie de la part de l'artiste. de sa conception était
particulièrement évidente dans le "Capriccio" de Raff et dans "Zur Guitarre
" de Hiller , donnés en rappel lors de son rappel par le public, et nous ne
pouvons que féliciter le professeur de la jeune femme, Herr Ludwig Deppe,
de Berlin , sur un tel érudit.

———

[Deux semaines après le concert, le parent à qui la plupart des lettres
précédentes étaient écrites rejoignit l'écrivain à Berlin, et la correspondance
prit fin. Au mois de septembre suivant, après une absence de six ans, ma sœur
rentra chez elle. Ma sœur espère qu'aucune jeune Américaine qui lira ce livre
ne se laissera influencer imprudemment par ce livre pour tenter ce qu'elle a
elle-même entrepris, à savoir : se former en Europe. d'amateur à artiste. Ses
pages n'ont donné qu'un aperçu des épreuves et des difficultés qu'une jeune
fille peut rencontrer lorsqu'elle étudie seule l'art dans un pays étranger, mais
il ne faut donc pas les sous-estimer. L'enseignement du piano s'est
énormément développé en Amérique depuis la date de la première des lettres
précédentes, et pas seulement des célébrités telles que le Dr William Mason,
M. Wm. H. Sherwood et Mme Rivé King, mais divers autres pianistes
brillants ou exquis de ce pays sont aussi capables de former leurs élèves aux
exigences techniques de la salle de concert que n'importe quel maître que l'on
peut trouver à l'étranger. Les enseignants américains comprennent le mieux
le tempérament américain et sont donc de loin les meilleurs pour les élèves
américains jusqu'à ce qu'ils aient dépassé le stade de l'élève . Ce ne sont pas
les compétences manuelles, mais la perspicacité et la conception musicales,
la compréhension musicale plus large et plus profonde et le « style de concert
» qui sont ce que le jeune artiste devrait maintenant aller chercher dans cette
merveilleuse et seule véritable patrie de la musique : l'ALLEMAGNE.] —
ED.

NOTES DE BAS DE PAGE :

[A] Ceci a été écrit avant le développement complet du Thomas Orchestra. L'écrivain ne l'avait entendu qu'à ses débuts.

[B] Christ est ressuscité des liens et de la mort. Il promet joie et bénédiction au monde entier, ce qui le glorifie.

[C] Dans Poems of Places de M. Longfellow se trouve une traduction du poème de Gerok sur le sujet :—

"Plus de trois cents ont été recensés ce jour-là

Chevaux sans cavalier qui se sont joints à la mêlée,

Plus de trois cents selles, ô spectacle horrible !

Ont été vidés aussitôt dans ce terrible combat. »

[D] Cette lettre, qui a été publiée dans *le Dwight's Journal of Music* , est celle à laquelle il est fait allusion à la p. 193.

[F] Liszt est né en 1811.

[F] En allemand, les quatrième et cinquième doigts.

[G] Voir p. 220.

[H] Voir p. 294.

[I] Maintenant Mme Sherwood.

[J] La grand-mère de l'écrivain était la fille d'un important marchand de Hambourg qui a fui avec sa famille en Amérique lorsque Napoléon y est entré.

[K] Frau Rappoldi est désormais une célébrité.

www.ingramcontent.com/pod-product-compliance
Lightning Source LLC
LaVergne TN
LVHW040013200726
843493LV00005B/1252